Zu diesem Buch

Über kein historisches Geschehen ist wohl so viel Halb- bis Unwahres verbreitet worden wie über die deutsche Revolution von 1918. Drei Legenden haben sich als ganz besonders hartnäckig erwiesen:

1. Es gab gar keine Revolution. Was wirklich stattfand, war der Zusammenbruch nach einem verlorenen Krieg.
2. 1918 hätte nicht eine deutsche, sondern eine bolschewistische, eine undeutsche Revolution stattgefunden, aus Rußland importiert.
3. Diese Revolution, von der Sozialdemokratie angezettelt, habe den siegreichen deutschen Truppen die Kriegsniederlage beschert.

An der letzten Interpretation wurde besonders unverdrossen festgehalten. Sie hatte zur Folge, daß sich auch heute noch in dem Bewußtsein des bürgerlichen Mittelstandes und der zumindest materiell besser abgesicherten Arbeiterschaft der Begriff Revolution im wesentlichen mit Chaos und Niederlage verbindet und der schöpferische, befreiende Impuls völlig außer acht gelassen wird.

Was geschah nun wirklich in diesen drei Jahren von 1918 bis 1920? Aus welcher geschichtlichen Situation heraus hatte sich diese Revolution entwickeln können, was hatte ihr Scheitern zur Folge, und inwiefern wirkt diese verpaßte Gelegenheit auch in unserer Gegenwart noch fort?

Sebastian Haffner bezieht klar Stellung: diese Revolution, von Sozialdemokraten betrieben, wurde von eben diesen Sozialdemokraten verraten und dadurch der Boden bereitet für das Hitler-Reich. Seine schlüssige Beweisführung einer unbequemen These ist spannende Geschichtsschreibung, aber auch ein Lehrstück über Verhalten und politische Moral sozialdemokratischer Führer in einer revolutionären Situation.

Sebastian Haffner, deutsch-britischer Journalist und Publizist, wurde 1907 in Berlin geboren. 1938 emigrierte er nach England und arbeitete ab 1945 als offizieller diplomatischer Korrespondent beim «Observer». Später schrieb er für die «Welt» und den «Stern», speziell zu innen- und außenpolitischen Themen. Seine «Anmerkungen zu Hitler», 1978 veröffentlicht, waren ein vielbeachteter Beitrag zur Hitler-Diskussion der letzten Jahre.

Als rororo lieferbar: «Winston Churchill» (rowohlts monographien Band 129).

Sebastian Haffner

1918/19

Eine deutsche Revolution

rororo

Rowohlt

Dieses Buch wurde 1979 beim Kindler Verlag GmbH, München, unter dem Titel «Die deutsche Revolution 1918/19. Wie war es wirklich?» veröffentlicht.
Umschlagentwurf Werner Rebhuhn (Foto: Januarkämpfe 1919/ Ullstein Bilderdienst)
Veröffentlicht im Rowohlt Taschenbuch Verlag GmbH, Reinbek bei Hamburg, November 1981

Satz Bembo (Linotron 404)
Gesamtherstellung Clausen & Bosse, Leck
Printed in Germany
680-ISBN 3 499 17455 3

Inhalt

Und laßt der Welt, die noch nicht weiß, mich sagen,
Wie alles dies geschah; so sollt ihr hören
Von Taten, fleischlich, blutig, unnatürlich,
Zufälligen Gerichten, blindem Mord;
Von Toden, durch Gewalt und List bewirkt,
Und Planen, die verfehlt zurückgefallen
Auf der Erfinder Haupt: Dies alles kann ich
Mit Wahrheit melden.

William Shakespeare *(Hamlet, V, 2)*

Vorwort

Franz Kafkas Legende *Vor dem Gesetz* erzählt von einem Mann, der Einlaß begehrt und, vom Türhüter immer wieder abgewiesen, sein ganzes Leben wartend und hoffend vor dem Tor verbringt, unter immer wiederholten vergeblichen Versuchen, den unerbittlichen Türhüter zu erweichen. Endlich, in seiner Todesstunde, brüllt ihm der Türhüter in sein «vergehendes Gehör»: «Dieser Eingang war nur für dich bestimmt. Ich gehe jetzt und schließe ihn.»

An diese Kafkasche Legende wird man erinnert, wenn man die Geschichte des Deutschen Reiches und der deutschen Sozialdemokratie betrachtet. Fast gleichzeitig entstanden, schienen die beiden füreinander bestimmt: Bismarck hatte den äußeren Staatsrahmen geschaffen, in dem die Sozialdemokratie sich entfalten konnte und den sie eines Tages mit dauerhafter und sinnvoller politischer Substanz auszufüllen hoffte. Wäre es ihr gelungen – vielleicht existierte das Deutsche Reich noch heute.

Bekanntlich ist es ihr nicht gelungen. Das Deutsche Reich ist in die falschen Hände gefallen und ist untergegangen. Die Sozialdemokratie, die sich von Anfang an zu seiner Führung berufen fühlte und die es vielleicht hätte retten können, hat während der 74 Jahre seiner Existenz nie den Mut und die Kraft aufgebracht, sich seiner zu bemächtigen. Wie der Mann in Kafkas Legende hatte sie sich vor der Tür häuslich eingerichtet. Und auch ihr hätte die Weltgeschichte 1945 in die Ohren brüllen können: «Dieser Eingang war nur für dich bestimmt. Ich gehe jetzt und schließe ihn.»

Aber anders als bei Kafka gibt es in dieser Geschichte einen dramatischen Augenblick, in dem sich alles zu wenden schien. Im Angesicht der äußeren Niederlage öffneten 1918 die Türhüter des Kaiserreichs den sozialdemokratischen Führern selbst das lange versperrte Außentor und ließen sie, nicht ohne Hintergedanken, freiwillig in den Vorhof der Macht; und nun sprengten die sozialdemokratischen Massen, von draußen hereinstürmend und ihre Führer überrennend und mit sich reißend, die letzten Tore zum Machtinnersten. Nach einem halben Jahrhundert des Wartens schien die deutsche Sozialdemokratie im November 1918 endlich am Ziel.

Und dann geschah das Unglaubliche. Die sozialdemokratischen Führer, widerwillig von den sozialdemokratischen Massen auf den leeren Thron gehoben, mobilisierten unverzüglich die alten herrenlos gewordenen Palastwachen und ließen ihre eigenen Anhänger wieder hinaustreiben. Ein Jahr später saßen sie selber wieder draußen vor der Tür – für immer.

Die deutsche Revolution von 1918 war eine sozialdemokratische Revolution, die von den sozialdemokratischen Führern niedergeschlagen wurde: ein Vorgang, der in der Weltgeschichte kaum seinesgleichen hat.

Wie er sich abspielte, das soll in diesem Buch Szene für Szene dargestellt werden. Aber ehe wir den Vorhang vor dem düsteren Drama aufgehen lassen, empfiehlt es sich, einen kurzen Blick auf sein langes Vorspiel zu werfen: das halbe Jahrhundert sozialdemokratischen Hoffens und Harrens vor dem Tor zur Macht.

1
Kaiserreich und Sozialdemokratie

Das Deutsche Reich und die Sozialdemokratische Partei Deutschlands sind nicht nur gleichzeitig entstanden, sie haben dieselbe Wurzel: die gescheiterte bürgerliche Revolution von 1848. Diese Revolution hatte zwei Ziele gehabt, nationale Einigung nach außen und demokratische Neugestaltung im Innern. Beides war fällig. Kleinstaaterei und Feudalismus, immer noch die Grundlagen des vormärzlichen Deutschland, waren im beginnenden Industriezeitalter liquidationsreif.

Aber die bürgerliche Revolution scheiterte, und das deutsche Bürgertum fand sich mit ihrem Scheitern ab. Was seine Aufgabe gewesen wäre, übernahmen andere. Die nationale Einigung – die Einebnung überholter Staatsgrenzen – besorgte statt seiner Bismarck, an der Spitze der preußischen Junkerklasse und mit Hilfe der preußischen Armee. Die innere Modernisierung – die Einebnung überholter Standesgrenzen – nahm der vierte Stand als unerledigte Aufgabe aus den schwach gewordenen Händen des dritten. Bismarck und die beginnende deutsche Arbeiterbewegung hielten in den sechziger Jahren je ein Ende des 1849 abgerissenen Fadens in der Hand. Hätten sie zusammengestanden, so hätte in den Jahren um 1870 das 1848 Verfehlte nachgeholt werden und ein moderner, gesunder, langlebiger deutscher Nationalstaat entstehen können. Aber sie standen nicht zusammen, sie standen gegeneinander, und das konnte wohl auch nicht anders sein – trotz des kurzen, faszinierenden, aber unfruchtbaren Flirts zwischen Bismarck und Lassalle.

Das Ergebnis war ein Deutsches Reich, das, mächtig und gefürchtet nach außen, seinem inneren Zustand nach einer schief zugeknöpften Weste glich. Daß es als Nationalstaat etwas Ungenaues, Ungefähres darstellte – es schloß bekanntlich viele Deutsche aus, viele Nichtdeutsche ein –, war vielleicht unvermeidlich und mochte hingehen. Auch das merkwürdig Verbaute, etwas Unwahrhaftige der Bismarckschen Verfassung – der ungelöste Dualismus zwischen Reich und Preußen, die Scheinmacht der Bundesfürsten und des Bundesrats, die unklar geteilte Allmacht von Kaiser und Reichskanzler, die institutionalisierte Ohnmacht des Reichstags, die unintegrierte Armee – war nicht das Grundübel dieses Staats; Verfassungen lassen sich ändern. Was Bismarcks Reich, bei allem Glanz der Waffensiege, «von Anfang an todkrank» machte (so der Historiker Arthur Rosenberg in seinem Werk *Entstehung der Weimarer Republik*), war eine falsche, überholte, geschichtswidrige Machtverteilung zwischen seinen Klassen.

Der Staat stand unter falschem Management. Die wirtschaftlich absinkenden, langsam parasitär werdenden preußischen Junker, die nicht wußten, wie ihnen geschah, hatten plötzlich einen modernen Industriestaat zu führen. Das kapitalistische Bürgertum, seit 1849 an Verantwortungslosigkeit gewöhnt und durch Verantwortungslosigkeit verwöhnt, suchte draußen die Macht, die ihm drinnen verwehrt war, und drängte auf außenpolitische Abenteuer. Und die sozialdemokratischen Arbeiter, objektiv die stärkste Reserve der Nation, die willigen Erben der Verantwortung, auf die das Bürgertum verzichtet hatte, waren «Reichsfeinde».

Waren sie es wirklich? Sie waren gefürchtet, verfemt, verhaßt und in den letzten zwölf Jahren der Bismarck-Zeit, von 1878 bis 1890, verfolgt. Ohne Zweifel waren sie – damals – unversöhnliche Gegner der Staats- und Gesellschaftsordnung, die Bismarck seinem Reich gegeben hatte. Ohne Zweifel proklamierten sie die politische und soziale Revolution, über die sie freilich – schon damals – keine klaren Vorstellungen hatten, von konkreten Plänen ganz zu schweigen. Ohne Zweifel hatten sie, ebenso wie die anderen «Reichsfeinde», die katholischen Zentrumswähler, Bindungen und Loyalitäten über die Reichsgrenzen hinaus; was für jene die katholische Weltkirche war, war für sie die Sozialistische Internationale.

Und trotzdem waren die einen sowenig Reichsfeinde wie die anderen. Im Gegenteil: Sozialdemokratie und Zentrum waren von Anfang an die eigentlichen Reichsparteien: im Reich, mit dem Reich und durch das Reich entstanden und gewachsen; tiefer in ihm verwurzelt als seine preußischen Gründer. Weder Sozialdemokraten noch Zentrum dachten im Traum daran, das Deutsche Reich, das ihr Lebenselement war, aufzulösen oder seine Auflösung zu wünschen. Sie fühlten sich vielmehr – die Sozialdemokraten noch mehr als das Zentrum – von Anfang an als Anwärter auf sein Erbe. Es ist nur leicht übertrieben, wenn Arthur Rosenberg schreibt: «So war der sozialdemokratische Parteivorstand die heimliche Gegenregierung und August Bebel auf der Höhe seines Einflusses eine Art von Gegenkaiser.»

Die Sozialdemokraten des Bismarck-Reiches waren revolutionäre

Patrioten. Sie wollten inneren Umsturz und Umbau – keineswegs wollten sie äußere Ohnmacht und Auflösung. Sie wollten aus Bismarcks Reich *ihr* Reich machen – nicht um es zu schwächen oder gar abzuschaffen, sondern um es auf die Höhe der Zeit zu bringen. Freilich ist eine solche Haltung, theoretisch klar genug, in der Praxis nicht ohne Widersprüchlichkeiten. Es liegt ein gewisser Widerspruch in den beiden berühmtekten Aussprüchen des langjährigen Parteiführers August Bebel: «Diesem System keinen Mann und keinen Groschen!» und «Wenn es gegen Rußland geht, werde ich selbst die Flinte nehmen!» Aber es ist nicht *dieser* Widerspruch, an dem die Sozialdemokraten 1918 gescheitert sind, sondern ein anderer.

Die deutsche soziale Revolution, die sie bis zum letzten Augenblick versprachen und anfangs auch wirklich erhofften und erstrebten, war für sie immer eine Sache des Morgen oder Übermorgen, niemals die Forderung des Tages. Nie hat sich ein deutscher Sozialdemokrat wie Lenin die Frage gestellt: «Was tun?» Die Revolution, sagte man sich, würde irgendwann «kommen»; sie war nicht etwas, das man selber hier und heute machen mußte. Es genügte, sie abzuwarten; und inzwischen lebte man im Kaiserreich so, wie es nun einmal war, als Anhänger einer seiner Parteien, erfreut darüber, von Reichstagswahl zu Reichstagswahl stärker zu werden. Aber eine revolutionäre Partei, die sich begnügt, auf die Revolution zu warten, hört allmählich auf, eine revolutionäre Partei zu sein. Die wirkliche Gegenwart ist stärker als die nur erhoffte und erwartete Zukunft, besonders dann, wenn das Erhoffte und Erwartete in eine immer fernere Zukunft zurückweicht und die Gegenwart sich als immer erträglicher erweist.

Beides war der Fall. Im Jahre 1891 sagte August Bebel auf dem Parteitag der SPD: «Die bürgerliche Gesellschaft arbeitet so kräftig auf ihren eigenen Untergang los, daß wir nur den Moment abzuwarten brauchen, in dem wir die ihren Händen entfallende Gewalt aufzunehmen haben ... Ja, ich bin überzeugt, die Verwirklichung unserer letzten Ziele ist so nahe, daß wenige in diesem Saale sind, die diese Tage nicht erleben werden.» Zwanzig Jahre später nannte er die Revolution nur noch «den großen Kladderadatsch» – ein vielsagendes Wort; ein großer Kladderadatsch ist nicht gerade etwas heiß Ersehntes. Wieder rief er seinen bürgerlichen Gegnern zu (diesmal im Reichstag): «Er [der ‹Kladderadatsch›] kommt nicht durch uns, er kommt durch Sie selber.» Aber davon, daß der Tag der Revolution unmittelbar bevorstehe, war nicht mehr die Rede, sondern: «Er kommt; er ist nur vertagt.» Diesmal waren wirklich nur wenige im Saale, die ihn nicht erleben sollten: Sieben Jahre später war es soweit. Aber die SPD hatte innerlich aufgehört, das, was sie jetzt den «großen Kladderadatsch» nannte, noch wirklich zu wollen.

Es ist merkwürdig, wie genau die Schicksalsdaten der deutschen Reichsgeschichte mit denen der sozialdemokratischen Parteigeschichte zusammenfallen. Die achtundvierzig Jahre des Kaiserreichs umfassen drei deutlich getrennte Perioden: die zwanzig Jahre Bismarcks bis 1890; die Wilhelminische Periode von 1890 bis 1914; und die vier Kriegsjahre von 1914 bis 1918. Genau dies sind auch die Perioden der sozialdemokratischen Parteigeschichte. In der Bismarck-Zeit war sie, wenigstens in ihrer Selbsteinschätzung, die Partei der roten Revolution. Zwischen 1890 und 1914 war sie nur noch in Worten revolutionär; heimlich hatte sie begonnen, sich als Bestandteil des Wilhelminischen Deutschland zu fühlen. Von 1914 an wurde diese Wandlung offenbar.

Auf die Frage, was die Wandlung bewirkt hatte, muß man zunächst das Aufhören der Verfolgung nennen. Bismarck hatte in seinen letzten Amtswochen die Sozialistengesetze noch verschärfen wollen, bis zur Herausforderung des offenen Bürgerkriegs. Wilhelm II. ließ sie fallen. Die sozialdemokratischen Führer und Funktionäre, die zwölf Jahre lang Geächtete und Gejagte gewesen waren, konnten fortan das ungefährdete, angenehme und interessante Leben parlamentarischer Honoratioren führen. Sie hätten mehr als menschlich sein müssen, um die Erleichterung nicht mit einer gewissen Dankbarkeit zu empfinden.

Aber das war nicht alles. Die ganze innenpolitische Atmosphäre des Wilhelminischen Deutschland war anders als die des Bismarckschen – entspannter, gelöster, weniger hart und streng. Das Deutschland der Jahrhundertwende war ein glücklicheres Land als das der achtziger Jahre. In Bismarcks Deutschland hatte Stickluft geherrscht. Wilhelm II. hatte Fenster aufgerissen und Luft hereingelassen; die große, dankbare Popularität, die er in seinen Anfangsjahren genoß, kam nicht von ungefähr. Freilich, die wohltuende innere Entspannung wurde erzielt durch die Ablenkung gestauter Energien und inneren Überdrucks nach außen, sozusagen auf Kosten der Außenwelt – die sich das auf die Dauer nicht gefallen ließ. Der Preis dafür war am Ende der Krieg.

Aber das war in den Jahren um 1900 noch den wenigsten erkennbar. Was besonders die Sozialdemokraten merkten, war, daß die Gewitterschwüle, die nach revolutionärer Entladung verlangt, gewichen war. Vor 1890 hatten sie die Revolution noch wirklich «kommen» sehen. Jetzt sahen sie sie in eine immer fernere Zukunft zurückweichen.

Die Wilhelminische «Weltpolitik» kam hauptsächlich dem kapitalistischen Bürgertum zugute, das für seine innere Ohnmacht jetzt, anders als unter Bismarck, durch äußere Machtentfaltung entschädigt wurde. Aber etwas von dem neuen Wohlstand der imperialistischen Expansion fiel doch auch für den deutschen Arbeiter ab. Es ging ihm noch lange nicht gut, aber es ging ihm besser als vorher; und wer Verbesserung spürt und auf weitere Verbesserung hofft, verliert die Lust an der Revolution. Die «Revisionisten» in der SPD, die in den ersten Jahren des Jahrhunderts die Revolution aus dem Parteiprogramm streichen und zu einer reinen sozialen Reformpolitik übergehen wollten, spürten ganz richtig, wie der Wind wehte. Sie wurden niedergestimmt. Auf Parteitagen und Kundgebungen fuhr die Partei fort, unter roten Fahnen wie eh und je die kommende Revolution zu proklamieren. Aber zwischen Worten und Gesinnungen klaffte jetzt eine immer breitere Lücke. Heimlich dachte das «marxistische Zentrum» der Partei dasselbe, was die Revisionisten offen sagten; die Parteilinke, die immer noch an die Revolution glaubte, war eine Minderheit geworden.

Und dazu kam schließlich ein Drittes: die glänzende parlamentarische Karriere der SPD. Von Wahl zu Wahl hatte die Partei an Wählern und Mandaten zugenommen. Seit 1912 war sie die bei weitem stärkste Partei im Reichstag. Konnte das spurlos an ihr vorübergehen? Wenn die Revolution immer unwahrscheinlicher wurde, während die sozialdemokratische Reichstagsfraktion in aller Legalität wuchs und wuchs – mußte ihr das nicht zu denken geben?

Der Reichstag der Bismarckschen Verfassung hatte freilich wenig Macht – aber ließ sich das nicht ändern? Wollten nicht auch andere Parteien mehr Macht? Und wenn man über parlamentarische Mehrheitsbildung und Parlamentarisierung zur Macht kommen konnte – was brauchte es dann noch eine Revolution? Niemand, nicht einmal die Revisionisten, sprach es offen aus, aber in Wahrheit war die SPD von 1914 bereits eine parlamentarische Partei, keine revolutionäre mehr. Sie wollte den bestehenden Staat nicht mehr umstürzen, sie wollte, im Bündnis mit anderen parlamentarischen Parteien, mit den Liberalen, dem Zentrum, in ihn hineinwachsen. Die Massenkundgebungen und die roten Fahnen waren nur noch traditionelles Ritual. Das parlamentarische Spiel, der parlamentarische Ehrgeiz war die Wirklichkeit der Partei geworden. Beim Kriegsausbruch 1914 erwies sich, was Schein, was Wirklichkeit war. Eine Woche lang hielt die SPD noch den revolutionären Schein aufrecht. Am 25. Juli 1914 erhob sie, im Einklang mit früheren Parteitagsbeschlüssen, «flammenden Protest gegen das verbrecherische Treiben der Kriegshetzer». In den folgenden

Tagen gab es in Berlin noch sozialdemokratische Straßendemonstrationen gegen den Krieg – keineswegs ganz unbedeutende Demonstrationen; zwanzig- bis dreißigtausend Menschen waren jeweils auf den Beinen. Von den beiden Parteivorsitzenden reiste der eine, Friedrich Ebert, mit der Parteikasse nach Zürich; man richtete sich noch auf Verbot, Verhaftungen, Beschlagnahmen ein. Der andere, Hugo Haase, ein «Linker», eilte zum Büro der Sozialistischen Internationale nach Brüssel, um über internationale Aktionen gegen den Krieg zu beraten.

Aber als dann der Krieg wirklich da war, galt nichts mehr von alledem: Mit 96 gegen 14 Stimmen beschloß die Reichstagsfraktion, die Kriegskredite zu bewilligen; und die vierzehn Dissidenten beugten sich ausnahmslos der Mehrheit (unter ihnen auch, für diesmal noch, Karl Liebknecht, der Linkeste der Linken). Einer von den vierzehn war Hugo Haase, der zweite Parteivorsitzende, ein Melancholiker, dessen lebenslängliche Rolle es war, überstimmt zu werden und sich dann der Mehrheit zu fügen. Ihm fiel es zu, am 4. August namens der Partei und gegen seine innere Überzeugung die berühmte Erklärung abzugeben: «Wir lassen das Vaterland in der Stunde der Gefahr nicht im Stich.» Der Kaiser gab die ebenso berühmte Antwort: «Ich kenne keine Parteien mehr, ich kenne nur noch Deutsche.» Die deutsche Sozialdemokratie hatte ihren Frieden mit dem deutschen Kaiserreich gemacht. Sie benahm sich fortan als Staatspartei – ohne es wirklich zu sein.

Die Parteilinke, die an den alten revolutionären Zielen festhielt, war erschüttert über diesen «Verrat», und sie hielt den neuen Frieden mit dem Kaiserreich denn auch nicht durch: Im Laufe des Krieges spaltete sie sich ab; auch Teile des alten «marxistischen Zentrums» und der alten Revisionisten folgten ihr, und seit 1917 gab es zwei sozialdemokratische Parteien, die SPD und die USPD, die «Mehrheitssozialisten» und die «Unabhängigen», die einen kriegs- und staatsloyal, die anderen pazifistisch und – wenigstens zum Teil – revolutionär. Aber die Entscheidung vom 4. August 1914 war kein «Verrat»; sie lag, nach der Entwicklung, die die Partei im vorangehenden Vierteljahrhundert genommen hatte, in der Logik ihrer Politik, und zwar auch dann, wenn man alles abzieht, was instinktiver Patriotismus, Kriegspanik und Kriegsbegeisterung beigetragen haben mochten. Die Partei hatte ein richtiges Gefühl dafür, daß der Krieg die Rechnung für ein Vierteljahrhundert imperialistischer, ausgreifender Außenpolitik präsentierte und daß von den Früchten dieser Außenpolitik auch der deutsche Arbeiter und die deutsche Sozialdemokratie mitgenossen hatten. Insofern war es ein Fall von «Mitgegangen, mitgehangen». Vor allem aber: Wenn sie mit dem Parlament und durch das Parlament in die Staatsmacht hineinwachsen wollte, dann war der Krieg ihre Chance. Sie wurde jetzt zum erstenmal *gebraucht*. Die Partei, die das Vertrauen der Massen besaß, konnte in einem Krieg der Massen nicht mehr übergangen werden. Mit ihrem «Ja» zum Krieg glaubte die SPD die Schwelle zur Macht zu betreten.

Darin täuschte sie sich und täuschte sich auch wieder nicht. Die wirkliche Macht erlangten Reichstag, Reichstagsmehrheit und Sozialdemokratie den ganzen Krieg hindurch bis zum letzten Augenblick nicht – die erlangte vielmehr das Militär. Aber die deutschen Verfassungsverhältnisse gerieten doch im Laufe des Krieges in Bewegung, und Reichstag und SPD gehörten nicht zu den Verlierern, sondern zu den Gewinnern der veränderten Verfassungswirklichkeit. Die Hauptverlierer waren Kaiser und Bundesfürsten, die aus tragenden Pfeilern zu bloßen Ornamenten des Verfassungsbaus wurden; Verlierer waren auch Kanzler und Kabinett: sie wurden aus verantwortlichen Entscheidungsinstanzen mehr und mehr zu Hilfsorganen der Obersten Heeresleitung.

Die Oberste Heeresleitung war seit Herbst 1916 Deutschlands wirkliche Regierung. Der wirkliche Kaiser hieß von jetzt an Hindenburg, der wirkliche Kanzler Ludendorff. Aber hinter der stehengebliebenen monarchischen Fassade bildete sich nicht nur eine Militärdiktatur heraus, sondern zugleich so etwas wie eine heimliche Republik: Die einzige Gegenkraft, die sich neben der Obersten Heeresleitung hielt, an Gewicht gewann und immer wieder Berücksichtigung erzwang, war die Reichstagsmehrheit, die sich im Laufe des Krieges als Koalition von SPD, Fortschrittspartei und Zentrum formierte.

Die neue Verfassungswirklichkeit enthüllte sich endgültig im Juli 1917, als Oberste Heeresleitung und Reichstagsmehrheit etwas taten, wozu sie nicht die geringste verfassungsmäßige Befugnis hatten: Zusammenwirkend – wenn auch mit entgegengesetzten Fernzielen – stürzten sie den Reichskanzler. Freilich, seinen Nachfolger bestimmte nicht, wie sie es erhofft hatte, die Reichstagsmehrheit. Den bestimmte Ludendorff, und damit zeigte sich wieder, wer in Deutschland jetzt wirklich regierte. Immerhin hatte der Reichskanzler seit 1917 einen Parlamentarier als Vizekanzler; ganz ignorieren ließ sich die Reichstagsmehrheit nicht mehr. Zwischen Oberster Heeresleitung und Reichstagsmehrheit herrschte in den letzten beiden Kriegsjahren ein Verhältnis nicht unähnlich dem von Regierung und Opposition in einem parlamentarischen Staat.

Die Oberste Heeresleitung regierte, und sie regierte mit harter Hand – mit Belagerungszustand, Zensur und Schutzhaft; weit strenger und

Friedrich Ebert

Wilhelm Groener

Diese vier Männer sollten zu Schicksalsfiguren der Revolution werden. Auch wenn sie sich teilweise an ihre Spitze stellten, waren sie immer entschlossen, sie einzudämmen. Friedrich Ebert schloß als Reichskanzler ein «Bündnis» mit General Groener: Einsatz der heimkehrenden Fronttruppen gegen die Revolutionäre. Damit lieferte er sich und den jungen Staat den Mächten von gestern aus. Philipp Scheidemann, der

Philipp Scheidemann

Gustav Noske

ursprünglich gegen einen Eintritt der SPD in das «bankrotte Unternehmen» plädiert hatte, rief wenige Wochen später eigenmächtig die Republik aus. Gustav Noske kommandierte die endgültige Niederschlagung der Revolution. Er sagte: «Einer muß der Bluthund sein.»

härter als die verfassungsmäßige kaiserliche Staatsgewalt des Vorkriegs, in deren Schuhe sie unversehens geschlüpft war. Aber anders als die kaiserlichen Autoritäten der Vorkriegszeit konnte sie die Parteien der Reichstagsmehrheit nicht mehr einfach übergehen. Sie wurden angehört, sie konnten mitreden; sie konnten sogar Kanzler stürzen.

Die Reichstagsmehrheit opponierte. Zwischen ihr und der regierenden Militärmacht fanden zwei große Dauerdebatten statt: über Kriegsziele und über Verfassungsreform. Die Reichstagsmehrheit mahnte zu einem Verhandlungsfrieden ohne große Annexionsziele. Die Oberste Heeresleitung machte sich für einen «Siegfrieden» stark. Die Reichstagsmehrheit drängte auf das Reichstagswahlrecht für alle Bundesstaaten, Pressefreiheit, Demokratisierung, Parlamentarisierung. Die Oberste Heeresleitung antwortete: «Nach dem Siege – vielleicht.» Die Debatte war zeitweise erbittert, und die Männer der Reichstagsmehrheit mußten harte Worte einstecken – von ihren parlamentarischen Kollegen auf der Rechten und von der «nationalen» Presse noch mehr als von den regierenden Militärs.

Ihrer Loyalität tat das keinen Abbruch. Sie bewilligten bis zum letzten Augenblick sämtliche Kriegskredite, und die SPD insbesondere tat ihr Bestes, die blutenden und hungernden, manchmal auch schon murrenden und streikenden Massen immer wieder zum «Durchhalten» zu überreden. Kein Gedanke daran, daß sie etwa den Krieg sabotieren könnte, wenn er nicht nach ihren Vorstellungen geführt würde. So weit gingen nur die Unabhängigen Sozialdemokraten, die sich seit dem Frühjahr 1917 als neue Linkspartei organisiert hatten und im Reichstag nur schwach vertreten, im Lande allerdings eine beachtliche Macht waren. Sie aber waren wieder, was die ganze SPD zu Bismarcks Zeiten gewesen war: Verfemte. Soweit ihre parlamentarische Immunität sie nicht schützte, mußten sie mit Schutzhaft rechnen oder mit der Einberufung als Armierungssoldaten und der Abkommandierung zu Strafbataillonen.

Derartiges drohte den Männern der Reichstagsmehrheit nicht mehr, auch den Sozialdemokraten nicht. Sie waren jetzt salonfähig geworden, sie gingen in den Ämtern aus und ein, und selbst im Großen Hauptquartier wurden sie gelegentlich empfangen und höflich angehört. Es war eine ungewohnte Erfahrung für sie, und sie konnten nicht umhin, bei dieser neuen Höflichkeit und Leutseligkeit der Mächtigen ein gewisses warmes und weiches Gefühl zu verspüren.

Zwischen einigen SPD-Führern und einigen Männern der neuen Militärhierarchie bildete sich sogar eine gewisse Kameraderie heraus, zum Beispiel zwischen dem Parteiführer Friedrich Ebert und dem Eisenbahninspekteur General Wilhelm Groener. Beide hatten verschiedentlich miteinander zu tun, und sie verstanden sich gut: Beide waren süddeutsche Handwerkerssöhne, der eine aus Baden, der andere aus Württemberg, und beide ernsthafte, nüchterne, tüchtige Sacharbeiter und «nationale Männer». Warum hatte man sich nur früher so fremd und feindselig gegenübergestanden?

Die sozialdemokratische Mehrheitspartei der Kriegsjahre war zwar nicht in die wirkliche Macht hineingewachsen, wohl aber in die Atmosphäre der Macht. Sie gehörte jetzt, wenn auch einstweilen noch in der Oppositionsrolle, zum «Establishment». Sie war eine nationale und loyale Oppositions- und Reformpartei, die die Regierung kritisierte, aber den Staat nicht mehr stürzen wollte. Mit Monarchie und Kapitalismus hatte sie sich abgefunden. Was sie erstrebte, war die parlamentarische Regierungsform und der Verständigungsfrieden. Mit ihren rechtsbürgerlichen Gegnern war sie bereit, sich in einem parlamentarischen System der Zukunft in der Regierung friedlich abzuwechseln; und ihre bürgerlichen Verbündeten von Fortschritt und Zentrum standen ihr weit näher als ihre abtrünnigen Genossen von der USPD. Die einen waren jetzt Freunde und Partner; die anderen waren Intimfeinde geworden.

Was bei dieser Entwicklung ein wenig brüchig wurde, das war die Beziehung zwischen Parteiführung und Parteivolk. Sie hatte immer auf straffer Disziplin und Unterordnung beruht; das Spottwort von der «königlich preußischen Sozialdemokratie» stammte schon aus Vorkriegszeiten. Aber in den Vorkriegszeiten hatte es doch zwischen den einfachen «Genossen» und ihren Führern viel Klassensolidarität, viel Zahlabend-Intimität gegeben. Die sozialdemokratischen Führer waren einfache Leute gewesen, die die Sprache einfacher Leute sprachen. Jetzt sprachen sie mitunter schon die Sprache der Herrschaft. Während sie die Sorgen der regierenden Militärs zu teilen und ihre menschlichen Qualitäten zu schätzen begannen, bekamen ihre einfachen Anhänger mehr denn je die ganze Härte, ja die Brutalität einer Militärherrschaft zu spüren. Eine gewisse Entfremdung war unvermeidlich. Einige der alten SPD-Hochburgen – Berlin, Leipzig, Bremen, Hamburg – wurden jetzt Zentren der neuen USPD.

Die USPD, die seit 1916 die Kriegskredite verweigerte, setzte die Traditionen der Vorkriegssozialdemokratie weit treuer fort als die Mehrheitspartei. Sie umfaßte das ganze Meinungsspektrum der Vorkriegssozialdemokratie, von dem Revisionistenführer Eduard Bernstein über den Chefideologen des «marxistischen Zentrums» Karl Kautsky bis zu den internationalistischen Revolutionären der «Spartakusgruppe», Karl Liebknecht und Rosa Luxemburg. Die USPD war keineswegs eine straffe, einige revolutionäre Linkspartei wie Lenins russische Bolschewiki. Einig zeigte sie sich nur in der Gegnerschaft gegen den Krieg, in dem sie längst keinen Verteidigungskrieg mehr sah, sondern einen imperialistischen Eroberungskrieg; und in der bitteren Abneigung gegen die kriegsloyalen Mehrheitssozialisten – die diese Abneigung von Herzen erwiderten. Für sie waren die Unabhängigen so etwas wie Vaterlandsverräter; für die Unabhängigen die Mehrheitssozialisten Verräter am Sozialismus und an der Arbeiterklasse.

Dennoch sah sich die Parteispaltung, die unter den Politikern so viel Bitterkeit, ja Haß erzeugte, von unten, aus der Perspektive der einfachen Parteimitglieder, recht harmlos an. Für viele von ihnen waren Mehrheitssozialisten und Unabhängige im Grunde immer noch dasselbe, nur in etwas verschiedener Schattierung. Auch die Mehrheitssozialisten waren ja schließlich für einen Verständigungsfrieden und gegen die Annexionisten und «Kriegsverlängerer»; auch sie forderten Wahlrechtsreform und Demokratie, nur etwas geduldiger, in etwas milderer Tonart. Auch an sie konnte man sich wenden, wenn man als persönlich Betroffener gegen die Härten des Belagerungszustandes, gegen willkürliche Verhaftungen und Schikanen angehen wollte. Vielleicht erreichten sie mit ihren konzilianteren Methoden sogar mehr als die «Unabhängigen» mit ihrem bitteren Radikalismus. Den großen sozialistischen Endzielen hatten schließlich auch die Mehrheitssozialisten niemals offen abgeschworen.

Vertrauen stirbt nicht so schnell. Die Massen vertrauten immer noch ihren altgewohnten Führern – denen von der SPD kaum weniger als denen von der USPD. Diese Führer waren alles, was sie hatten. Bei der großen Streikbewegung vom Januar 1918 wählten die Streikenden auch die SPD-Führer in die Streikleitung – und ließen sich von ihnen nach wenigen Tagen zum Abbruch des Streiks überreden. Schließlich war immer noch Krieg, und der Krieg mußte wohl durchgestanden werden. Nach dem Krieg erhofften die meisten eine Wiedervereinigung der Partei.

Nach dem Krieg – das bedeutete für den einfachen Mann in Deutschland bis tief in den Sommer 1918 hinein: nach dem Sieg, oder, allenfalls, nach einem Verständigungsfrieden. Der Gedanke an eine mögliche Niederlage war nie ernsthaft aufgekommen. Hatte man nicht vier Jahre lang ununterbrochen Siege errungen? Stand man nicht überall in Feindesland? Hatte man nicht Rußland bereits zum Frieden gezwungen? Der Krieg bestand für die Menschen in Deutschland aus Hunger, aus Sorge um «die draußen» – und aus Siegesnachrichten. Man hielt durch, man biß die Zähne zusammen und kämpfte und hungerte und schuftete weiter – voller Ingrimm auf die, die trotz aller Siege keinen Frieden machen wollten. Daß sie auch noch den Krieg verlieren würden, darauf kam man nicht.

Es gab auch niemanden an der Spitze des Deutschen Reichs, der eine solche Möglichkeit je angedeutet, geschweige denn zugegeben hätte. Auch sich selbst gegenüber gaben die führenden Männer die Möglichkeit der Niederlage nicht zu, auch nicht im Sommer 1918, als sie, mit dem Fehlschlag der letzten großen deutschen Westoffensiven und dem massenhaften Eintreffen der Amerikaner in Frankreich, schon fast zur Gewißheit geworden war. Die Monate, in denen es notwendig gewesen wäre, sich auf die herannahende Niederlage einzustellen, und vielleicht noch möglich, sie abzufangen oder wenigstens zu mildern, wurden versäumt.

Dann begannen sich, im August und September, die Ereignisse zu überstürzen. Im Westen gingen die Alliierten an einem Frontabschnitt nach dem andern zur Offensive über. Die Gewinne der Frühjahrsoffensiven gingen verloren, der Rückzug wurde unaufhaltsam. Die Verbündeten brachen zusammen. Am 13. September sandte Österreich einen Hilferuf aus.

Am 15. September brachen die Alliierten an der Balkanfront durch.

Am 27. September kapitulierte Bulgarien. Am selben Tag griffen die Alliierten im Westen auf breiter Front die Hindenburglinie an. Es war die letzte ausgebaute Verteidigungslinie der Deutschen. Sie wankte.

Immer noch redeten die deutschen Zeitungen von Durchhalten und Endsieg. Die Parlamentarier in Berlin, böser Ahnungen voll, aber fern von jedem Gedanken, daß das Ende herbeigekommen sei, berieten darüber, ob es nun nicht doch allmählich an der Zeit sei, die Regierung zu wechseln und ernsthaft einen Verständigungsfrieden zu suchen. Die Frage war: Wie bringt man es Ludendorff bei?

Ihnen stand eine furchtbare Überraschung bevor. Es war Ludendorff selbst, der von einem Tag auf den andern die Regierung wechselte, und die Verfassung gleich noch dazu. Er faßte die Entschlüsse, zu denen die Parlamentarier sich nicht hatten durchringen können. Er verordnete Deutschland die parlamentarische Demokratie, und er brachte die SPD in die Regierung und ans Ziel ihrer Wünsche. Aber als

Morgengabe drückte er ihr die Niederlage in die Hand, und was er jetzt von ihr verlangte, das war nicht mehr die Suche nach einem Verständigungsfrieden, sondern die Kapitulation.

Der Tag, an dem dies alles geschah, war der 29. September 1918.

2
Der 29. September 1918

Der 29. September 1918, ein Sonntag, begann als schöner Spätsommertag und endete mit Herbststurm und Prasselregen: Es war der Tag, an dem in diesem Jahr der Sommer in den Herbst umschlug. Es war auch der Tag des politischen Wetterumschlags für Deutschland. An diesem Tag wurden, jäh und unvermittelt, die Beschlüsse gefaßt, die das Ende des Ersten Weltkriegs, das Ende des deutschen Widerstandes und das Ende des Kaiserreichs einleiteten.

Der 29. September 1918 ist eines der wichtigsten Daten der deutschen Geschichte, aber er ist nicht, wie andere vergleichbare Daten – der 30. Januar 1933 etwa oder der 8. Mai 1945 –, ein fester Bestandteil des deutschen Geschichtsbewußtseins geworden. Das mag zum Teil daran liegen, daß nichts von dem, was an diesem Tage geschah, am nächsten Tag in den Zeitungen stand. Das Ereignis des 29. September blieb noch jahrelang Staatsgeheimnis. Aber auch als es schließlich bekannt wurde, behielt es eine merkwürdig unbestimmte Kontur, etwas wie einen umhüllenden Geheimnisnebel.

Der 29. September 1918 war ein 8. Mai 1945 und ein 30. Januar 1933 in einem. Er brachte zugleich Kapitulation und Staatsumbau. Und beides war das Werk *eines* Mannes – und zwar eines Mannes, dessen verfassungsmäßige Stellung ihm nicht die geringste Befugnis zu so ungeheuren Aktionen gab: des Ersten Generalquartiermeisters Erich Ludendorff.

Hinter dem 29. September 1918 steht immer noch das Rätsel Ludendorffs: das Rätsel seiner Macht, das Rätsel seiner Persönlichkeit und das Rätsel seiner Motive.

Ludendorffs Macht war in den letzten zwei Jahren des Krieges fast unbeschränkt geworden, und nie zeigte sich ihre Schrankenlosigkeit so grell wie an diesem Tage, da er sie weggab und ihr Instrument zerbrach. Es war eine Macht, wie sie kein anderer Deutscher vor Hitler je besessen hat, auch Bismarck nicht: diktatorische Macht.

Ludendorffs nomineller Vorgesetzter, der Chef der Obersten Hee-

Der Oberste Kriegsherr, Kaiser Wilhelm II., mit seinen einflußreichsten Beratern, Generalfeldmarschall Paul von Hindenburg (links) und dem Ersten Generalquartiermeister Erich Ludendorff (rechts) bei einer Lagebesprechung im Großen Hauptquartier. Seit dem Sommer 1918 war der Krieg für die Deutschen aussichtslos geworden, und obwohl offiziell noch immer vom Endsieg geredet wurde, begannen die Parlamentarier in Berlin darüber zu beraten, ob es nicht an der Zeit sei, die Regierung zu wechseln und einen Verständigungsfrieden zu suchen.

resleitung, Generalfeldmarschall von Hindenburg, war in Wahrheit niemals etwas anderes als sein williges Werkzeug. Der Kaiser, nach dem Buchstaben der Verfassung Oberster Kriegsherr, hatte sich daran gewöhnt, jeden Wunsch der Obersten Heeresleitung – auf politischem ebenso wie auf militärischem Gebiet – wie einen Befehl zu vollstrecken. Kanzler und Minister kamen und gingen auf Ludendorffs Geheiß. Als sich Ludendorff schließlich entschied, von einem Tag auf den andern aus dem Bismarckschen Deutschland eine parlamentarische Demokratie zu machen und diese parlamentarische Demokratie die weiße Fahne hissen zu lassen, fand sich niemand, der ihm widerstand oder auch nur widersprach. Was er beschlossen hatte, wurde mit lautloser Emsigkeit ausgeführt. Und doch war dieser Mann nur ein General unter vielen, bei weitem nicht der ranghöchste, in der Obersten Heeresleitung immerhin nur der zweite Mann, und ohne jedes politische Amt oder Mandat. Was gab ihm seine ungeheure Macht?

Darauf gibt es heute noch keine klare und unumstrittene Antwort, und auch Ludendorffs Charakter behält etwas Rätselhaftes; er wird sogar immer rätselhafter, je genauer man ihn studiert.

Den breiten Massen bedeutete Ludendorff gar nichts; er war kein Volksheld. Das war Hindenburg, und ihm überließ Ludendorff willig alle Popularität, allen Glanz und allen Ruhm. Von Eitelkeit war er völlig frei. Man wäre versucht zu sagen, daß ihm am Schein der Macht nichts gelegen war, nur an der Macht selbst – wenn man nicht bei näherem Hinsehen bemerken müßte, daß ihm eigentlich auch die Macht selbst gleichgültig war. Hat es je einen anderen Diktator gegeben, der – so wie Ludendorff am 29. September 1918 – die Macht freiwillig aufgab, ja sogar ihre ordnungsmäßige Übergabe an seine politischen Gegner aus eigener Machtvollkommenheit befahl und organisierte?

Freilich tat er dies im Augenblick der Niederlage und, wie sich zeigen wird, nicht ohne Hintergedanken. Trotzdem: Man braucht Ludendorffs Verhalten im Augenblick der Niederlage nur mit Hitlers zu vergleichen, und man wird zugeben müssen: Machtgierig war Ludendorff nicht. Er war, auf eine eigentümlich harte, fast böse Weise, selbstlos.

Ludendorff war kein Seelenfänger und Menschenführer. Er besaß weder Charme noch Dämonie, er konnte weder bezaubern noch überzeugen, noch hypnotisieren. Im Umgang war er schroff, trocken, unliebenswürdig, abweisend, «kontaktarm». In seinem Fach, dem militärischen, war er ohne Zweifel ein hervorragender Könner, obwohl schwerlich der begnadete Feldherr, den seine Anhänger später aus ihm machen wollten: kein Mann der genialen Inspiration, kein Napoleon – den gab es im Ersten Weltkrieg auf keiner Seite –, sondern ein Organisator und Administrator, ein Kriegstechniker: kaltblütig und entschlußstark, auf eine rücksichtslose Weise gewissenhaft und unermüdlich in seiner Arbeit, ein tüchtiger General. Aber es gab auch andere tüchtige Generale. Wenn man fragt, was diesen bürgerlichen General von allen abhob und ihm seine durchschlagende Macht gab, dann entdeckt man wirklich nur dies: seine harte, fast ein wenig unmenschliche Selbstlosigkeit – die ihn befähigte, ganz Wille, ganz Instrument, ganz Verkörperung zu sein.

Das war es: Ludendorff verkörperte etwas – verkörperte wie kein anderer die neue bürgerliche Herrenklasse Deutschlands, die während des Krieges die alte Aristokratie mehr und mehr beiseite drängte, verkörperte ihre alldeutschen Ideen, ihren wilden Siegeswillen, die Besessenheit, mit der sie aufs Ganze ging und «nach der Weltmacht griff». Weil er selbstlos war, frei von jeder persönlichen Rücksicht, ja eigentlich von jeder Rücksicht, weil er ganz sachlich war, sachlich auf eine etwas unheimliche, etwas unmenschliche Weise: deshalb war er imstande, jederzeit das Äußerste zu wagen und Tollkühnheit zur Routine zu machen. Und das fühlte die neue Herrenklasse Deutschlands heraus, deshalb war er ihr Mann, deswegen folgte sie ihm blind – während die feiner besaiteten Aristokraten des alten Regimes vor seiner erbarmungslosen Sachlichkeit und Zielstrebigkeit kapitulierten und die Massen murrend kuschten.

Ludendorff war der Mann, der sich anheischig machte, für Deutschland den Krieg zu gewinnen, und zwar total zu gewinnen; der Mann, der bereit war, mit harter Ruhe immer wieder va banque zu spielen. Alle seine Entschlüsse hatten etwas Ungeheuerliches: der unbeschränkte U-Boot-Krieg, die Unterstützung der bolschewistischen Revolution, der Gewaltfriede von Brest-Litowsk, der große Ostzug des Sommers 1918, unternommen im selben Augenblick, in dem er die Entscheidung im *Westen* suchte: das war sein Stil, und es war der Stil, in dem das deutsche Großbürgertum seinen eigenen Stil wiedererkannte, in dem es sein innerstes Wesen und Wollen ausgedrückt fand. Mit Ludendorff tritt zum erstenmal ein neuer Zug im deutschen Wesen hervor – ein Zug von kalt-besessener Übertreibung und Schicksalsherausforderung, ein «Alles oder Nichts», das das Motto einer ganzen Klasse war und das seitdem aus der deutschen Geschichte nicht wieder verschwunden ist.

Auch sein einsamer Entschluß von 29. September zeigt diese Hand-

Hindenburg und Ludendorff mit Angehörigen des Generalstabs. Die wirkliche Regierung des Deutschen Reiches stellte seit dem Herbst 1916 die Oberste Heeresleitung dar, deren Chef Hindenburg war. Größeren Einfluß aber hatte Ludendorff. Das zeigte sich am 29. September 1918, als er sofortige Kapitulation und Regierungsumbildung verlangte. Er brachte damit die SPD an die Macht, übergab ihr aber zugleich die Verantwortung für die Niederlage – Grundlage der Dolchstoßlegende.

schrift. Er war Ludendorffs charakteristische persönliche Reaktion auf die Niederlage.

Man hat oft – fast von Anfang an – gesagt, daß Ludendorff an diesem Tage (oder genauer: am vorangehenden Freitag, dem 27. September, an dem sich in seinem Kopf der Plan formte, den er dann am Sonntag durchsetzte) einfach «die Nerven verloren» habe. Es stimmt, daß Ludendorff die seit Monaten voraussehbare, seit Wochen sichtlich heraufziehende Niederlage bis zum letzten Augenblick nicht hatte wahrhaben wollen – und dann plötzlich, von einem Tag auf den andern, von krampfhafter Siegeszuversicht auf extremen, vielleicht sogar übertriebenen Pessimismus und Defätismus umschaltete. Noch im Juli hatte er, von dem neuernannten Staatssekretär des Äußeren, von Hintze, befragt, versichert, daß er sich von der bevorstehenden deutschen Offensive bei Reims den militärischen Endsieg verspreche – womit er zweifellos bereits die eigene bessere Einsicht zu übertönen suchte. Noch beim Kronrat vom 14. August, nach dem Scheitern dieser Offensive und den ersten schweren deutschen Niederlagen, hatte er es als immer noch möglich hingestellt, den feindlichen Kriegswillen durch hinhaltenden Widerstand zu lähmen, und sich damit einverstanden erklärt, daß mit Friedensschritten auf eine bessere militärische Lage gewartet werde. Jetzt, am 29. September, forderte er plötzlich ein Waffenstillstandsgesuch binnen vierundzwanzig Stunden – und zwar ausdrücklich mit der Begründung, daß er nicht mehr dafür garantieren könne, eine militärische Katastrophe an der Westfront für mehr als vierundzwanzig Stunden zu verhindern.

Natürlich mußte das den Eindruck erwecken, daß er angesichts der – allerdings furchtbar bedrohlich gewordenen – Frontlage plötzlich die Nerven verloren habe; besonders, nachdem sich in den folgenden Tagen und Wochen herausstellte, daß die befürchtete Katastrophe an der Westfront nicht eintrat. Auch trifft es zu, daß Ludendorffs Härte eine brüchige Härte war und daß er schon vorher wiederholt Nervenkrisen gehabt hatte, die seine Umgebung im Hauptquartier erschreckten. Aber das war bezeichnenderweise eher in den vorangegangenen Monaten der Fall gewesen, in denen er, entgegen dem eigenen besseren militärischen Urteil, sich selbst noch zu einem nicht mehr zu verantwortenden Optimismus gezwungen hatte. An dem historischen Wochenende vom 28. und 29. September wirkte er wieder auffallend kalt, überlegen und souverän: nicht wie ein Mann, der die Nerven verloren hat, sondern eher wie einer, der seine Nerven wiedergefunden hat und einem klar durchdachten Plan folgt. Vieles spricht dafür, daß dieser Eindruck nicht trog.

Ludendorff war niemals ein Mann der Vorsicht, der Rückversicherung und der nach allen Seiten offengehaltenen Optionen gewesen. Generalstabsschulung und persönliches Temperament hatten ihm, zusammenwirkend und einander verstärkend, einen Denk- und Aktionsstil aufgeprägt, der nur scharfe, ja extreme Alternativen kannte. Ludendorff war gewohnt, Alternativpläne in Gedanken generalstabsmäßig durchzuspielen, sich dann scharf für einen zu entscheiden und den gewählten Plan mit äußerster Energie durchzuführen, ja auf die Spitze zu treiben, ohne noch weiter rechts und links zu sehen; scheiterte der Plan, so war es Zeit für neue Alternativen und neue radikale Entscheidungen. Was Ludendorff im Sommer 1918 gequält und manchmal an den Rand des Nervenzusammenbruchs gebracht hatte, war wahrscheinlich gerade dies gewesen, daß er sich zum planlosen Fortwursteln verurteilt gefunden hatte: Unfähig, der Möglichkeit der Niederlage ins Gesicht zu sehen, hatte er immer noch krampfhaft einen Sieg verfolgt, für den er kein klares Konzept mehr hatte. Jetzt plötzlich, am 27. September, beim Einbruch der Alliierten in die Hindenburglinie, gab es kein Ausweichen mehr: Sein militärisches Urteil führte ihm unausweichlich die Möglichkeit der unmittelbaren militärischen Katastrophe vor Augen. Er stellte sich der Niederlage. Der Schock der Erkenntnis muß furchtbar gewesen sein – aber er war auch befreiend. Denn jetzt konnte Ludendorff wieder planen. Jetzt plante er die Niederlage.

Er plante sie, wie er vorher den Sieg geplant hatte: als Militär, als General, nicht als Politiker. Im Angesicht der Niederlage konzentrierte er sich auf das eine Ziel: die Armee zu retten.

In jedem Krieg entsteht ein subtiler Konflikt zwischen Heerführung und Politik. Sieg verschleiert ihn manchmal ein wenig; Niederlage legt ihn schonungslos bloß. In gewissen verlorenen Prozessen kommt ein Augenblick, wo ein Anwalt nicht mehr an die Interessen seines Mandanten denkt, sondern nur noch daran, wie er sich selbst vor Regreßansprüchen seines enttäuschten Mandanten sichern kann. Ähnlich denkt in der Niederlage die Führung einer geschlagenen Armee oft nicht mehr an die Interessen des Landes, das sie nicht mehr schützen kann, sondern nur noch daran, sich selbst und ihre militärische Ehre intakt zu halten. So war es in Frankreich 1940. So war es in Deutschland 1918.

Ludendorffs festes Ziel war von dem Augenblick an, in dem er begann, die «Handhabung der Niederlage» zu planen: Die Armee muß gerettet werden – ihre Existenz und ihre Ehre. Um die *Existenz* der Armee zu retten, mußte Waffenstillstand geschlossen werden – schleunigst, ohne jeden Verzug, möglichst schon morgen; jeder Tag konnte ja die militärische Katastrophe bringen. Um aber die *Ehre* der Armee zu retten, mußte das Waffenstillstandsgesuch von der Regierung ausgehen, nicht etwa von der Obersten Heeresleitung. Es mußte politisch motiviert werden, nicht militärisch.

Aus dieser Zielsetzung ergaben sich drei Fragen: Wie war ein Waffenstillstandsgesuch politisch zu motivieren? Welche Regierung würde bereit sein, sich dazu herzugeben? Und wie konnte sichergestellt werden, daß der siegreiche Feind den erbetenen Waffenstillstand auch wirklich gewährte?

Die Antworten auf diese Fragen konvergierten. Um politisch motiviert zu erscheinen, mußte das Waffenstillstandsgesuch mit einem Friedensangebot verknüpft sein und mußte von denen ausgehen, die schon immer für einen Verständigungsfrieden eingetreten waren: also von den Parteien der Reichstagsmehrheit. Diese Parteien mußten demnach in die Regierung aufgenommen werden oder selbst die Regierung bilden.

Damit die Reichstagsmehrheit sich bereit fände, unter so furchtbaren Bedingungen die Regierungsverantwortung zu übernehmen, mußte man ihr etwas bieten: Das bedeutete den Verfassungsumbau, an dem ihr so viel lag, den Übergang zur parlamentarischen Regierungsform. Er würde gleichzeitig die Chancen des Waffenstillstandsgesuchs verbessern: Die Entente behauptete ja, einen Krieg für die Demokratie zu führen; insbesondere der amerikanische Präsident Wilson hatte sich mehrfach öffentlich auf das Kriegsziel einer Demokratisierung Deutschlands festgelegt. Ausgezeichnet! Wenn man ihm jetzt eine demokratische Regierung Deutschlands fix und fertig präsentierte, konnte er ihr Waffenstillstandsersuchen kaum abschlagen. Seine berühmten vierzehn Punkte würde man als Grundlage für Friedensverhandlungen ebenfalls annehmen, um ihm die Ablehnung noch schwerer zu machen.

Und wenn er trotz alledem doch ablehnte – oder neue, unvorhergesehene, entehrende Bedingungen stellte? Nun, dann mußte man weitersehen. Vielleicht würde die neue Volksregierung einen Volkskrieg entfesseln, eine verzweifelte *levée en masse*. Und wenn sie das nicht tat, sondern sich unterwarf – dann würde es *ihre* Unterwerfung sein; die Armee jedenfalls wäre gerettet: ihre Existenz ebenso wie ihre Ehre. Vielleicht konnte sie es sich dann sogar leisten, gegen die schimpfliche Unterwerfung einen von vornherein aussichtslosen und daher ungefährlichen Protest anzumelden – und später, nach dem Kriege, mit ihrer intakten Existenz und ihrer unbefleckten Ehre die durch Kapitulation entehrte Parlamentsregierung wieder nach Hause zu schicken.

Das war der Plan – Ludendorffs Plan für die Handhabung der Niederlage, die er jetzt als unausweichlich ansah. Er faßte ihn am 27. September. Am 28. September weihte er Hindenburg ein, der, wie üblich, zustimmte. Am 29. September gewann er nacheinander die Zustimmung des Außenministers, des Kaisers und des Kanzlers. Es war Ludendorffs letzte große Operation; anders als bei seinen großen militärischen Offensiven des Jahres 1918 gelang ihm diesmal auf Anhieb ein vollständiger Durchbruch.

Die Operation wurde mit generalstabsmäßiger Präzision durchgeführt, wobei der Überraschungsfaktor eine entscheidende Rolle spielte. Bis zum Freitagabend hatte noch niemand auch nur eine Ahnung von Ludendorffs Gesamtplan. Am 28. September morgens ließ er dem Reichskanzler, dem greisen Grafen Hertling, durch seinen Verbindungsoffizier in Berlin, Oberst von Winterfeldt, fürs erste nur mitteilen, daß die Oberste Heeresleitung zu der Ansicht gekommen sei, «daß eine Umbildung der Regierung oder ein Ausbau derselben auf breiterer Basis notwendig geworden sei». Zugleich ließ er dem Reichskanzler nahelegen, sofort ins Große Hauptquartier zu kommen. Der Sohn und Adjutant des Grafen Hertling berichtet:

«Mein Vater kam sofort, nachdem Oberst von Winterfeldt sein Zimmer verlassen hatte, zu mir herein und berichtete mir den plötzlichen Wechsel in der politischen Anschauung der OHL. Es überraschte mich natürlich sehr, von ihm zu hören, daß sich die OHL von einem Tage auf den andern auf den Boden des Parlamentarismus stellte, dessen Anhänger sie vordem nie gewesen war.» Der Kanzler beschloß, am Abend zu reisen. Noch vor ihm reiste der Staatssekretär des Auswärtigen, Paul von Hintze.

Das geschah am Sonnabendmorgen des 28. September. Erst am Spätnachmittag, nachdem dieser Schritt schon getan war, fand Ludendorff es nötig, seinen nominellen Chef Hindenburg mit seinen Absichten bekannt zu machen. In seinen Erinnerungen berichtet er darüber:

«Am 28. September, 6 Uhr nachmittags, ging ich zum Generalfeldmarschall in dessen Zimmer, das eine Treppe tiefer lag. Ich legte ihm meine Gedanken über ein Friedens- und Waffenstillstandsangebot vor ... Wir hätten jetzt die eine Aufgabe, ohne Verzug klar und bestimmt zu handeln. Der Generalfeldmarschall hörte mich bewegt an. Er antwortete, er habe mir am Abend das gleiche sagen wollen, auch er hätte sich die Lage dauernd durch den Kopf gehen lassen und hielte den Schritt für notwendig ... Der Generalfeldmarschall und ich trennten uns mit festem Händedruck wie Männer, die Liebes zu Grabe getragen hatten und die nicht nur in guten, sondern auch in den schwersten Stunden des menschlichen Lebens zusammenhalten wollen.»

Es geht aus dieser Schilderung nicht klar hervor, ob Ludendorff seinen Chef vollständig in seinen Plan einweihte oder ob er – was wahrscheinlicher ist – auch ihm nur eine Hälfte des Planes enthüllte: die militärische, so wie vorher dem Reichskanzler die politische.

Fest steht dagegen, daß der Gesamtplan am Vormittag des Sonntags in allen Einzelheiten von Ludendorff mit dem inzwischen eingetroffenen Staatssekretär des Auswärtigen, von Hintze, erörtert wurde. Es ist sogar, nach den Bekundungen Hintzes, möglich, daß Ludendorffs Plan in diesem Gespräch noch modifiziert wurde und erst durch Hintzes Beitrag seine endgültige Form bekam. Hintze war von ähnlichem geistigem Zuschnitt wie Ludendorff selbst: ein jüngerer, schneidiger, kaltblütiger und scharfsinniger Mann, von Hause aus Marineoffizier und wie Ludendorff bürgerlicher Herkunft und alldeutscher Gesinnung. Von Ludendorffs brüsker Mitteilung, daß die Westfront jeden Augenblick zusammenbrechen könne und die Lage der Armee den sofortigen Waffenstillstand erfordere, war er «niedergeschmettert», aber er faßte sich schnell. Ludendorffs Idee, daß das nunmehr erforderliche Waffenstillstandsgesuch unter der Verantwortung der Reichstagsmehrheit herausgehen müsse, hieß er gut, nur ging er noch einen Schritt weiter. Ludendorff hatte anscheinend zunächst nur an einen Eintritt von Vertretern der Sozialdemokraten, der Fortschrittspartei und des Zentrums in die bestehende Regierung gedacht, um das plötzliche Friedensangebot und Waffenstillstandsgesuch zu motivieren. Das genüge nicht, meinte Hintze. Angesichts der «katastrophalen Wirkung für Heer, Volk, Reich und Monarchie», die zu befürchten sei, müsse ein vollständiger, sichtbarer, dramatischer Systemwechsel erfolgen, eine Verfassungsänderung, eine «Revolution von oben». (Der Ausdruck fiel zuerst in diesem Gespräch – ob er von Hintze oder von Ludendorff als erstem gebraucht wurde, ist ungeklärt.) Ludendorff fürchtete zunächst, das Waffenstillstandsgesuch könne dadurch verzögert werden; aber dann machte er sich den Gedanken des Staatssekretärs schnell zu eigen. Eine «Revolution von oben» – das leuchtete ihm ein; es entsprach seiner Vorliebe für das radikale Aufs-Ganze-Gehen, es setzte eigentlich erst den I-Punkt auf sein Konzept. Je vollständiger der Bruch mit der bisherigen Regierung und Verfassung war, um so glaubwürdiger würde es sein, daß das Waffenstillstandsgesuch dem eigenen politischen Wollen der neuen Männer entsprungen sei – und daß die Armee nichts damit zu tun habe.

Hindenburg wurde zugezogen und stimmte, wie immer, zu. Man

ging zum Essen. Für den Nachmittag war Vortrag beim Kaiser angesetzt.

Unterdessen war der alte Reichskanzler Graf Hertling ahnungslos auf dem Wege nach Spa, dem belgischen Kurort, der seit einiger Zeit das Große Hauptquartier beherbergte. Sein Sohn, der mit ihm reiste, berichtet anschaulich über die Anfahrt und über das, was bei der Ankunft geschah: «Es war ein schöner, warmer und sonniger Tag. Ein eigentümliches Gefühl beschlich mich, als wir durch die uns wohlbekannte und liebgewordene Gegend kamen, die wir gerade vor einem Monat verlassen hatten. Der Herbst war mittlerweile ins Land gezogen, in allen Farben leuchteten die Wälder... Als wir uns Spa näherten, änderte sich das Wetter, dunkle Wolken zogen auf, und bei der Einfahrt in unser Schloß begann ein leichter Sprühregen vom Himmel zu fallen. Im Hause war es kalt und ungemütlich.

Wir waren noch nicht lange da, als sich Herr von Hintze melden ließ ... Das Gespräch zwischen ihm und meinem Vater war kurz. Als er fortging, kam dieser mit sehr ernstem Ausdruck zu mir ins Zimmer und sagte: ‹Das ist ja ganz furchtbar, die OHL verlangt, daß *so bald als irgend möglich* ein Friedensangebot bei der Entente gemacht wird. Hintze hat mit seinem Pessimismus recht behalten!›»

Der alte Kanzler hatte sich schon unterwegs entschlossen, seinen Abschied zu erbitten: Er war sein Leben lang ein überzeugter Monarchist gewesen; Parlamentarisierung wollte er nicht mitmachen. Auf den Gedanken, daß er sie abwenden könne, wenn Ludendorff sie verlangte, war er gar nicht gekommen. Und nun auch noch dies! Als Patriot war er erschüttert. Als Kanzler, der ohnehin zur Demission entschlossen war, fühlte er sich wohl eher erleichtert, daß es ihn gewissermaßen nichts mehr anging.

An dem entscheidenden Vortrag Hindenburgs beim Kaiser nahm der Reichskanzler gar nicht teil. Die zivile Regierung war nur durch Hintze vertreten, der ja seit dem Vormittag mit Hindenburg und Ludendorff in vollem Einvernehmen war. Der Kaiser versuchte keinen Widerstand, er genehmigte alles: die Parlamentarisierung ebenso wie die Bitte um Waffenstillstand. Nur das Abschiedsgesuch Hintzes, das dieser sogleich vorbrachte, wies er vorläufig zurück.

So war eigentlich schon alles entschieden, als der Kaiser sich schließlich um vier Uhr nachmittags mit Gefolge beim Reichskanzler einfand. Nur der kaiserliche Erlaß über die Parlamentarisierung war noch zu redigieren und die Demission des Grafen Hertling zu bewilligen. Das Merkwürdigste an den Vorgängen dieses historischen Tages ist, wie undramatisch und gedämpft, wie glatt und selbstverständlich sich alles abspielte. Immerhin handelte es sich darum, einen vier Jahre lang mit leidenschaftlicher Verbissenheit geführten Weltkrieg verlorenzugeben und zugleich das Bismarcksche Verfassungsgebäude niederzureißen; aber niemand schien sich aufzuregen, und das einzige, das einige Debatten verursachte, war die Frage der Demission des Reichskanzlers und des Staatssekretärs für das Auswärtige. Ludendorff hatte alle überrumpelt, und alle spielten ihre vorbestimmte Rolle wie in Trance, als merkten sie gar nicht, was sie Ungeheuerliches taten.

«Der Kaiser», berichtet der jüngere Hertling, «schien mir an diesem Tage nicht schlechter als sonst auszusehen ... Die Besprechung dauerte lange. Herr v. Hintze, der die Nacht durch nach Spa gefahren war und den ganzen Vormittag mit der OHL verhandelt hatte, sah vollständig erschöpft aus und schlief infolge der Überanstrengung bei uns im Zimmer ein, während er darauf wartete, zur Beratung zugezogen zu werden ... In der Zwischenzeit war die Erklärung des Kaisers vorbereitet worden, in der dieser seinem Willen Ausdruck gab, mehr als bisher Vertreter des Volkes zu den Regierungsgeschäften heranzuziehen, und in welcher er meinem Vater die erbetene Entlassung in Gnaden bewilligte. Ich brachte das Schriftstück in das Arbeitszimmer, wo die bedeutungsvolle Unterredung noch nicht zum Abschluß gekommen war. Der Kaiser hat bei dieser nicht sehr viel gesprochen; das Wort führte für ihn sein Kabinettschef, der dabei so lebhaft debattierte, daß seine Stimme deutlich im Nebenzimmer vernehmbar war. Die Entlassung des Kanzlers war dem Kaiser mehr als schmerzlich ... Die Besprechung ist dann zu Ende gegangen. Der Kaiser verabschiedete sich freundlich wie immer von uns allen, und wir waren allein. Mein Vater war ziemlich still. Aber als ich ihm schilderte, wie wir nun bald aus dem ‹Tiefland› in das Hochland der lieben bayerischen Berge ziehen würden, ging doch ein stilles, fast glückliches Lächeln über seine ernsten Züge.»

Und der Kaiser? Laut seinem Chronisten Niemann «herrschte am Abend des 29. September in der kaiserlichen Umgebung stille Resignation, die aber von einer unverkennbaren Mißstimmung gegen den General Ludendorff begleitet war».

Stille Resignation und eine «unverkennbare» Mißstimmung, das war alles, was Kaiser und Kanzler an diesem Schicksalstag dem Willen Ludendorffs entgegenzusetzen gehabt hatten – aufzumucken wagten sie nicht.

Die verfassungsmäßigen Gewalten des Kaiserreichs hatten an diesem 29. September 1918 kampflos kapituliert; sie hatten in gewissem Sinne schon abgedankt.

Nicht ganz so kampflos vollzog sich in den folgenden Tagen die Bildung der parlamentarischen Regierung in Berlin, die zugleich mit der Regierungsgewalt die Verantwortung für die Niederlage auf sich nehmen sollte; und auch bei den Stabsoffizieren der Obersten Heeresleitung schlugen die Beschlüsse des 29. September wie eine Bombe ein.

3
Oktober

«Furchtbar und entsetzlich!» schrieb der Generalstabsoberst von Thaer am 1. Oktober in sein Tagebuch, nach der Besprechung, in der Ludendorff dem gesamten Stab der Obersten Heeresleitung das Geschehene mitgeteilt hatte. Und er berichtete weiter: «Während L. sprach, hörte man leises Stöhnen und Schluchzen, vielen, wohl den meisten, liefen unwillkürlich die Tränen über die Backen ... Da ich bei ihm für hinterher sowieso zum Vortrag gemeldet war, ging ich ihm gleich nach und – ihm ja seit so lange bekannt – umfaßte mit beiden Händen seinen rechten Oberarm, was ich unter anderen Umständen mir doch nicht erlaubt hätte, und sagte: ‹Exzellenz, ist das denn Wahrheit? Ist das das letzte Wort? Wache oder träume ich? Das ist ja zu entsetzlich! Was soll nun werden?›»

Ganz ähnliche Szenen spielten sich am folgenden Morgen im Reichstag in Berlin ab, wo ein Abgesandter Ludendorffs, der Generalstabsmajor von dem Bussche, den Führern aller Parteien eröffnete: «Die Oberste Heeresleitung habe sich veranlaßt gesehen, Seiner Majestät vorzuschlagen, zu versuchen, den Kampf abzubrechen, die Fortsetzung des Krieges als aussichtslos aufzugeben. Jede vierundzwanzig Stunden könnten die Lage verschlechtern und den Feind unsere eigentliche Schwäche erkennen lassen.»

Ein Zeuge hat die Wirkung so geschildert: «Die Abgeordneten waren ganz gebrochen; Ebert wurde totenblaß und konnte kein Wort herausbringen; der Abgeordnete Stresemann sah aus, als ob ihm etwas zustoßen würde ... Der Minister von Waldow soll den Saal mit den Worten verlassen haben: Jetzt bleibe ja nur übrig, sich eine Kugel durch den Kopf zu schießen.» Herr von Heydebrand, der Führer der preußischen Konservativen, stürzte in den Wandelgang hinaus mit dem Schrei: «Wir sind vier Jahre lang belogen und betrogen worden!»

Während er so Generalstab und Reichstag – die beiden Machtzentren, zwischen denen sich die deutsche Politik von nun an abspielen sollte – aus der Fassung brachte, hatte Ludendorff selbst seine Fassung vollkommen zurückgewonnen. Er fühlte sich wieder als Herr der Lage, und er plante kühl und klar wie eh und je. Der Oberst von Thaer – dessen Tagebucheintragung unschätzbar ist als die einzige mehr oder weniger wörtliche Wiedergabe von Äußerungen Ludendorffs in diesen Tagen – schildert seinen Auftritt so:

«Als wir versammelt waren, trat Ludendorff in unsere Mitte, sein Gesicht von tiefstem Kummer erfüllt, bleich, aber mit hocherhobenem Haupt. Eine wahrhaft schöne germanische Heldengestalt! Ich mußte an Siegfried denken mit der tödlichen Wunde im Rücken von Hagens Speer.

Er sagte ungefähr folgendes: Er sei verpflichtet, uns zu sagen, daß unsere militärische Lage furchtbar ernst sei. Täglich könne unsere Westfront durchbrochen werden ... Auf die Truppen sei *kein* Verlaß mehr ... So sei vorauszusehen, daß dem Feinde schon in nächster Zeit mit Hilfe der kampffreudigen Amerikaner ein *großer* Sieg, ein *Durchbruch in ganz großem Stile* gelingen werde, dann werde dieses Westheer den letzten Halt verlieren und in voller Auflösung zurückfluten über den Rhein und werde die Revolution nach Deutschland tragen. Diese Katastrophe *müsse* unbedingt vermieden werden. Aus den angeführten Gründen dürfe man sich nun nicht mehr schlagen lassen. Deshalb habe die OHL von S. M. und dem Kanzler gefordert, *daß ohne jeden Verzug* der Antrag auf Herbeiführung eines Waffenstillstandes gestellt würde bei dem Präsidenten Wilson von Amerika zwecks Herbeiführung eines Friedens auf der Grundlage seiner 14 Punkte ...

Es sei ein schrecklicher Augenblick für den Feldmarschall und für ihn gewesen, dies S. M. und dem Kanzler melden zu müssen. Der letztere, Graf Hertling, habe in würdiger Weise S. M. erklärt, er müsse daraufhin sofort sein Amt niederlegen. Nach so vielen Jahren in Ehren könne und wolle er als alter Mann nicht sein Leben damit beschließen, daß er jetzt ein Gesuch um Waffenstillstand einreiche. Der Kaiser habe sein Abschiedsgesuch angenommen.

Exc. Ludendorff fügte hinzu: ‹Zur Zeit haben wir also keinen Kanzler. Wer es wird, steht noch aus. *Ich habe aber S. M. gebeten, jetzt auch diejenigen Kreise an die Regierung zu bringen, denen wir es in der Hauptsache zu danken haben,* daß wir so weit gekommen sind. Wir werden also diese Herren jetzt in die Ministerien einziehen sehen. Die sollen nun den Frieden schließen, der jetzt geschlossen werden *muß*. Sie sollen die Suppe jetzt essen, die sie uns eingebrockt haben!›»

Und als von Thaer ihn nachher am Arm packte, «blieb er völlig ruhig und milde und sagte mit einem tieftraurigen Lächeln: ‹Leider Gottes ist es so, und ich sehe keinen anderen Ausweg.›»

Der «Ausweg», den Ludendorff sah und der ihn «völlig ruhig und milde» bleiben ließ, war nichts anderes als das Abwälzen der Verantwortung für die Niederlage, auf der sich später die Dolchstoßlegende aufbauen sollte. Denn wer brockte denn wem hier eine Suppe zum Auslöffeln ein? Wenn die deutsche Niederlage am 29. September bereits wirklich so komplett war, wie Ludendorff behauptete, dann war es *seine* Niederlage; denn *er* hatte ja bis zu diesem Tage die Kriegführung und Kriegspolitik Deutschlands bestimmt: er, und nicht seine Kritiker. Aber wenn die Niederlage noch nicht komplett und die Waffenstillstandsbitte voreilig war, dann war es erst recht *seine* Niederlage: Denn dann führte er sie mit dem Waffenstillstandsgesuch, auf dem er bestand, jetzt selbst herbei. Wenn es auf der Gegenseite noch Zweifel am Sieg, in Deutschland noch Zweifel an der Niederlage und daher dort noch Verhandlungsbereitschaft, hier noch Widerstandsbereitschaft gab: Die Bitte um sofortigen Waffenstillstand mußte sie zunichte machen. Damit wurde die weiße Fahne gehißt. Es war Ludendorff, der nun darauf bestand, daß dies tatsächlich geschehe. Aber nicht er wollte sich damit belasten, sondern die neue Regierung der Reichstagsmehrheit sollte «die Suppe auslöffeln». Das war der Preis dafür, daß er sie an die Regierung ließ.

Ludendorff war im Augenblick seiner Niederlage derselbe kalt-tollkühne Planer, der er immer gewesen war. Wie immer ging er aufs Ganze. Er bot den Parteien der Reichstagsmehrheit, was sie in ihren kühnsten Träumen nicht erwartet hatten: die volle Parlamentarisierung, die ganze Macht. Ein unwiderstehlicher Köder! Nur freilich, der Köder war vergiftet: An ihm hing die Verantwortung für die Niederlage, die totale Niederlage, die nach dem Waffenstillstandsgesuch nicht mehr aufzuhalten war. Ludendorff stellte seinen innenpolitischen Gegnern eine Falle, wie einst den Russen bei Tannenberg, und wie die Russen bei Tannenberg tappten sie hinein – wenn auch nicht ganz, ohne mißtrauisch an der Falle zu schnuppern und zurückzuscheuen. Prinz Max von Baden, der neue Reichskanzler, ein liberaler Fürst, der in den vorangegangenen Jahren Ludendorffs Kriegspolitik vorsichtig kritisiert hatte, fiel aus allen Wolken, als er am 1. Oktober bei der Ankunft in Berlin erfuhr, was man ihm zumutete. Ein paar Tage kämpfte er einen Verzweiflungskampf gegen das Waffenstillstandsgesuch; es ging denn auch erst am 4. Oktober hinaus, nicht am 1. Oktober, wie Ludendorff verlangt hatte. Philipp Scheidemann, damals der zweite Mann der SPD und ihr außenpolitischer Sprecher im Reichstag, plädierte in der Fraktionssitzung ahnungsvoll gegen den Eintritt in ein «bankrottes Unternehmen» und hatte damit einen großen Teil der Fraktion auf seiner Seite.

Die beiden Männer, die den Widerstand des Prinzen und des sozialdemokratischen Abgeordneten brachen, waren, merkwürdig zu beobachten, das derzeitige und das künftige Staatsoberhaupt. Wilhelm II. herrschte seinen widerstrebenden Mitfürsten im Kronrat an: «Du bist nicht hierhergekommen, um der Obersten Heeresleitung Schwierigkeiten zu machen.» Und Friedrich Ebert, der sozialdemokratische Parteiführer, argumentierte in der Fraktionssitzung der SPD, wenn nun alles zusammenbräche, dürfe sich die Partei nicht dem Vorwurf aussetzen, daß sie in einem Augenblick ihre Mitwirkung versagt habe, in dem man sie dringend von allen Seiten darum gebeten habe. «Wir müssen uns im Gegenteil in die Bresche werfen. Wir müssen sehen, ob wir genug Einfluß bekommen, um unsere Forderungen durchzusetzen, und wenn es möglich ist, sie mit der Rettung des Landes zu verbinden, dann ist es unsere verdammte Pflicht und Schuldigkeit, dies zu tun.» Ebert gewann – und schickte den widerstrebenden Scheidemann als Staatssekretär in die Regierung des Prinzen Max.

Und so erfuhr Deutschland am Morgen des 5. Oktober, daß es von jetzt ab eine parlamentarische Demokratie sei; daß es eine neue Regierung habe, in der, unter einem liberalen badischen Prinzen als Kanzler, die Sozialdemokraten, die «Scheidemänner», den Ton angaben; und daß diese Regierung sofort, als allererstes, ein Friedens- und Waffenstillstandsgesuch an den amerikanischen Präsidenten gerichtet habe. Von dem, was am 29. September geschehen war, erfuhr niemand etwas. Daß hinter dem Waffenstillstandsgesuch Ludendorff steckte, daß er es geradezu erzwungen hatte, davon ahnte außerhalb eines ganz kleinen geschlossenen Kreises niemand in Deutschland das geringste. Ein solcher Verdacht wäre auch absurd erschienen: Hindenburg und Ludendorff – das waren doch die Männer mit den starken Nerven und dem eisernen Siegeswillen, die selbsternannten Garanten des Endsiegs. Scheidemann dagegen und der Zentrumsabgeordnete Matthias Erzberger, die jetzt plötzlich in der Regierung saßen, das waren ja die Männer der «Friedensresolution» des Reichstags vom Juli 1917, die «Jammergestalten, Miesmacher, Flaumacher, Unglücksraben und quakenden Unken aus der Tiefe», wie ein Aufruf der freikonservativen Partei sie zur Begrüßung titulierte. Zu ihnen paßte es, daß sie nun, da die Dinge schlecht standen, sofort nach Frieden schrien! «Hindenburgfrieden» und «Scheidemannfrieden» – unter diesen Schlagworten war jahrelang in Deutschland um die Kriegsziele gekämpft worden. Nun war Scheidemann in der Regierung – und schon war die Kapitulation da. Da hatte man es. Natürlich, so mußte es kommen. Mit dieser Regierung war der Krieg vorbei – und verloren.

Die andere Neuigkeit, die Ankündigung einer durchgreifenden Verfassungsänderung und Parlamentarisierung, wurde von dieser ungeheuren Nachricht fast erschlagen. Ebert freilich feierte im Reichstag den 5. Oktober als «Wendepunkt in der Geschichte Deutschlands» und «Geburtstag der deutschen Demokratie», aber kaum einer hörte hin. Verfassungsänderungen waren den deutschen Massen in diesem Augenblick verhältnismäßig uninteressant, und ein Prinz als Reichskanzler – das sah nicht sehr nach Demokratie aus. Was zählte, war das Kriegsende, war die Niederlage, war die Kapitulation, das Ende des Schreckens und das Ende mit Schrecken: und das spaltete blitzartig das ganze Land in zwei Lager. Die einen vernahmen es mit Verzweiflung, die anderen mit Erleichterung. Die kriegsmüden, hungernden Massen atmeten auf; die kriegsbegeisterten, siegeshungrigen Bürger schluchzten auf. Die einen stöhnten: «Endlich!» Die anderen stöhnten: «Verrat!» Und schon begannen die beiden Lager mit Haß aufeinander zu blicken. Nur in einem waren sich alle einig: daß nun das Ende da sei.

Gerade darin freilich täuschten sie sich: Das Ende ließ auf sich warten. Der ganze Oktober ging darüber hin. Das Waffenstillstandsersuchen war an den amerikanischen Präsidenten Wilson gerichtet gewesen, der ja nicht allein darüber zu befinden hatte, und Wilson reagierte zögernd und mißtrauisch und verabreichte seine Vorbedingungen tropfenweise. Zwischen dem 8. und dem 23. Oktober sandte er drei Noten. In der ersten forderte er den Rückzug aus den besetzten Gebieten. In der zweiten forderte er die Einstellung des U-Boot-Krieges. In der dritten forderte er, kaum verhüllt, die Abdankung des Kaisers. Inzwischen ging der Krieg weiter. An der Westfront wurde weiter gestorben, in der Heimat wurde weiter gehungert. Sogar neue Gestellungsbefehle gingen in diesem Monat Oktober 1918 noch massenhaft hinaus: Die Siebzehnjährigen wurden eingezogen.

Um jede Antwort an Wilson wurde in Berlin, und zwischen Berlin und dem Hauptquartier in Spa, tagelang gerungen, und merkwürdig! – jetzt verkehrten sich dabei die Fronten.

In der ersten Oktoberwoche hatte sich der Reichskanzler dem Waffenstillstandsgesuch verzweifelt widersetzt, und Ludendorff hatte gebieterisch darauf bestanden. Aber jetzt, da es heraus war, sah die Reichsregierung keine Möglichkeit der Umkehr mehr, während Ludendorff sich mehr und mehr von seiner ursprünglichen Position zurückzog. Jetzt war er plötzlich wieder für Abbruch des Notenwechsels und Weiterkämpfen – und das, obwohl die Lage Deutschlands von Tag zu Tag verzweifelter wurde.

Der Kaiser und sein neuer Kanzler. Prinz Max von Baden, einem liberalen Fürsten, war der Posten des Reichskanzlers in Ludendorffs Gesamtplan zugedacht worden. Seine Regierung sollte von der Reichstagsmehrheit getragen werden, die damals aus drei Mitte-Links-Parteien bestand: dem Zentrum, der Fortschrittspartei und den Sozialdemokraten. Aus der konstitutionellen Monarchie sollte eine parlamentarische werden, aber von einer Abdankung des Kaisers war vorerst keine Rede.

Der große alliierte Durchbruch an der Westfront freilich, den Ludendorff in den letzten Septembertagen befürchtet hatte, war ausgeblieben. Die Westfront wankte und wich, aber sie zerbrach nicht – den ganzen Monat Oktober hindurch nicht, und auch im November nicht; noch am Tage des Waffenstillstands gab es im Westen eine zusammenhängende deutsche Front, wenn auch in vollem Rückzug und ohne Hoffnung, noch einmal zum Stehen zu kommen. Aber die letzten Verbündeten, Österreich-Ungarn und die Türkei, brachen im Laufe des Oktober zusammen, und vom Balkan und von Italien her rückten alliierte Armeen unaufgehalten den unverteidigten deutschen Südgrenzen näher. Der Verlust des rumänischen Öls ließ den Tag absehen, an dem der Nachschub für die Truppen ebenso wie die Fliegerei und die Marine zum Stillstand kommen würde. Selbst wenn es im Westen vielleicht noch möglich gewesen wäre, sich in den Winter hinein zu retten – an einen Frühjahrsfeldzug war nicht mehr zu denken.

Man würde Ludendorffs militärische Urteilskraft unterschätzen, wenn man ihm unterstellte, daß er allein das nicht gesehen hätte. Wie jeder andere mußte er sich in der zweiten Oktoberhälfte darüber klar sein, daß die Niederlage nun wirklich nicht mehr aufzuhalten war und daß ein schleuniger Waffenstillstand jetzt die einzige Möglichkeit bot, dem Lande wenigstens die Schrecken einer Invasion zu ersparen. Und doch machte er sich jetzt zum Advokaten eines Verzweiflungskampfs bis zum Letzten – so als ob es nie einen 29. September gegeben hätte.

Es gibt für Ludendorffs Kehrtwendung keine militärische oder außenpolitische Erklärung, sondern nur eine innenpolitische. Ludendorff war kein Freund der parlamentarischen Demokratie. Wohl hatte er selbst am 29. September die Parlamentsregierung dekretiert – aber gewiß nicht, um daraus eine erfolgreiche Dauereinrichtung zu machen, sondern nur, um sie mit dem Makel der Niederlage und der Kapitulation zu behaften und sie damit, nach getaner Arbeit, um so schneller und um so sicherer wieder zu Fall bringen zu können. Der erste Schritt war ihm über jedes Erwarten gelungen. Die neue parlamentarische Regierung hatte die ganze Verantwortung für das Waffenstillstandsgesuch auf sich genommen und die Oberste Heeresleitung gegen jeden Vaterschaftsverdacht abgedeckt. Noch am 16. Oktober wurde auf der Pressekonferenz der Reichsregierung die Direktive ausgegeben: «Unter allen Umständen muß der Eindruck vermieden werden, als gehe unser Friedensschritt von militärischer Seite aus. Reichskanzler und Regierung haben es auf sich genommen, den Schritt von sich ausgehen zu lassen. Diesen Eindruck darf die Presse nicht zerstören.» Mit dieser loyalen Selbstverleugnung versuchte die Regierung der Reichstagsmehrheit einen patriotischen Bluff gegenüber dem feindlichen Ausland: In Amerika, England und Frankreich sollte möglichst bis zum letzten Augenblick niemand merken, daß die Oberste Heeresleitung selbst den Krieg verloren gegeben hatte. Aber gerade damit lieferte sich die Parlamentsregierung der Obersten Heeresleitung ans Messer: Wenn sie selbst darauf bestand, aus freien Stücken die weiße Fahne gehißt zu haben, dann konnte die Heerführung es sich wieder leisten, gegen solch schwächliches und schmähliches Aufgeben zu protestieren – und so die spätere Anklage des «Dolchstoßes von hinten» vorbereiten; und dies um so ungefährdeter, je offensichtlicher es kein Zurück mehr gab. Von Mitte Oktober an fand sich Ludendorff wieder in der Lage, die heroische Rolle des unbesiegten und kampfwilligen Soldaten zu spielen, der sich einer friedenssüchtigen, kapitulationswilligen Regierung von knieweichen Demokraten mannhaft widersetzt.

Die erste Wilson-Note hatte er noch geschluckt. Nach der zweiten erklärte er grollend seine Mißbilligung und lehnte jede Verantwortung für eine zustimmende Antwort ab. Nach der dritten gab er am 24. Oktober, ohne die Reaktion der Reichsregierung auch nur abzuwarten, eigenmächtig einen Armeebefehl heraus, in dem es hieß, die Note sei unannehmbar und könne «für uns Soldaten nur die Aufforderung sein, den Widerstand mit den äußersten Kräften fortzusetzen».

Damit aber hatte Ludendorff seine Karten überreizt. Das Unerwartete geschah: Der Reichskanzler Prinz Max von Baden, ein vornehmer, eher weicher Mann und eigentlich keine Kämpfernatur, setzte sich zur Wehr. Er stellte den Kaiser vor die Wahl: «Ludendorff muß gehen – oder ich gehe.» Und diesmal war es Ludendorff, der gehen mußte.

Am 17. Oktober, in einer Kabinettssitzung, an der Ludendorff teilnahm, hatte Prinz Max «das Vertrauen zum Menschen Ludendorff verloren». – «Heute hatte der General Ludendorff mit keiner Silbe das Waffenstillstandsangebot und seine katastrophalen Wirkungen in der Welt und in Deutschland erwähnt, dagegen die Waffenstillstandsbesprechungen in Berlin für die Ermutigung des Feindes und die Verschlechterung der Frontstimmung verantwortlich gemacht.» Vielleicht durchschaute der Prinz nicht einmal ganz das hinterhältige Spiel, das Ludendorff mit der Regierung vorhatte; aber er spürte, mit dem Instinkt des Aristokraten aus regierendem Haus, etwas Illoyales, Selbstherrliches, Unzuverlässiges in Ludendorffs Kehrtwendung. Der Armeebefehl vom 24. Oktober und eine gegen den ausdrücklichen Willen des Kanzlers am folgenden Tag unternommene zweite Reise

Hindenburgs und Ludendorffs nach Berlin brachte dann das Faß zum Überlaufen: «Für mich stand fest: Diese Reise durfte nur mit der Entlassung des Generals Ludendorff enden. Die Eigenmächtigkeit war nur der Anlaß. Der Wunsch, die innere und äußere Situation zu erleichtern, sprach mit. *Entscheidend war das verlorene Vertrauen.*»

Und nun zeigte sich plötzlich, daß in einer solchen Krise zwischen Reichsregierung und Oberster Heeresleitung Ludendorff nicht mehr der Stärkere war: Mit dem erzwungenen Waffenstillstandsgesuch hat er selbst den Ast abgesägt, auf dem er saß. Die Grundlage seiner schrankenlosen Macht war zwei Jahre lang gewesen, daß er sich für den Sieg verbürgte. Seit er das nicht mehr tat, war er nur noch ein General wie jeder andere. Vor dem 29. September hatte Ludendorff bei jedem Konflikt nur mit seinem Rücktritt zu drohen brauchen, um alles durchzusetzen, was er wollte. Als er jetzt dasselbe noch einmal tat, mußte er erleben, daß der Kaiser ihm erwiderte: «Na, wenn Sie durchaus gehen wollen, dann meinetwegen.»

Dies geschah am 26. Oktober, morgens um zehn Uhr, auf einer Audienz im Schloß Bellevue in Berlin, wo Ludendorff und Hindenburg vom Kaiser «sehr ungnädig» empfangen wurden. Der Kaiser machte Ludendorff plötzlich Vorwürfe – wegen des Waffenstillstandsangebots, aber auch wegen des eigenmächtigen Armeebefehls vom 24. Oktober – und erklärte ihm rundweg, er habe sein Vertrauen verloren.

Ludendorff hatte noch einen letzten Pfeil im Köcher – oder glaubte ihn wenigstens zu haben. Als der Kaiser des Generals Entlassungswunsch so wegwerfend annahm, «trat der Feldmarschall [Hindenburg] aus der bisher geübten Zurückhaltung heraus und bat gleichfalls um seine Entlassung, die der Kaiser mit den kurzen Worten ablehnte: ‹Sie bleiben!› Der Feldmarschall verneigte sich bei dieser kaiserlichen Entscheidung. Kaum hatte der Kaiser das Zimmer verlassen, als es zu einer kurzen erregten Aussprache zwischen Hindenburg und Ludendorff kam, der dem Feldmarschall vorwarf, er habe ihn in dieser entscheidenden Stunde im Stich gelassen. Als der Feldmarschall ihn beim Besteigen des Kraftwagens aufforderte, mit ihm zusammen zurückzufahren, habe er dies abgelehnt und sei allein in den Generalstab zurückgekehrt.» Dies berichtete Ludendorff unmittelbar nach der Audienz dem Oberst von Haeften, der es aufgezeichnet hat.

So trübselig endete die Diktatur des Generals Ludendorff.

Merkwürdigerweise ging das Ereignis, das noch einen Monat zuvor die deutsche Öffentlichkeit erschüttert hätte wie kein anderes, fast unbeachtet vorüber. Die Ereignisse waren über die Person Ludendorffs bereits hinweggegangen.

Denn nicht nur die Kriegslage, auch die innere Stimmung und Verfassung Deutschlands hatten sich in den Wochen seit dem Waffenstillstandsgesuch gewaltig verändert. «Zwei Stimmungen», berichtete der sächsische Gesandte in Berlin an sein Ministerium, «beherrschen die Massen. Die eine ist eine aufs äußerste gesteigerte Friedenssehnsucht, die andere eine unverkennbare Bitterkeit darüber, daß die früheren Regierungen sich über die Grenzen der deutschen Kraft nicht klargeworden seien und den Glauben an die deutsche Unbesiegbarkeit so stark genährt hätten, daß sich weite Kreise in falscher Sicherheit wiegten.» Friedenssehnsucht also und Vertrauenskrise, verbunden mit der seit dem 5. Oktober feststehenden Gewißheit, daß der Krieg verloren und jedes weitere Opfer vergeblich sei: Das ergab eine explosive, unberechenbare Massenstimmung. Und dazu kam, als Tag für Tag verging und der überfällige Waffenstillstand nicht näherrückte, Ungeduld – bitter gereizte, fast schon unerträgliche Ungeduld.

Den Gesprächsstoff lieferten die Noten, mit denen Präsident Wilson die über Nacht proklamierte Demokratisierung Deutschlands in Frage stellte und auf weitere innere Umgestaltung drängte. Der Notenwechsel zwischen der Regierung des Prinzen Max und dem amerikanischen Präsidenten war wohl der merkwürdigste, der je einem Waffenstillstand zwischen kriegführenden Mächten vorausgegangen ist. Fast glich er einem akademischen Disput zwischen Staatsrechtlern verschiedener Richtungen. Die deutschen Noten beteuerten wieder und wieder, daß seit den Verfassungsreformen des Oktober die deutsche Regierung kein autokratisches Regiment mehr vertrete, sondern allein dem Volk und seinem frei gewählten Parlament verantwortlich sei. Der Präsident wollte das nicht so recht glauben – und ganz grundlos war seine Skepsis ja nicht. «So bedeutungsvoll und wichtig auch die Verfassungsänderungen zu sein scheinen, von denen der deutsche Staatssekretär des Auswärtigen in seiner Note vom 20. Oktober spricht», formulierte Wilson in seiner Antwort drei Tage später, «so geht daraus doch nicht klar hervor, daß der Grundsatz einer dem deutschen Volke verantwortlichen Regierung bereits völlig durchgeführt ist oder daß irgendwelche Bürgschaften vorhanden sind oder erwogen werden, daß die jetzt teilweise vereinbarte grundsätzliche und praktische Reform von Dauer sein wird ... Es liegt auf der Hand, daß das deutsche Volk keine Mittel hat, die Unterwerfung der Militärbehörden des Reichs unter den Volkswillen zu erzwingen, daß der beherrschende Einfluß des Königs von Preußen auf die Reichspolitik ungeschwächt ist, daß die entscheidende Initiative immer noch bei denen liegt, die bis jetzt Herren von Deutschland gewesen sind.» So ganz falsch war das alles nicht. Wilson – von Hause aus Professor der Staatswissenschaft – mochte ein Doktrinär sein, seine (ganz aufrichtige) Auffassung des Krieges als eines Kreuzzuges für die Demokratie mochte etwas von Donquichotterie haben: Seine Analyse der deutschen inneren Lage traf trotzdem den Kern der Sache. Existierte nicht die neugebackene parlamentarische Demokratie wirklich nur von Gnaden der Obersten Heeresleitung? Saß sie wirklich fest im Sattel, solange überall im Lande noch der Belagerungszustand herrschte und die Generalkommandos regierten? War die Regierung des Prinzen Max mehr als ein dünner parlamentarischer Schleier vor der alten Wirklichkeit, solange sie ihre Existenz nur einer «Revolution von oben» verdankte?

Seit der dritten Wilson-Note waren in Deutschland plötzlich zwei Worte in aller Munde, die vor drei Wochen noch niemand gehört hatte: «Kaiserfrage» und «Revolution». Wenn die Person des Kaisers dem Waffenstillstand im Wege stand – sollte er dann nicht das Opfer der Abdankung bringen? So fragten plötzlich nicht nur sozialdemokratische Arbeiter, so fragten auch überzeugte Monarchisten; nicht nur das Volk, sondern auch die Minister. Um die Frage «Monarchie oder Republik» ging es dabei noch nicht; im Gegenteil, viele Männer in verantwortlichen Stellungen, einschließlich des Reichskanzlers, sahen in einem Thronverzicht des Kaisers jetzt das beste, ja das einzige Mittel zur Rettung der Monarchie. Mit einer Regentschaft und einem schnellen Waffenstillstand, so rechneten sie, waren Staat, Verfassung und Monarchie noch zu halten. Wenn aber an der «Kaiserfrage» der Waffenstillstand scheiterte, dann drohte die Revolution.

Wie und woher die Revolution kommen würde, wußte noch niemand. Aber auf eine unheimliche, ungreifbare Weise lag sie jetzt in der Luft, und an der Person des Kaisers schien sie sich entzünden zu wollen: Die Massen, so fürchtete man, würden sich verzweifelt erheben, um den Kaiser loszuwerden, der zwischen ihnen und dem Frieden stand – und wenn sie das täten, würden sie mit ihm zugleich alles hinwegfegen: Monarchie, Staat, Heer und Flotte, Regierung und Obrigkeit, Adel und Großbürgertum.

Dem mußte man zuvorkommen. So dachte nicht nur Prinz Max von Baden, so dachte auch Friedrich Ebert. Auch ihm machte die drohende Revolution schwere Sorge. Die äußere Niederlage war nicht mehr aufzuhalten, und sie war schlimm genug. Niederlage nach außen und Revolution im Innern – das war zuviel, damit war nicht fertig zu werden.

Der Gedanke daran erfüllte Ebert mit Grauen. Deswegen war sein Programm jetzt dasselbe wie das der Regierung, die er nach Kräften von außen stützte: Abdankung des Kaisers – schneller Waffenstillstand – Regentschaft – Rettung der Monarchie.

Der Kaiser seinerseits dachte nicht an Abdankung, aber die Revolution fürchtete auch er: Gerade deshalb wünschte er den Waffenstillstand nun genauso dringend herbei wie Volk und Regierung. Er brauchte das Heer, um in der Heimat die Revolution niederzuschlagen, wenn sie ausbrechen sollte. Dazu aber mußte Waffenstillstand geschlossen werden. Das Heer durfte nicht länger kämpfend an den Feind gefesselt sein, es mußte kehrtmachen und gegen die aufrührerische Heimat marschieren können. Wenn Ludendorff das nicht mehr zulassen wollte, dann mußte er eben gehen. Der Heerführer, den der Kaiser zur Niederschlagung der Revolution ins Auge gefaßt hatte, war General Groener – ein nüchterner Schwabe, von dem man erwartete, daß er die äußere Niederlage, die nicht seine war, gelassen hinnehmen, aber zu Hause mit fester Hand Ruhe und Ordnung schaffen würde. Am 30. Oktober verließ der Kaiser unabgemeldet Berlin, entzog sich den taktlosen Abdankungsdebatten der Hauptstadt und bezog Kampfstation im Großen Hauptquartier, inmitten seiner militärischen Paladine.

Eine zwielichtige Periode, dieser Monat Oktober 1918 – eine Periode zwischen Krieg und Frieden, zwischen Kaiserreich und Revolution, zwischen Militärdiktatur und Parlamentsdemokratie. Je mehr der Monat fortschritt, um so mehr verschwanden die Orientierungsmarken des normalen politischen Lebens wie in einem Nebel. Die einzelnen Akteure gerieten einander außer Sicht – fast schon außer Rufweite; jeder bangte um etwas anderes: der Kaiser um seinen Thron, die Oberste Heeresleitung um den Zusammenhalt der Armee, der Kanzler um den rechtzeitigen Waffenstillstand, die sozialdemokratische Parteiführung um die Geduld der Massen. In Berlin (und nur dort) verabredeten sich auch einige Verschwörer, die revolutionäre Aktionen planten, erst für den 4., dann für den 11. November. Auch sie bangten – um die Durchführbarkeit ihrer Pläne. Denn wenn auch alles von der Möglichkeit einer Revolution sprach – niemand wußte, ob die Massen wirklich fähig und bereit zum Aufstand waren; und niemand wußte, wieviel Widerstandskraft die alten Mächte noch aufbringen würden, wenn es zum Aufstand kam.

Am Ende waren es nicht die Berliner Revolutionsplaner, die die Revolution in Gang setzten, und es war nicht die «Kaiserfrage», die sie auslöste, sondern ein Verzweiflungsakt der Marineleitung, mit dem niemand gerechnet hatte.

Um ihn zu verstehen, hören wir noch einmal die Stimme Ludendorffs. Ludendorff war gegangen – mit falschem Paß nach Schweden –, aber sein Geist lebte noch in den Stäben von Heer und Flotte. Am 31. Oktober schrieb Ludendorff nieder, was ihn jetzt bewegte: «Gewiß konnte sich unsere Lage nicht bessern. Das Verhängnis im Südosten schritt seinen Gang weiter, darüber bestand kein Zweifel. Die äußerste Kraftanstrengung des deutschen Volkes hätte aber ernüchternd auf Völker und Heere Frankreichs, Englands und wohl auch Amerikas gewirkt. Einige Monate konnten wir den Krieg noch halten. Eine Festung, die sich ergibt, bevor das Letzte hergegeben ist, steht unter dem Fluch der Unehre. Ein Volk, das Demütigungen hinnimmt und sich Bedingungen aufzwingen läßt, die seine Existenz vernichten, ohne das Letzte eingesetzt zu haben, ist dem Untergang verfallen. Muß es sich das gleiche nach der äußersten letzten Kraftanstrengung gefallen lassen, so wird es leben.»

Darin ist vieles unrealistisch und unlogisch, aber *ein* Gefühl ist echt. Existenzvernichtung natürlich kann nie überlebt werden, auch nicht nach einer äußersten letzten Gegenwehr, und war ja übrigens auch in Wilsons Bedingungen nicht inbegriffen. Daß Deutschland «einige Monate den Krieg noch halten» könne, wäre vor dem 29. September vielleicht zutreffend gewesen; jetzt nicht mehr. Aber wenn Ludendorff von dem «Fluch der Unehre» spricht, der den trifft, der den Kampf vor völliger Kampfunfähigkeit einstellt, dann rührt er an Wirkliches und Wirksames: an einen ganz bestimmten Ehrbegriff, der damals dem deutschen Offizierskorps, überhaupt der deutschen Oberschicht, fest in den Knochen saß; einen Ehrbegriff, den man starr und formal nennen mag, der heute schon etwas Historisch-Vergilbtes hat, der jedoch damals eine machtvolle psychologische Realität war. Er beherrschte das Denken, Fühlen und Handeln der deutschen Oberklasse, die sich durch ihn selbst definierte und von den nicht satisfaktionsfähigen Massen abhob. Dieser Ehrbegriff schied die Ober- und Unterklassen in zwei getrennte Welten. Merkwürdig, daß Ludendorff ihn am 29. September so ganz vergessen hatte, sich nun aber seiner erinnerte.

Andere hatten ihn nicht vergessen, schon damals nicht. Erinnern wir uns der Reaktion seiner eigenen Stabsoffiziere auf seinen Kapitulationsentschluß – «man hörte leises Stöhnen und Schluchzen, vielen, wohl den meisten, liefen unwillkürlich die Tränen über die Backen». Sie fühlten sich entehrt. Die Massen daheim, auch die Massen der einfachen Soldaten und Matrosen mochten sich durch die Aussicht auf

Frieden und Weiterleben erleichtert fühlen, auch wenn der Krieg verloren war, auch wenn der Kampf aufgegeben wurde, bevor «das Letzte» hergegeben war; die Offiziere nicht. Für sie war Aufgeben Schande. Der Schande zogen sie den Tod vor. Und die Mannschaften hatten gefälligst mitzusterben.

Die Mannschaften aber wollten nicht mehr sterben – nicht mehr jetzt, nachdem der Krieg verloren gegeben war, und nicht um einer Ehre willen, die eine Klassenehre war, an der sie nicht teilhatten und die ihnen nichts bedeutete. Und daran, nicht an der Kaiserfrage, entzündete sich nun tatsächlich die Revolution.

Als die Marineoffiziere mit der «Hergabe des Letzten» Ernst machen wollten, meuterten die Matrosen – und rissen Heimatheer und Arbeiterschaft mit. Was hier aufstand, war ein elementarer Lebenswille, und wogegen er aufstand, war ein überspannter Ehrbegriff, der den heroischen Untergang verlangte. Drei Tage nach Ludendorffs Entlassung, zwei Tage nach der Annahme der letzten Wilson-Note, während die Regierung in Berlin damit beschäftigt war, den Kaiser loszuwerden und die Monarchie zu retten, und während die Waffenstillstandsdelegation sich zur Abreise rüstete, begann in Deutschland die Erde zu beben.

4
Die Revolution

Der erste Historiker der Weimarer Republik, Arthur Rosenberg, hat die deutsche Novemberrevolution von 1918 «die wunderlichste aller Revolutionen» genannt. «Die Massen, die hinter der Reichstagsmehrheit standen, rebellierten gegen die Regierung Max von Baden, das heißt, eigentlich gegen sich selbst.»

Rosenbergs Analyse der Entstehung und Geschichte der Weimarer Republik ist immer noch die tiefste und scharfsinnigste, die es bisher gibt, aber in diesem Punkt irrt Rosenberg. Die Massen rebellierten nicht gegen die Regierung. So seltsam es klingt: Sie rebellierten *für* die Regierung.

Das Erdbeben der zweiten Novemberwoche begann bekanntlich mit einer Meuterei der Matrosen der Hochseeflotte gegen die Flottenführung, aber was diese Mannschaftsmeuterei auslöste – das ist nachher ständig verwischt worden –, war eine andere Meuterei: eine Meuterei der Flottenführung gegen die Regierung und ihre Politik.

Als sich die Mannschaften dagegen auflehnten, glaubten sie im Sinne der Regierung zu handeln. Die dramatische Kraftprobe zwischen Matrosen und Seeoffizieren, die sich am 30. Oktober 1918 auf Schillig-Reede vor Wilhelmshaven abspielte und von der die Revolution ausging, war keine Kraftprobe zwischen Regierung und Revolution. Sie war die erste Kraftprobe zwischen Gegenrevolution und Revolution – und den Eröffnungszug machte die Gegenrevolution.

Nach der von Wilson geforderten und von der Reichsregierung befohlenen Einstellung des U-Boot-Krieges am 20. Oktober beschloß die Flottenführung, jetzt noch eine Entscheidungsschlacht zwischen der deutschen und der englischen Hochseeflotte zu suchen. Das war ein einsamer Entschluß, und es war seinem Wesen nach ein meuterischer Entschluß. Er wurde hinter dem Rücken der neuen Regierung gefaßt und vor der Regierung streng geheimgehalten. Er war eindeutig dazu bestimmt, ihre Politik zu durchkreuzen. Dahinter steckte unformuliert und vielleicht nur halb bewußt, aber unverkennbar, der Wunsch, die

An die deutschen Bürger!

Berlin, 9. November. Der neue Reichskanzler Ebert erläßt folgende Kundgebung an die deutschen Bürger:

Mitbürger!

Der bisherige Reichskanzler Prinz Max von Baden hat mir unter Zustimmung der sämtlichen Staatssekretäre die Wahrnehmung der Geschäfte des Reichskanzlers übertragen. Ich bin im Begriff, die neue Regierung im Einvernehmen mit den Parteien zu bilden und werde daher über das Ergebnis der Oeffentlichkeit in Kürze berichten.

Die neue Regierung wird eine Volksregierung sein. Ihr Bestreben wird sein müssen, dem deutschen Volke den Frieden schnellstens zu bringen und die Freiheit, die es errungen hat, zu befestigen.

Mitbürger! Ich bitte Euch alle um Eure Unterstützung bei der schweren Arbeit, die unser harrt, Ihr wißt, wie schwer der Krieg die Ernährung des Volkes, die erste Voraussetzung des politischen Lebens, bedroht.

Die politische Umwälzung darf die Ernährung der Bevölkerung nicht stören.

Es muß die erste Pflicht aller in Stadt und Land bleiben, die Produktion von Nahrungsmitteln und ihre Zufuhr in die Städte nicht zu hindern, sondern zu fördern.

Nahrungsmittelnot bedeutet Plünderungen und Raub, mit Elend für alle! Die Aermsten würden am schwersten leiden, die Industriearbeiter am bittersten getroffen werden.

Wer sich an Nahrungsmitteln oder sonstigen Bedarfsgegenständen oder an den für ihre Verteilung benötigten Verkehrsmitteln vergreift, versündigt sich aufs schwerste an der Gesamtheit.

Mitbürger! Ich bitte Euch alle dringend: Verlaßt die Straßen! Sorgt für Ruhe und Ordnung!

Berlin, den 9. November 1918.

Der Reichskanzler. Ebert.

Aufruf des Reichskanzlers Friedrich Ebert, die neue Regierung bei der Versorgung der Bevölkerung zu unterstützen.

«Revolution von oben», die diese Regierung der parlamentarischen «Jammergestalten und Flaumacher» ans Ruder gebracht hatte, zu ignorieren und als ungeschehen zu behandeln, wenn nicht ungeschehen zu machen.

Man hat später das damals beschlossene Auslaufen der gesamten deutschen Hochseeflotte zu einer bloßen Hilfsaktion für die schwerbedrängte Landfront herunterzuspielen versucht, zu einer militärischen Routineoperation, von der die Regierung nichts zu wissen brauchte. Das ist eine unhaltbare Schutzbehauptung und Ausrede. Die Landschlacht im Westen, deren kritische Punkte weit landeinwärts lagen, war von See her nicht entscheidend zu beeinflussen. Niemand war je auf einen solchen Gedanken gekommen, auch die Oberste Heeresleitung nicht. Sie hatte niemals Flottenhilfe für das Landheer angefordert, einfach, weil solche Hilfe militärisch ganz sinnlos gewesen wäre. Nein, wenn die deutsche Hochseeflotte, was sie seit zwei Jahren nicht mehr getan hatte, jetzt in voller Stärke in See stechen sollte, dann konnte das nur *einen* Sinn haben, denselben wie im Mai 1916 am Skagerrak: die englische Flotte zur entscheidenden Seeschlacht herauszufordern.

Eine solche Seeschlacht konnte das Kriegsglück nicht mehr wenden: selbst im unwahrscheinlichen Fall eines Sieges über die englische Flotte nicht, denn hinter der englischen Flotte stand jetzt die amerikanische, die die Blockade weiter erzwingen konnte, und überdies spielte die Blockade nun, da die Entscheidung an den Landfronten zur Hand war, für den Ausgang des Krieges keine Rolle mehr. Aber die furchtbaren Blutopfer einer großen Seeschlacht, ganz gleich, wie sie ausging, mußten die Erbitterung und den Kriegswillen der Feindmächte noch einmal zur Weißglut anfachen und alle Hoffnungen auf einen schnellen und glimpflichen Waffenstillstand, wie ihn die deutsche Regierung dringend erstrebte, zunichte machen. Der Entschluß zur Seeschlacht war daher, in diesem Augenblick mehr als je, ein hochpolitischer Entschluß, und zwar einer, der der Regierungspolitik direkt ins Gesicht schlug. Wenn die Flottenführung ihn selbstherrlich faßte, dann war das Gehorsamsaufkündigung größten Stils, Insubordination, Offiziersmeuterei. Und dieser Offiziersmeuterei antwortete nunmehr eine Mannschaftsmeuterei.

Unter den Mannschaften der deutschen Hochseeflotte schwelte seit langem Unzufriedenheit. Schon 1917 hatte es Disziplinverletzungen mit politischen Untertönen gegeben, die mit eiserner Hand unterdrückt und furchtbar bestraft worden waren. Aber seit diesem Strafgericht hatte sich nichts dergleichen wiederholt, und nichts, nicht das geringste spricht dafür, daß die eingeschüchterten Matrosen jetzt, mit dem ersehnten Kriegsende unmittelbar vor Augen, von sich aus vorgehabt hätten, noch im letzten Augenblick ihr Leben in einer großen Meuterei aufs Spiel zu setzen. Freilich: ebensowenig in einer großen Seeschlacht. Als man sie aber plötzlich vor die Wahl stellte, entweder so oder so ihr Leben noch einmal in die Schanze zu schlagen, entschieden sich die Mannschaften mehrerer großer Schiffe (noch längst nicht aller) für die Meuterei. Gewiß nicht aus Feigheit – Meuterei im Kriege erfordert noch mehr persönlichen Todesmut als Kampf in der Schlacht –, sondern weil sie sich im Recht glaubten.

Auf der «Thüringen», einem der beiden Linienschiffe, die am 30. Oktober die Ausfahrt verweigerten, ging ein paar Tage zuvor ein Matrosenabgesandter zum Ersten Offizier und erklärte, daß der geplante Flottenvorstoß wohl nicht im Sinne der neuen Regierung sei. Der Erste Offizier antwortete bitter (nach der späteren Aussage des Matrosen vor dem kriegsgerichtlichen Untersuchungsführer): «Ja, das ist *Ihre* Regierung!» Ein Wortwechsel, der blitzartig beleuchtet, wie die Fronten jetzt in Wahrheit verliefen. Es waren die Offiziere, die die Regierung nicht mehr als die ihre anerkannten; die Mannschaften, die sich für «ihre» Regierung schlagen zu müssen glaubten. Wie sie es sahen, übten sie legitime Staatsnotwehr und verteidigten das höhere Recht; wenn sie meuterten, dann meuterten sie gegen Meuterer.

Die Meuterei auf Schillig-Reede – ein verheimlichtes Drama, von dem noch tagelang niemand in Berlin oder im Hauptquartier in Spa etwas erfuhr – endete unentschieden. Nach atemberaubenden Minuten, in denen die meuternden und die noch nicht meuternden deutschen Schiffe aus nächster Nähe ihre riesigen Kanonen aufeinander gerichtet hatten, ergaben sich die Meuterer. Insofern hatten die Offiziere gesiegt. Aber der Flottenvorstoß wurde aufgegeben: Mit einer so unzuverlässigen Mannschaft glaubten die Admirale eine Seeschlacht nicht mehr wagen zu können. Insofern hatten die Mannschaften gesiegt. Die auf Schillig-Reede versammelte Flotte wurde wieder zerstreut. Nur ein Geschwader blieb vor Wilhelmshaven, ein anderes wurde nach Brunsbüttel beordert; das Dritte Geschwader, das *nicht* gemeutert hatte, dampfte zurück nach Kiel, wo es am Freitag, dem 1. November, einlief. Die verhafteten Matrosen, über tausend an der Zahl, wurden an Land gebracht, in die Militärgefängnisse. Auf sie warteten Kriegsgericht und Erschießungskommando.

Um ihr Schicksal ging es jetzt. Die Mannschaften des Dritten Geschwaders fuhren mit ebenso schwerem Herzen nach Kiel zurück, wie sie in der Woche zuvor nach Wilhelmshaven ausgefahren waren. Der

Beginn der Revolution. Als am 30. Oktober die Flottenführung hinter dem Rücken der Regierung des Prinzen Max ein letztes Auslaufen der Hochseeflotte befahl, kam es zu einer Meuterei der Matrosen. Am 3. November formierten sie sich in Kiel gemeinsam mit Tausenden von Arbeitern zu einem großen Demonstrationszug, am nächsten Tag wurden Soldatenräte gewählt. Die Matrosen hatten keineswegs die Absicht, gegen die Regierung zu rebellieren, sie glaubten vielmehr, in ihrem Sinne und für sie zu handeln. Beweis dafür: Als der sozialdemokratische Abgeordnete Gustav Noske als Abgesandter der Reichsregierung in Kiel eintraf, wurde er jubelnd begrüßt und sofort zum «Gouverneur» gewählt. Die Regierung hat jedoch diese Sympathien nicht erwidert.

Demonstration revolutionärer Matrosen in Kiel.

Die Mannschaften der revolutionären Flotte.

«Gouverneur» Noske bei einer Truppeninspektion in Kiel.

«Todesritt», dem sie damals entgegenzufahren glaubten, war freilich vereitelt worden. Aber dafür drohte jetzt ihren Kameraden, die ihn vereitelt hatten, der Tod. Das wühlte und arbeitete in den Matrosen. Nur die Besatzungen der «Thüringen» und der «Helgoland» hatten auf Schillig-Reede am Ende wirklich gemeutert, aber fast alle anderen waren dicht daran gewesen, hatten nur den Mut zum Absprung nicht gefunden. Das wurmte sie jetzt. Die Kameraden von der «Thüringen» und der «Helgoland», die ihn gefunden hatten und die so ihre Lebensretter geworden waren, sollten nun dafür sterben? Das durften sie nicht zulassen. Aber wenn sie es nicht zulassen wollten, dann brauchten sie noch viel mehr Mut als den, der sie vorgestern auf Schillig-Reede im letzten Augenblick verlassen hatte, dann mußten sie Unerhörtes, Unvorstellbares wagen: nicht mehr bloße Gehorsamsverweigerung, sondern Aufstand, Gewaltanwendung, Machtergreifung. Und wie sollte es dann weitergehen? Davor schwindelte ihnen. Aber ihre Kameraden sterben lassen? Ebenso unmöglich, noch unmöglicher.

Es dauerte drei Tage, bis diese Männer, die in Wilhelmshaven den Mut zur Meuterei nicht gehabt hatten, in Kiel den Mut zur Revolte fanden. Am ersten Tag schickten sie eine Delegation zum Ortskommandanten, um die Freilassung der Verhafteten zu verlangen; sie wurde natürlich verweigert. Am zweiten Tag debattierten sie stundenlang mit Marinesoldaten und Dockarbeitern im Kieler Gewerkschaftshaus, was zu tun sei, und kamen zu keinem Entschluß. Am dritten Tag, Sonntag, den 3. November, wollten sie die Diskussion fortsetzen, fanden aber das Gewerkschaftshaus verschlossen, mit bewaffneten Posten davor. Deshalb versammelten sie sich im Freien, auf einem Exerzierplatz, wo Tausende von Arbeitern zu ihnen stießen, hörten Reden an und formierten sich schließlich zu einem großen Demonstrationszug. Einige trugen Waffen. An einer Straßenkreuzung wurde der Zug von einer Patrouille gestellt. Ihr Führer, ein Leutnant Steinhäuser, kommandierte: «Auseinandergehen!» – dann, als dies nicht erfolgte: «Feuer!» Neun Tote und neunundzwanzig Verletzte blieben auf dem Pflaster liegen. Der Zug stob auseinander – aber ein bewaffneter Matrose stürzte vor und erschoß den Leutnant Steinhäuser.

Und das war die Entscheidung, der Startschuß der deutschen Revolution. Plötzlich erkannten alle: nun gibt es kein Zurück mehr, und plötzlich wußten auch alle, was jetzt zu tun sei. Am Morgen des Montags, des 4. November, wählten alle Matrosen des Dritten Geschwaders Soldatenräte, entwaffneten ihre Offiziere, bewaffneten sich selbst und hißten auf den Schiffen die rote Fahne. Ein einziges Schiff, die «Schlesien», zog nicht mit: Es floh unter den drohenden Kanonen seiner

Schwesterschiffe auf die hohe See. Ein einziger Kapitän, Kapitän Weniger von der «König», verteidigte mit der Waffe in der Hand seinen Flaggenmast. Er wurde erschossen.

Bewaffnete Matrosen, jetzt unter dem Kommando ihrer Soldatenräte, unter denen ein gewisser Obermatrose Artelt die Führung ergriffen hatte, gingen in militärischer Formation an Land, besetzten ohne Widerstand das Militärgefängnis und befreiten ihre Kameraden. Andere besetzten öffentliche Gebäude, wieder andere den Bahnhof. Nachmittags traf dort eine Abteilung Heeressoldaten ein, die vom Generalkommando Altona zur Niederschlagung des Matrosenaufstandes angefordert worden war: Sie wurde unter Verbrüderungsszenen entwaffnet. Der Kommandant der Marinestation, plötzlich aller Machtmittel entblößt, empfing zähneknirschend eine Abordnung des Soldatenrats und kapitulierte. Die Marinesoldaten der Garnison erklärten sich mit den Matrosen solidarisch. Die Dockarbeiter beschlossen den Generalstreik. Am Abend des 4. November war Kiel in der Hand von vierzigtausend aufständischen Matrosen und Marinesoldaten.

Wie sie mit der neuerrungenen Macht umgehen sollten, das wußten die Matrosen nicht: Als am Abend dieses 4. November aus Berlin zwei Abgesandte der aufgestörten Berliner Reichsregierung, der sozialdemokratische Abgeordnete Gustav Noske und der bürgerliche Staatssekretär Haußmann, eintrafen, wurden sie mit Jubel und Erleichterung begrüßt, und Noske wurde sofort zum «Gouverneur» gewählt – wieder ein Beweis, daß die Rebellen nicht *gegen* die Regierung rebellierten, sondern *für* sie, und in ihrem Sinne zu handeln glaubten. Aber eins wußten sie instinktiv: Nachdem sie in Kiel den großen Sprung gewagt, die örtliche Obrigkeit gestürzt und die Stadt in ihre Hand gebracht hatten, durfte die Bewegung nicht auf Kiel beschränkt bleiben. Sonst saßen sie in Kiel wie in einer Falle. Jetzt blieb ihnen nur die Flucht nach vorn: Jetzt mußten sie ausbrechen und die Bewegung weitertragen, sonst war ihr Erfolg so selbstmörderisch wie vor einer Woche der Erfolg der Meuterer auf Schillig-Reede – von denen ja Hunderte in Wilhelmshaven und Brunsbüttel immer noch gefangen saßen. Sie mußten befreit werden, und dann mußte überall das geschehen, was in Kiel geschehen war; sonst waren sie alle verloren. Wie aus der Meuterei die Revolte geworden war, so mußte jetzt aus der Revolte die Revolution werden: Das heißt, die Rebellen mußten, wie in Kiel, so überall im Lande, die Macht an sich reißen, wenn sie nicht in Kiel eingekreist, niedergeschlagen und grausam bestraft werden wollten. Sie mußten ausschwärmen und die Revolution ins Land tragen. Und das taten sie nun mit einem Erfolg, den sie selbst nicht für möglich gehalten hätten.

Überall, wohin die Matrosen kamen, schlossen sich ihnen die Soldaten der Garnisonen und die Arbeiter der Fabriken an, als ob sie auf sie gewartet hätten; fast nirgends gab es ernstlichen Widerstand; überall riß die bestehende Ordnung wie mürber Zunder. Am 5. November hatte die Revolution Lübeck und Brunsbüttelkoog erfaßt, am 6. Hamburg, Bremen und Wilhelmshaven, am 7. Hannover, Oldenburg und Köln; am 8. hatte sie alle westdeutschen Großstädte unter ihre Kontrolle gebracht und in Leipzig und Magdeburg schon über die Elbe gegriffen. Vom dritten Tag an hatte es schon gar keiner Matrosen mehr bedurft, um die Revolution auszulösen; wie ein Waldbrand pflanzte sie sich jetzt selbsttätig fort. Überall geschah wie auf stillschweigende Verabredung dasselbe: Die Soldaten der Garnisonen wählten Soldatenräte, die Arbeiter wählten Arbeiterräte, die Militärbehörden kapitulierten, ergaben sich oder flohen, die zivilen Behörden erkannten erschrocken und verschüchtert die neue Oberhoheit der Arbeiter- und Soldatenräte an. Das äußere Bild war überall dasselbe: Überall große Umzüge in den Straßen, große Volksversammlungen auf den Marktplätzen, überall Verbrüderungsszenen zwischen Blaujacken, Feldgrauen und ausgemergelten Zivilisten. Überall wurden als erstes die politischen Gefangenen befreit, nach den Gefängnissen die Rathäuser, die Bahnhöfe, die Generalkommandos, manchmal auch die Zeitungsredaktionen besetzt.

Die Wahl der Arbeiter- und Soldatenräte darf man sich dabei natürlich nicht wie einen geordneten Wahlgang in Friedenszeiten vorstellen. In den Kasernen wurden oft einfach die beliebtesten oder angesehensten Soldaten von ihren Kameraden durch Zuruf ernannt. Die Wahl der Arbeiterräte fand nur ganz selten in den Fabriken statt und dann auf ganz ähnliche Weise; als «Arbeiterräte» wurden meistens Mitglieder der örtlichen Parteivorstände der beiden sozialistischen Parteien – der SPD und der Unabhängigen – nominiert und in Massenversammlungen, oft unter freiem Himmel auf einem zentralen Platz, durch Akklamation bestätigt. Meist waren die Arbeiterräte dabei paritätisch aus beiden Parteien zusammengesetzt; der Wille der Massen richtete sich eindeutig auf Wiedervereinigung der beiden feindlichen Bruderparteien, die sich im Kriege getrennt hatten. Zusammen, das war der allgemeine undiskutierte Konsensus, sollten sie die neue Regierung der Revolution bilden.

Widerstand, Gewalt und Blutvergießen gab es wenig. Das charakteristische Gefühl in diesen Revolutionstagen war Verblüffung: Verblüffung der Autoritäten über ihre plötzliche ungeahnte Machtlosigkeit, Verblüffung der Revolutionäre über ihre plötzliche ungeahnte Macht. Beide Seiten agierten wie in einem Traum. Für die einen war es ein Alptraum, für die anderen einer der Träume, in denen man plötzlich fliegen kann. Die Revolution war gutmütig. Es gab keine Lynchjustiz und keine Revolutionstribunale. Viele politische Gefangene wurden befreit, aber niemand wurde verhaftet. Kaum, daß einmal ein besonders verhaßter Offizier oder Feldwebel verprügelt wurde. Man begnügte sich, den Offizieren Kokarden und Rangabzeichen wegzunehmen – das gehörte ebenso zum Revolutionsritual wie das Hissen der roten Fahne. Viele der Betroffenen empfanden freilich schon das als tödliche Beleidigung. Der siegreichen Masse hilft es wenig, gutmütig zu sein; die besiegten Herren verzeihen ihr den Sieg nicht.

Es sind die damals momentan besiegten Herren, die später die Geschichte der deutschen Novemberrevolution geschrieben haben, und daher ist es nicht verwunderlich, daß sich für die Ereignisse der Woche vom 4. bis zum 10. November 1918 in den deutschen Geschichtsbüchern wenig gute Worte finden. Nicht einmal den ehrenvollen Namen «Revolution» erkennt man ihnen zu: Nur Unordnung will man sehen, Zusammenbruch, Meuterei, Verrat, Pöbelwillkür, Chaos. Es war aber in Wahrheit eine echte Revolution, was sich in dieser Woche abspielte. Was sich am 30. Oktober in Wilhelmshaven ereignet hatte, war zwar nur eine Meuterei gewesen – Gehorsamsverweigerung gegenüber der Obrigkeit ohne irgendeinen Plan oder Vorsatz, die Obrigkeit wirklich zu stürzen. Die Kieler Ereignisse vom 4. November waren jedoch schon mehr als eine Meuterei, nämlich ein Aufstand: Dort hatten die Matrosen die Obrigkeit gestürzt – ohne allerdings eine Vorstellung zu haben, was an ihre Stelle treten sollte. Was aber zwischen dem 4. und 10. November über das westelbische Deutschland rollte, war eine echte Revolution, nämlich der Sturz der alten Obrigkeit und ihr Ersatz durch eine neue.

In dieser Woche verwandelte sich das westliche Deutschland aus einer Militärdiktatur in eine Räterepublik. Die Massen, die sich erhoben, schufen kein Chaos, sie schufen überall die rauhen und ungehobelten, aber klar erkennbaren Elemente einer neuen Ordnung. Was beseitigt wurde, waren die Generalkommandos, die militärischen Obergewalten, die den ganzen Krieg hindurch jede deutsche Stadt und jeden Landkreis unter dem Belagerungszustand regiert hatten. Was an ihre Stelle gesetzt wurde, war die neue, revolutionäre Autorität der Arbeiter- und Soldatenräte. Die zivilen Verwaltungsbehörden blieben unangetastet und arbeiteten unter der Aufsicht und Oberhoheit der Räte weiter, wie sie im Kriege unter der Aufsicht und Oberhoheit der Militärbehörden gearbeitet hatten. An das private Eigentum rührte die Revolution nicht. In den Fabriken blieb alles beim alten. Was zugleich mit den bisher allmächtigen Militärbehörden weggefegt wurde, das waren die Monarchen, in deren Namen sie regiert hatten, und die militärische Autorität der Offiziere in den Armeeformationen; an ihre Stelle traten die Soldatenräte. Die Revolution war nicht sozialistisch oder kommunistisch. Sie war – mit einer gewissen unausgesprochenen Selbstverständlichkeit, fast nebenbei – republikanisch und pazifistisch; bewußt und vor allem aber war sie antimilitaristisch. Was sie mit der Installierung der Arbeiter- und Soldatenräte abschaffte und ersetzte, das war die Disziplinargewalt des Offizierskorps in Heer und Flotte und die seit 1914 bestehende diktatorische Exekutivgewalt der Militärbehörden im Lande.

Die Massen, die sich das neue Führungs- und Staatsorgan der Arbeiter- und Soldatenräte schufen, waren keine Spartakisten oder Bolschewisten. Sie waren Sozialdemokraten. Die Anhänger des Spartakusbundes, des Vorläufers der späteren Kommunistischen Partei, stellten der Revolution keine Führer, nicht einmal «Rädelsführer». Die meisten von ihnen holte die Revolution erst aus den Gefängnissen – Rosa Luxemburg zum Beispiel durchlebte diese ganze Woche noch, fiebernd vor Ungeduld, im Breslauer Stadtgefängnis und kam erst am 9. November nach jahrelanger Haft wieder in Freiheit; und Karl Liebknecht, seit dem 23. Oktober aus dem Zuchthaus entlassen, hielt sich in Berlin auf und erfuhr von dem, was sich in der Revolutionswoche im Reich abspielte, nur aus den Zeitungen.

Das russische Beispiel mochte eine anfeuernde Fernwirkung haben, aber russische Emissäre, die die Revolution hätten lenken können, gab es nirgends. Überhaupt hatte diese Revolution, außer in München, keine Führer und keine Organisation, keinen Generalstab und keinen Operationsplan, sie war das spontane Werk der Massen, der Arbeiter und der gemeinen Soldaten. Darin lag ihre Schwäche, die sich nur zu bald zeigen sollte, aber darin lag auch ihre Glorie.

Denn ganz ohne Glorie war diese Revolutionswoche nicht – man mag zu ihren Zielen stehen, wie man will. Was hier massenhaft vorbrach und sich in Taten niederschlug, waren große und edle Eigenschaften: Mut, Entschlußkraft, Opfersinn, Einmütigkeit, Schwung, Initiative, ja Inspiration und instinktive Zielsicherheit, eben alles das, was Revolutionen Glorie verleiht; und das unter führungslosen Massen, und zwar deutschen Massen! Wenn immer wieder gesagt worden ist, daß die Deutschen zur Revolution unfähig seien – man kennt Lenins spöttisches

Wort, daß deutsche Revolutionäre keinen Bahnhof besetzen könnten, wenn der Schalter nicht offen sei, um Bahnsteigkarten zu lösen –, diese Novemberwoche, immerhin, läßt sich zur Widerlegung anführen. Die deutschen Massen besetzten in dieser Woche viele Bahnhöfe und noch ganz andere Gebäude. In einer Stadt nach der anderen setzten sie zu Tausenden nicht nur ihr Leben ein, sondern wagten den Absprung ins Unbekannte, Unerprobte, Unübersehbare, der noch mehr Mut erfordert als der bloße Einsatz des Lebens – nämlich revolutionären, nicht bloß soldatischen Mut. Die revolutionäre Leistung der deutschen Massen in dieser Novemberwoche kann sich neben ihren soldatischen Leistungen in den vorangegangenen vier Kriegsjahren durchaus sehen lassen und steht auch hinter der revolutionären Leistung der russischen Massen in der Märzrevolution von 1917 nicht zurück. Der Aufbruch und Aufschwung dieser Woche ergriff selbst bürgerliche Menschen.

Rainer Maria Rilke zum Beispiel, alles andere als ein Revolutionär, eher ein Snob, schrieb am 7. November nach einer Münchner Revolutionsversammlung an seine Frau: «Obwohl man um die Biertische und zwischen den Tischen so saß, daß die Kellnerinnen nur wie Holzwürmer durch die dicke Menschenstruktur sich durchfraßen – wars gar nicht beklemmend, nicht einmal für den Atem; der Dunst aus Bier und Rauch und Volk ging einem nicht unbequem ein, man gewahrte ihn kaum, so wichtig wars und so über alles gegenwärtig klar, daß die Dinge gesagt werden konnten, die endlich an der Reihe sind, und daß die einfachsten und gültigsten von diesen Dingen, soweit sie einigermaßen aufnehmlich gegeben waren, von der ungeheuren Menge mit einem schweren massiven Beifall begriffen wurden. Plötzlich stieg ein junger blasser Arbeiter hinauf, sprach ganz einfach: ‹Haben Sie oder Sie oder Sie, habt ihr›, sagte er, ‹das Waffenstillstandsangebot gemacht? Und doch müßten *wir* es tun, nicht diese Herren da oben; bemächtigen wir uns einer Funkstation und sprechen wir, die gewöhnlichen Leute zu den gewöhnlichen Leuten drüben, gleich wird Friede sein.› Ich wiederhole das lange nicht so gut, wie er es ausdrückte, plötzlich, als er das gesagt hatte, stieg ihm eine Schwierigkeit auf, und mit rührender Gebärde, nach Weber, Quidde und den anderen Professoren, die neben ihm auf dem Podium standen, fuhr er fort: ‹Hier, die Herren Professoren können französisch, die werden uns helfen, daß wirs richtig sagen, wie wirs meinen.› Solche Momente sind wunderbar, und wie hat man sie gerade in Deutschland entbehren müssen ... Man kann nicht anders als zugeben, daß die Zeit recht hat, wenn sie große Schritte zu machen sucht.»

Die Briefstelle ist eine wesentliche Zeugenaussage, nicht nur, weil sie mit dem Feingefühl eines Dichters die Atmosphäre dieser deutschen Revolution einfängt, die eigentümliche Mischung von mutigem Ernst und rührender Unbeholfenheit, sondern auch, weil sie, dem Schreiber ganz unbewußt, die Haltung der Revolution zur Regierung klarmacht. Die Revolutionäre in München wie zehn Tage früher die Meuterer auf Schillig-Reede standen nicht *gegen* die neue Regierung, im Gegenteil, sie wollten dasselbe wie diese, sie glaubten ihr helfen und nachhelfen zu müssen; der Friede sollte nicht nur das Werk der «Herren da oben» sein, die Massen selbst wollten das nachvollziehen und zum Durchbruch bringen, was, nach ihrer Meinung, die neue Regierung eingeleitet hatte und womit sie nicht recht weiterzukommen schien. Die «Revolution von unten» wollte die «Revolution von oben» nicht kassieren, sondern ergänzen, beleben, vorwärtstreiben, recht eigentlich erst zur Wirklichkeit machen. Wogegen sie sich richtete, das war nicht die neue parlamentarische Reichsregierung, sondern die immer noch mit Belagerungszustand, Zensur und Schutzhaft als Nebenregierung funktionierende Militärdiktatur. Mit ganz richtigem Instinkt fühlten die Massen heraus, daß diese Militärherrschaft der Revolution von oben ebenso wie der von unten entgegenstand, daß sie in Wahrheit weder den Frieden noch die Demokratie wollte, daß sie im Herzen erbittert und unversöhnlich gegenrevolutionär war, und daß sie mit allen ihren Machtinstrumenten, mit ihren Insignien und Symbolen aus dem Wege geschafft werden mußte, um Luft für das Neue zu schaffen, das allen vorschwebte, für den neuen Volks- und Friedensstaat. Die sozialdemokratischen Massen, die so dachten und die die Revolution machten, glaubten sich darin eins mit ihren Führern. Daß sie sich täuschten, wurde ihre Tragödie.

Niemand ahnte in der Revolutionswoche diese kommende Tragödie, und doch spielte sich ihre erste Szene schon in dieser Woche ab. Während überall die Revolution sich reißend ausbreitete – noch in der Nacht, in der Rilke ergriffen von ihr berichtete, triumphierte sie auch in München –, war sie in dem Ort schon erloschen, von dem sie ausgegangen war: in Kiel. Dort war noch am Abend des Revolutionsmontags der SPD-Abgeordnete Gustav Noske eingetroffen, von den Matrosen jubelnd als «ihr Mann» begrüßt; und schon am nächsten Abend telefonierte er nach Berlin, daß er «nur eine Hoffnung hätte: freiwillige Rückkehr zur Ordnung unter sozialdemokratischer Führung; dann würde die Rebellion in sich zusammensinken ... Allenthalben, so berichtete er, spüre er unter Arbeitern und Matrosen, wie das dem Deutschen eingeborene Bedürfnis nach Ordnung wieder erwache.» Der

Reichskanzler Prinz Max von Baden, der das aufnotierte, setzte noch am selben Tage im Kabinett den Beschluß durch: «Freie Hand für Noske bei dem Versuch, den lokalen Ausbruch zu ersticken.» Und ein paar Tage später konnte er befriedigt feststellen, daß Noske in Kiel im Namen der Revolution die Revolution erfolgreich abgeblasen, die Autorität der gedemütigten Offiziere wiederhergestellt, sogar wieder einen Schiffspatrouillendienst in Gang gebracht habe; was von den Matrosen in Kiel zurückgeblieben war, tat schon wieder normalen Dienst. «Sie wollen die Engländer nicht haben», telefonierte Noske befriedigt nach Berlin, und Prinz Max war voller Bewunderung für das, was Noske in Kiel vollbracht hatte: «Der Mann hat Übermenschliches geleistet.» In seinen Memoiren hat er später aufgeschrieben, was ihm schon damals ahnungsvoll durch den Sinn ging: «Das Schicksal Deutschlands hing daran, daß Ebert die Leistung seines Parteigenossen im großen wiederholte, das heißt, die Bewegung im ganzen Lande ‹zurückrollte›.»

Die Bewegung zurückzurollen – darum und darum allein ging es während der Revolutionswoche den drei Machtzentralen, die das Deutsche Reich in diesem Augenblick noch besaß und die alle die Erde unter ihren Füßen beben fühlten: dem Kaiser und der Obersten Heeresleitung unter Hindenburg und Groener im belgischen Spa; der Reichsregierung unter Prinz Max von Baden in Berlin; und, ebenfalls in Berlin, der sozialdemokratischen Parteiführung unter Ebert, die diese Regierung trug und stützte, aber jetzt ahnungsvoll die Notwendigkeit auf sich zukommen sah, aus dem Hintergrund hervorzutreten und selbst die Regierung rettend weiterzuführen. Daß die Revolution «erstickt» oder «zurückgerollt» werden mußte, darin waren sie sich einig. Es wurde von Tag zu Tag mehr ihre alles beherrschende Sorge.

Auch darin waren sie sich einig, daß die erste Notwendigkeit ein sofortiger Waffenstillstand war: Solange der Krieg weiterging, ging auch die Revolution weiter.

Mit tiefem Aufatmen begrüßte man daher in Spa wie in Berlin die am Mittwoch, dem 6. November, vormittags eintreffende Mitteilung des Präsidenten Wilson, daß der Alliierte Oberstkommandierende, General Foch, jetzt bereit sei, eine deutsche Waffenstillstandsdelegation in seinem Hauptquartier in Compiègne zu empfangen. Noch am gleichen Tage wurde der Staatssekretär Erzberger sehr gegen seinen Willen über Spa nach Compiègne in Marsch gesetzt. (Bis zum letzten Augenblick hielt die Regierung an der Fiktion fest, daß das Waffenstillstandsgesuch von ihr und nicht von der Obersten Heeresleitung ausgegangen sei; daher die höchst ungewöhnliche Betrauung eines zivilen Politikers, und nicht eines Generals, mit der Führung der Waffenstillstandsdelegation.) Am Freitag, dem 8. November, morgens um zehn Uhr, stand Erzberger mit dem militärischen Gefolge, das er unterwegs in Spa aufgesammelt hatte, in Compiègne vor Foch – der ihn mit den Worten empfing: «Was führt die Herren hierher? Was wünschen Sie von mir?» und auf die Erwiderung, man wünsche Vorschläge über einen Waffenstillstand entgegenzunehmen, trocken erwiderte: «Ich habe keine Vorschläge zu machen.» Tatsächlich machte er keine «Vorschläge». Was er vorlegte, war eine zehn Tage lang zwischen den alliierten Regierungen ausgehandelte fertige Liste von Waffenstillstandsbedingungen und ein Ultimatum, mit zweiundsiebzig Stunden Frist, zur Annahme oder Ablehnung. Daß das Ultimatum angenommen werden würde, stand schon in diesem Augenblick fest.

Aber wie sollte es nach dem Waffenstillstand weitergehen? Hier trennten sich die Wege der bedrohten Machthaber in Spa und Berlin. Einig waren sich alle – Kaiser, Oberste Heeresleitung, Kanzler und SPD-Führung –, daß die nächste Aufgabe sei, die Revolution zum Stillstand zu bringen und den bestehenden Staat, soviel noch von ihm übrig war, zu retten. Einig waren sich auch alle, daß der entscheidende Faktor dabei das Westheer sein würde, das einzige Machtinstrument, das noch gehorchte, noch nicht revolutioniert war, und das durch den Waffenstillstand zur Verwendung im Innern frei wurde. Aber für wen oder was das Westheer einzusetzen war – darüber gingen die Meinungen auseinander.

Der Kaiser war überzeugt, daß das Westheer sich unter ihm, seinem Obersten Kriegsherrn, gegen den «inneren Feind» ebenso wie gegen den äußeren schlagen würde, und entschlossen, es nach dem Waffenstillstand kehrtmachen und gegen die revolutionäre Heimat marschieren zu lassen.

Der Erste Generalquartiermeister Groener und der Reichskanzler Prinz Max teilten diese Überzeugung nicht. Beide waren im stillen der Meinung, daß die Person des Kaisers ein Stein des Anstoßes geworden war, der aus dem Wege geräumt werden mußte, wenn das Heer in der Hand seiner Offiziere bleiben und gegen die Revolution eingesetzt werden sollte. Prinz Max sah den Ausweg in einem persönlichen Thronverzicht und der Einsetzung eines Stellvertreters oder Regenten; General Groener fand, der Kaiser müsse jetzt den Tod an der Front suchen. Beide wagten jedoch nicht, ihre Ansichten dem Kaiser persönlich vorzutragen. Sie sprachen darüber mit ihren Kabinettskollegen oder mit anderen Generalen; nicht mit dem Kaiser. Die Kabinettskollegen oder die anderen Generale stimmten bedrückt zu oder winkten entsetzt ab. Mit dem Kaiser sprechen wollten auch sie nicht. So verging ein Tag nach dem andern, und nichts geschah.

Wer schließlich erzwang, daß etwas geschah, das war die Führung der SPD und insbesondere ihr Vorsitzender Friedrich Ebert, der nun von Tag zu Tag stärker in den Vordergrund des Geschehens trat. Er war kein Gegner der Regierung, der er ins Leben geholfen und die er von der ersten Stunde ihres Bestehens an gestützt hatte; auch kein grundsätzlicher Gegner der Monarchie; schon gar kein Gegner der staatlichen Ordnung – er empfand sich und seine Partei als staatserhaltende Kraft, als die letzte Reserve des bestehenden Staates. Es ging ihm genauso wie Groener und Prinz Max darum, den Staat zu retten und die Revolution abzufangen. Aber deutlicher als Groener und Prinz Max sah er, wie stark die Revolution schon geworden war und daß kein Tag mehr zu verlieren war, wenn man sie noch abfangen wollte. Auch hatte er noch eine andere Sorge als sie: Ging es ihnen nur um die Frage, wie sie das Westheer in der Hand behalten konnten, so kam es für Ebert auch darauf an, die SPD in der Hand zu behalten. Tag für Tag sah er ihre Mitglieder und Funktionäre in der Provinz zur Revolution abschwenken.

Am Mittwoch, dem 6. November, erschien Ebert mit seinen Vorstandskollegen von der SPD in der Reichskanzlei, wo auch General Groener sich eingefunden hatte, und forderte ultimativ die Abdankung des Kaisers. Sie sei jetzt notwendig, «wenn man den Übergang der Massen in das Lager der Revolutionäre verhindern wolle». Das sei «die letzte Gelegenheit zur Rettung der Monarchie».

Groener lehnte empört ab – der Vorschlag sei «ganz indiskutabel» –, worauf Ebert dramatisch erklärte: «Dann müssen die Dinge ihren Lauf nehmen. Von nun an scheiden sich unsere Wege. Wer weiß, ob wir uns je wiedersehen werden.»

Aber wenn Groener noch nicht hören wollte – den Kanzler hatte Ebert überzeugt. Für den nächsten Morgen, Donnerstag, den 7. November, bestellte Prinz Max ihn aufs neue in die Reichskanzlei zu einem Gespräch unter vier Augen. Es fand im herbstlichen Garten der Reichskanzlei statt, wo die beiden Männer im welken Laub der alten Bäume auf und ab gingen. Prinz Max hat die entscheidenden Stellen der Unterredung später wörtlich aufgezeichnet. Er teilte Ebert seinen Entschluß mit, nunmehr selbst ins Hauptquartier zu fahren und den Kaiser zum Thronverzicht aufzufordern. «Wenn es mir gelingt, den Kaiser zu überzeugen, habe ich Sie dann auf meiner Seite im Kampf gegen die soziale Revolution?» Prinz Max fährt fort:

«Eberts Antwort erfolgte ohne Zögern und war unzweideutig:

‹Wenn der Kaiser nicht abdankt, dann ist die soziale Revolution unvermeidlich. Ich aber will sie nicht, ja, ich hasse sie wie die Sünde.›

Nach der Abdankung des Kaisers hoffe er, die Partei und die Massen hinter die Regierung zu bringen. Wir streiften die Frage der Regentschaft. Ich nannte den Prinzen Eitel Friedrich als den nach der Verfassung gegebenen Regenten für Preußen und das Reich. Ebert erklärte für sich und seine Partei, sie würden der Regierung in diesen Verfassungsfragen keine Schwierigkeiten machen.

Dann wünschte er mir in bewegten Worten Erfolg für meine Reise.»

Zu spät! Die Reise fand nicht mehr statt, und der Pakt zwischen Prinz Max und Ebert brach noch am selben Tag wieder auseinander: denn im Laufe des Tages wurde klar, daß die Revolution nun auch nach Berlin griff und daß für Reisen nach Spa keine Zeit mehr war. Die Unabhängigen, die linke Konkurrenzpartei der SPD, hatte für den Abend in Berlin sechsundzwanzig Versammlungen angesetzt. Die Regierung wollte die Versammlungen verbieten. Die SPD dagegen war überzeugt, daß ein Versammlungsverbot die Revolution in der Hauptstadt auslösen würde. Sie wollte vielmehr die Versammlungen übernehmen und entschärfen. Um fünf Uhr nachmittags stellte sie der Regierung ein neues Ultimatum: Freigabe der Versammlungen und Rücktritt des Kaisers bis Freitag mittag. Auf empörte Vorhaltungen des Kanzlers erwiderte Ebert: «Heute abend müssen wir das Ultimatum von jeder Tribüne verkünden, sonst läuft uns die ganze Gesellschaft zu den Unabhängigen. Der Kaiser muß sofort abdanken, sonst haben wir die Revolution.» Plötzlich schienen sich Prinz Max und Ebert, die doch dasselbe wollten – nämlich den Kaiser loswerden und die Revolution ersticken –, wie Feinde gegenüberzustehen.

Hinter der Verwirrung, dem Hin und Her und der Panik dieser letzten Tage des Kaiserreichs lag aber noch etwas Tieferes, Unausgesprochenes. Alle Verantwortlichen, Groener und Prinz Max auf der einen, Ebert auf der anderen Seite, sahen etwas auf sich zukommen, das sie mit Grauen erfüllte. Sie sahen alle drei, daß sie Verräter werden mußten, wenn sie das zustande bringen wollten, was ihr gemeinsames Ziel war: die Rettung des bestehenden Staats und der bestehenden Gesellschaft. Groener und Prinz Max mußten ihren kaiserlichen Herrn verraten, dem sie Treue geschworen hatten. Ebert mußte die Revolution verraten, die ihm arglos ihre Führung antrug. Noch hofften alle drei, daß der Verrat des jeweils andern ihn selbst davor bewahren würde, zum Verräter zu werden. Unter dem äußeren Dialog zwischen ihnen lief unterirdisch, unformuliert, ein anderer Dialog, der sich so anhörte:

«Verratet ihr den Kaiser, dann brauche ich die Revolution nicht zu verraten.» – «Nein, übernimm du zum Schein die Revolution und verrate sie, dann brauchen wir den Kaiser nicht zu verraten.» Aber keiner wollte den heimlichen Notschrei des andern hören, und darüber verging die Zeit, und der Sand rann aus.

Am Ende blieb allen drei Männern der große Verrat nicht erspart, den sie dem andern hatten zuschieben wollen. Die Stunde der Wahrheit schlug allen am gleichen Tag, am Sonnabend, dem 9. November. Dies wurde der Schicksalstag der deutschen Monarchie und der deutschen Revolution. An diesem Tag fiel der Kaiser von der Hand seiner Paladine. Die Revolution aber lieferte sich an diesem Tag dem Mann aus, der entschlossen war, sie zu ersticken.

5
Der 9. November

Freitag abend, am 8. November, zog der preußische Innenminister Drews in einer Sitzung des Ministerrats seine Uhr und sagte: «Es ist jetzt halb zehn, wir wollen die Sitzung vertagen. Morgen ist Generalstreik, blutige Unruhen sind zu erwarten. Alles kommt darauf an, ob das Militär hält oder nicht. Wenn nicht, gibt es morgen keine preußische Regierung mehr.»

Der Kriegsminister von Scheüch erwiderte pikiert: «Wie kommen Euer Exzellenz zu der Meinung, daß das Militär nicht halten könnte?»

Ungefähr um dieselbe Zeit stand Richard Müller, der Führer einer illegalen Verschwörergruppe, die schon seit Tagen für den kommenden Montag einen Putsch plante, am Halleschen Tor. «Schwerbewaffnete Infanteriekolonnen, Maschinengewehr-Kompagnien und leichte Feldartillerie zogen in endlosen Zügen an mir vorüber, dem Inneren der Stadt zu. Das Menschenmaterial sah recht verwegen aus. Mich erfaßte ein beklemmendes Gefühl.»

Was Müller angst machte und worauf von Scheüch seine Zuversicht setzte, das war das Vierte Jägerregiment, eine als besonders zuverlässig geltende Truppe, die im Sommer im Osten schon mehrfach erfolgreich gegen russische Revolutionäre eingesetzt worden war. Jetzt sollte sie in Berlin gegen deutsche Revolutionäre eingesetzt werden. Am Tag zuvor war sie zur Verstärkung der Berliner Garnison aus Naumburg nach Berlin in Marsch gesetzt worden. Spätabends am 8. November rückte sie in die Alexanderkaserne ein. Noch in dieser Nacht wurden Handgranaten ausgegeben.

Dabei kam es zu einem Zwischenfall.

Ein Gefreiter machte eine aufsässige Bemerkung. Er wurde sofort arretiert und abgeführt; das geschah widerstandslos. Aber plötzlich, nachdem es geschehen war, begannen die Mannschaften, zum Entsetzen ihrer Offiziere, zu murren und laute Fragen zu stellen. Auch dieses «verwegene Menschenmaterial» führte auf einmal seltsame Reden. Was war eigentlich los? Was sollten sie hier in Berlin? Redete nicht alles vom Ende des Krieges und von der Abdankung des Kaisers? Saßen nicht Sozialdemokraten in der Regierung? Sollten sie vielleicht gegen die Regierung kämpfen? Sie verstanden nichts mehr. Ehe sie Handgranaten auf deutsche Landsleute warfen, wollten sie genau wissen, was gespielt wurde. Die Offiziere konnten sie einigermaßen beruhigen, indem sie ihnen versprachen, daß sie am nächsten Morgen volle Aufklärung bekommen würden. Darauf gingen die Mannschaften zunächst schlafen. Schließlich waren sie müde; sie hatten einen langen Marschtag hinter sich. Aber am Sonnabendmorgen, nach dem Wecken, einigten sie sich plötzlich ganz schnell darauf, sich die Aufklärung selbst zu holen. Eine Abordnung fuhr mit Kraftwagen zum *Vorwärts*, der SPD-Zeitung. Es ist nicht klar, ob die Offiziere unterrichtet waren und zugestimmt hatten.

Im *Vorwärts* tagten seit sieben Uhr früh die Betriebsvertrauensleute der SPD. Sie warteten auf die Nachricht, ob der Kaiser nun abgedankt habe oder ob «es losgehe». Sie warteten ungeduldig. Sie waren sich ihres Einflusses in den Betrieben nicht mehr sicher. Radikalere Leute als sie führten dort jetzt das Wort. Wenn nicht bald etwas geschah, konnte es auch ohne sie «losgehen». In ihre nervöse Versammlung platzten die Soldaten hinein. Waren die etwa gekommen, um sie zu verhaften? Möglich war alles. Sie standen schwer bewaffnet in der Tür, selbstbewußt, fordernd. Sofort solle jemand mitkommen, um die Truppe über die Lage aufzuklären. Was bedeutete das? Der SPD-Abgeordnete Otto Wels entschloß sich, den Weg in die Höhle des Löwen zu wagen; er war ein stämmiger, robuster Mann mit volkstümlichen Manieren. Er fuhr im Lastwagen der Soldaten mit, ein einsamer Zivilist, mitten unter schweigenden Schwerbewaffneten. Er wußte nicht, was ihm bevorstand.

Im Hof der Alexanderkaserne war die ganze Truppe angetreten, in militärischer Ordnung, mit den Offizieren vor der Front. Wels kannte ihre Stimmung nicht. Auf einen Krümperwagen gehievt, begann er zu sprechen. Er begann vorsichtig, keineswegs aufrührerisch oder hetzerisch. Er sprach traurig und treuherzig von dem verlorenen Krieg, von Wilsons harten Bedingungen, von der Uneinsichtigkeit des Kaisers, von der Hoffnung auf Frieden. Im Sprechen spürte er allmählich Zustimmung bei den Mannschaften heraus, Unsicherheit bei den Offizieren. Langsam tastete er sich vorwärts, wurde deutlicher – bis er es wagte: «Es ist eure Pflicht, den Bürgerkrieg zu verhindern! Ich rufe euch zu: Ein Hoch auf den freien Volksstaat!» – und plötzlich ein Brausen. Er hatte gewonnen. Die Truppen stürzten vor und umringten seinen Wagen, in dem er hoch aufgerichtet stand, ein leichtes Ziel, wenn jemand schießen wollte. Aber kein Offizier schoß. Mit sechzig Mann, die den *Vorwärts* schützen sollten, fuhr Wels im Triumph zurück – und dann weiter zu den anderen Kasernen der Berliner Garnison. Er wußte jetzt, worauf es ankam und wie er die Soldaten zu nehmen hatte. Die Naumburger Jäger hatten ihn auf den entscheidenden Gedanken gebracht.

Es war neun Uhr morgens. Noch lag Berlin ruhig, noch waren die Arbeiter in den Betrieben. Die Revolution in der Hauptstadt hatte noch nicht begonnen – aber ihr Schicksal war schon im voraus entschieden. Die bewaffnete Macht in Berlin war jetzt in den Händen der SPD. Das bedeutete an diesem Tage das Ende des Kaiserreichs. Schon am nächsten Tage sollte es das Ende der Revolution bedeuten.

Zur gleichen Stunde, da Wels mit seiner militärischen Bedeckung wieder im *Vorwärts* eintraf, begaben sich im Hauptquartier in Spa Hindenburg und Groener zum Kaiser, um ihm mitzuteilen, daß das Feldheer nicht mehr hinter ihm stand. Am Abend zuvor – ungefähr um dieselbe Zeit, da der preußische Innenminister ahnungsvoll gesagt hatte: «Alles hängt davon ab, ob die Truppe hält» – hatten sie eine erschütternde Nachricht bekommen: Die Zweite Gardedivision, bestehend aus den königlich preußischen Leibregimentern, von der Front zurück nach Aachen in Marsch gesetzt, um das revolutionäre Köln zurückzuerobern und damit die wichtigste Nachschub- und Rückzugsstraße für das Feldheer zu sichern, hatte «den Offizieren den Gehorsam aufgekündigt und sich gegen deren ausdrücklichen Befehl in Bewegung gesetzt, um nach Hause zu marschieren». Die Zweite Gardedivision! Wenn auf die kein Verlaß mehr war, war alles aus.

An diesem Morgen waren neununddreißig Truppenkommandeure von der Front eingetroffen, die berichten sollten, ob ihre Truppen bereit seien, für den Kaiser gegen die Revolution zu kämpfen. Ihr Urteil, das Hindenburg und Groener kurz einholten, ehe sie sich zum Kaiser begaben und die Offiziere zur näheren Befragung dem Chef der Operationsabteilung, Oberst Heye, überließen, bestätigte die Erfahrung mit der Zweiten Gardedivision: Die Truppe war für den Einsatz im Bürgerkrieg nicht mehr zu gebrauchen.

Am Tag zuvor hatte der Kaiser vormittags beim Vortrag noch seine Absicht erklärt, sofort nach dem Waffenstillstand an der Spitze des Heeres die Ordnung in der Heimat wiederherzustellen, und General Groener den formellen Befehl erteilt, diese Operation vorzubereiten. Jetzt mußte Groener ihm erklären, daß der Befehl nicht auszuführen sei. Er tat es umständlich, trocken und sachlich, mit vielen technischen Einzelheiten. Sein Vortrag gipfelte in dem Satz: «Das Heer wird unter seinen Führern und Kommandierenden Generalen geschlossen und in Ordnung in die Heimat zurückmarschieren, aber nicht unter Führung Eurer Majestät.» Der vielzitierte Satz: «Der Fahneneid ist jetzt eine bloße Idee», fiel in diesem Gespräch nicht. Groener äußerte ihn nicht direkt dem Kaiser gegenüber, sondern später im Gespräch mit anderen Offizieren. Kurze Zeit darauf aber bestätigte Oberst Heye, der inzwischen die Einzelvoten der neununddreißig Frontkommandeure eingesammelt hatte, dem Kaiser: «Die Armee marschiert auch unter den Generalen allein nach Hause. Aber wenn Eure Majestät mit ihr nach Hause marschieren, so ist es ihr recht und eine Freude. Nur kämpfen will die Armee nicht mehr, weder nach außen noch nach innen.»

Damit war auch in Spa die Entscheidung gefallen: Sowenig wie die Berliner Garnison war das Feldheer zur Niederwerfung der Revolution zu verwenden. Das Kaiserreich besaß kein Machtinstrument mehr zur Verteidigung seiner Existenz, weder an der Front noch in der Heimat.

Dem Reichskanzler Prinz Max von Baden kam an diesem Vormittag, als die Nachrichten vom Abfall der Truppen in der Reichskanzlei einliefen, die klare Erkenntnis, die er später in die Worte gefaßt hat: «Wir können die Revolution nicht mehr niederschlagen, sondern nur noch ersticken.» Wahrscheinlich ging auch dem General Groener schon an diesem Morgen ähnliches durch den Kopf. Die Revolution ersticken – das hieß: ihr einen Scheinsieg zuschanzen, ihr geräumte vorgeschobene Stellungen zur Besetzung überlassen, um sie in einer vorbereiteten Reservestellung abzufangen. Konkret gesprochen: Der Kaiser mußte abdanken, die halb sozialdemokratische Regierung mußte ganz sozialdemokratisch werden, und der Reichskanzler mußte Friedrich Ebert heißen. An Ebert war es dann, die scheinbar siegreiche, über ihren eigenen allzu leichten Sieg erschrockene, verdutzte Revolution nach Hause zu schicken und die Ordnung wiederherzustellen – mit den Worten des Prinzen Max: im Großen zu tun, was Noske in Kiel bereits im Kleinen getan hatte.

Dazu war Ebert auch durchaus bereit, und Prinz Max wußte es; General Groener ahnte es wenigstens. Alle drei Männer zogen spätestens seit dem Morgen des 9. November am gleichen Strang. Alle handelten nach dem gleichen Plan.

Aber nicht nach dem gleichen Stundenplan – und daraus entstand das Drama des 9. November, ein Drama, das trotz Pathos und Nervenfolter nicht ohne komödienhafte Züge war. Groener glaubte am Morgen des 9. November, bis zum Waffenstillstand noch ein paar Tage

Zeit zu haben; Prinz Max wenigstens noch ein paar Stunden – noch war Berlin scheinbar ruhig. Ebert aber hatte keine Minute mehr zu verlieren: In der Frühstückspause versammelten sich bereits überall in den Betrieben die Arbeiter und formten ihre Marschkolonnen. Wenn die SPD nicht sofort mitzog und scheinbar die Führung übernahm, verlor sie die Kontrolle.

Die Folge war, daß Ebert handeln mußte, ohne auf Prinz Max warten zu können, und daß Prinz Max handeln mußte, ohne auf Groener warten zu können; daß in Spa noch den ganzen Tag ein Abdankungsdrama stattfand, über das die Ereignisse in Berlin schon längst hinweggegangen waren; daß Prinz Max nach stundenlangem Seelenkampf die Abdankung des Kaisers bekanntgab, ohne daß sie erfolgt war; und daß auch diese Falschmeldung bereits zu spät kam, um den Gang der Ereignisse noch aufhalten zu können.

Fast alles, worüber sich die letzten Würdenträger des Kaiserreichs an diesem Tage erhitzten und zermarterten, spielte in Wirklichkeit schon gar keine Rolle mehr. In Spa und in der Reichskanzlei wurde der letzte Akt des Kaiserreichs mit aufgeregtem Pathos zu Ende gespielt, ohne daß es noch irgendwie auf ihn ankam. Es war, als ob die Schauspieler in einer Haupt- und Staatsaktion noch augenrollend und gestikulierend ihre Verse deklamieren, während der Vorhang schon gefallen ist.

Morgens kurz nach neun Uhr telefonierte Spa an die Reichskanzlei (auf einer geheimen Direktleitung, die später noch eine große Rolle spielen sollte), die Oberste Heeresleitung sei jetzt bereit, dem Kaiser mitzuteilen, daß das Heer nicht mehr hinter ihm stehe. Die Reichskanzlei gab die Nachricht sofort telefonisch an Ebert weiter: Revolution überflüssig, Abdankung unmittelbar bevorstehend. Ebert antwortete: «Zu spät! Die Kugel ist im Rollen. Eine Fabrik ist schon auf die Straße gegangen.» Nach einer kleinen Pause fügte er hinzu: «Wir wollen sehen, was sich machen läßt.»

Aber wenn es für Ebert zu seinem Bedauern schon zu spät war – in Spa war es für endgültige Entscheidungen noch viel zu früh. Um elf Uhr zwar sprach der Kaiser privat zu einem seiner persönlichen Berater zum erstenmal offen von Abdankung, und zwar in einem mißmutig-wegwerfenden Ton: «Ich habe lange genug regiert, um zu sehen, was das für ein undankbares Geschäft ist. Ich hänge durchaus nicht daran.» Aber ein fester Entschluß war das noch lange nicht, und in der folgenden Stunde ließ sich der Kaiser plötzlich auf einen neuen Gedanken bringen: nur die Kaiserwürde niederzulegen, aber König von Preußen zu bleiben. Um zwölf traf der Kronprinz ein, naiv-ahnungslos und forsch wie immer: «Sind denn die paar Matrosen noch nicht an

Der 9. November in Berlin: Die revolutionären Matrosen marschieren durchs Brandenburger Tor ein. Wie überall in Deutschland schließen sich ihnen auch hier die Arbeiter an.

Die Revolutionstruppen stoßen auf keinen Widerstand. Ihre Autos (oben) bleiben unbehelligt, und die Kasernen werden freiwillig geöffnet. Bild unten zeigt die Übergabe der Garde-Ulanen-Kaserne.

die Wand gestellt?» Vater und Sohn sprachen sich im Park aus. Niemand hörte, was sie zueinander sagten; alles schien wieder in Frage gestellt. Inzwischen kamen aus Berlin immerfort drängende Anrufe: Die Abdankung müsse sofort verkündet werden, wenn sie noch einen Effekt haben solle, jede Minute sei kostbar. In Spa antwortete man gekränkt, so wichtige Entscheidungen ließen sich nicht übers Knie brechen. Seine Majestät habe seinen Entschluß gefaßt, aber er müsse noch formuliert werden, und Berlin solle gefälligst Geduld haben.

Um zwölf Uhr, während in der Reichskanzlei Nachrichten von riesigen Marschkolonnen der Arbeiter einliefen, die aus den Fabrikvierteln auf das Zentrum zuströmten, riß dem Reichskanzler die Geduld. Er hatte die amtliche Mitteilung von der Abdankung des Kaisers seit Stunden vorbereiten lassen. Jetzt ordnete er an, sie herauszugeben, wohl wissend, daß sie falsch war. Über die amtliche Nachrichtenagentur lief die Verlautbarung:

«Der Kaiser und König hat sich entschlossen, dem Thron zu entsagen. Der Reichskanzler bleibt noch so lange im Amt, bis die mit der Abdankung des Kaisers, dem Thronverzicht des Kronprinzen des Deutschen Reiches und von Preußen und der Einsetzung der Regentschaft verbundenen Fragen geregelt sind. Er beabsichtigt, dem Regenten die Ernennung des Abgeordneten Ebert zum Reichskanzler und die Vorlage eines Gesetzentwurfs wegen der sofortigen Ausschreibung allgemeiner Wahlen für eine verfassunggebende deutsche Nationalversammlung vorzuschlagen, der es obliegen würde, die künftige Staatsform des deutschen Volkes, einschließlich der Volksteile, die ihren Eintritt in die Reichsgrenzen wünschen sollten, endgültig festzustellen.»

Prinz Max hatte das Gefühl, etwas Ungeheuerliches zu tun, indem er den Entschluß des Kaisers vorwegnahm und dem Volk die Abdankung des Kaisers bekanntgab, die noch gar nicht stattgefunden hatte. Er hatte stundenlang mit sich gerungen, ehe er das über sich brachte, und tatsächlich wäre es für einen Mann seiner Herkunft und Stellung ein Schurkenstreich von historischen Ausmaßen gewesen – wenn es noch irgend etwas zu bedeuten gehabt hätte. Es bedeutete aber schon nicht mehr das geringste; die Geste des prinzlichen Kanzlers glich der Geste des Zirkusclowns, der so tut, als ob er die Schau kommandiere; sie war nur noch Komödie, nicht weniger als die Komödie um den Schießbefehl, die sich unmittelbar danach abspielte. Der Berliner Oberkommandierende, General von Linsingen, fragte an, ob angesichts der Tatsache, daß der größte Teil der Truppen nicht schießen werde, überhaupt noch von der Schußwaffe Gebrauch gemacht werden solle. Der Reichskanzler rang sich nach hastiger Beratung mit seinem Stabe die

Antwort ab: «Nur zum Schutz von Leben und Existenz der Bürger und zum Schutz der Regierungsgebäude.» Die Antwort ging in die leere Luft, denn Linsingen hatte inzwischen, unter dem Zeitdruck und dem Druck der Verhältnisse, schon selbst befohlen: «Truppen haben nicht von den Waffen Gebrauch zu machen, auch nicht bei Verteidigung von Gebäuden.» Und auch das kam bereits zu spät, denn die Truppen waren, als der Befehl sie erreichte, schon in voller Verbrüderung mit den anmarschierenden Arbeitern und schossen sowieso nicht.

Inzwischen aber war Ebert, wenige Minuten nach zwölf, mit einer Abordnung des SPD-Vorstandes in der Reichskanzlei erschienen und forderte die Regierungsübergabe an ihn und seine Partei, «damit Ruhe und Ordnung gewahrt werden». Die Ankündigung, der Kanzler werde so lange im Amt bleiben, bis die Regentschaftsfrage gelöst sei, war gerade erst hinausgegangen, aber der Prinz widersetzte sich nicht. Im Grunde wollten er und Ebert ja dasselbe, und es war eine ungeheure Erleichterung für ihn, daß Ebert jetzt bereit war, ihm jede weitere Verantwortung abzunehmen. Er übertrug ihm also die Kanzlerschaft: immer noch die Kanzlerschaft der kaiserlichen Regierung – nachdem er eben, wenn auch fälschlich, die Abdankung des Kaisers verkündet hatte. Selbst wenn er das nicht getan hätte, wäre der Vorgang eine verfassungsrechtliche Unmöglichkeit gewesen – kein Kanzler hat das Recht, einen anderen Kanzler zu ernennen. Aber wie auch immer, die Regierung, die Ebert jetzt übernahm, war immer noch die alte Regierung; alle Staatssekretäre blieben im Amt, sogar der preußische Kriegsminister von Scheüch, nur der Reichskanzler hieß jetzt Ebert statt Max von Baden. Seine erste Amtshandlung war ein Aufruf an die marschierenden Berliner Arbeiter: «Mitbürger! Der bisherige Reichskanzler hat mir unter Zustimmung sämtlicher Staatssekretäre die Wahrnehmung der Geschäfte des Reichskanzlers übertragen ... Mitbürger! Ich bitte euch alle dringend: Verlaßt die Straßen! Sorgt für Ruhe und Ordnung!» Damit freilich kam auch Ebert schon zu spät. Denn der Aufruf, die Straßen zu verlassen, verpuffte ebenso in der Luft wie Prinz Max' Falschmeldung über die Abdankung des Kaisers und sein halber Schießbefehl. Die Massen waren inzwischen zu Hunderttausenden auf den Straßen und hatten um diese Zeit – es ging auf ein Uhr – das Stadtzentrum erreicht. Die Flugblätter mit Eberts Aufruf wurden achtlos weggeworfen.

Um diese Zeit ging alles zum Mittagessen, und beim Mittagessen spielten sich die nächsten großen Szenen dieser leerlaufenden Tragikomödie ab. Es waren drei.

Die erste spielte im Reichstag, wo Ebert und Scheidemann die wäßrige Kartoffelsuppe löffelten, die dort geboten wurde – an getrennten Tischen: Die beiden führenden Männer der SPD mochten sich nicht besonders. Während sie aßen, wurde es draußen laut, ein riesiger Menschenzug hatte den Reichstag erreicht, man rief nach Ebert und Scheidemann, Sprechchöre skandierten: «Nieder mit dem Kaiser, nieder mit dem Krieg!» und «Hoch die Republik!» Abgeordnete stürzten herein und bestürmten Ebert und Scheidemann, zur Menge zu reden. Ebert schüttelte den Kopf und löffelte weiter seine Suppe. Scheidemann aber, der ein blendender Volksredner war und sich etwas darauf zugute tat, ließ seine Suppe stehen und eilte beflügelten Schritts hinaus, durch die langen Prunkkorridore des Reichstagsgebäudes. Im Vorübergehen hörte er noch, mit innerem Lachen, eine Gruppe von Abgeordneten und hohen Beamten über die Personenfragen der Regentschaft debattieren. Er trat an ein Fenster und öffnete es. Unten sah er die riesige Menge bei seinem Anblick still werden, den Wald von roten Fahnen, die Tausende von abgemagerten, verhärmten, gläubigen Gesichtern ekstatisch zu ihm hochblickend. Was für ein Augenblick! Er fühlte sich ihm gewachsen, er war der Mann der improvisierten, zündenden Ansprachen, das war sein Talent und seine Stärke; die Zunge löste sich ihm, die Worte strömten ihm zu. «Das Volk hat auf der ganzen Linie gesiegt!» rief er, und, in den aufbrausenden Jubel hinein: «Es lebe die deutsche Republik!»

Er fand selbst, daß er seine Sache nicht schlecht gemacht habe, und kehrte zufrieden mit sich in den Speisesaal zurück zu seiner kalt gewordenen Wassersuppe. Aber dort stand plötzlich Ebert an seinem Tisch, vor Zorn dunkelrot im Gesicht. «Er schlug mit der Faust auf den Tisch und schrie mich an: ‹Ist das wahr?› Als ich ihm antwortete, daß ‹es› nicht nur wahr, sondern selbstverständlich sei, machte er mir eine Szene, bei der ich wie vor einem Rätsel stand. ‹Du hast kein Recht, die Republik auszurufen! Was aus Deutschland wird, ob Republik oder was sonst, das entscheidet eine Konstituante!›» So berichtet Scheidemann in seinen *Erinnerungen eines Sozialdemokraten*.

Tatsächlich nahm es auch Ebert nicht so genau mit der Konstituante. Ein paar Stunden später bat er den Prinzen Max, der sich verabschieden kam, zu bleiben – als Reichsverweser. Er war genauso bereit, der Konstituante vorzugreifen, wie Scheidemann – nur im umgekehrten Sinne; er wollte keine Republik, er wollte die Monarchie retten, auch jetzt noch. Aber Prinz Max hatte keine Lust mehr, weiter mitzuspielen, er hatte schon seine Koffer gepackt. An diesem Nachmittag noch reiste er ab, heim nach Süddeutschland, heraus aus dem aufgewühlten, tobenden Berlin – und heraus aus der Geschichte.

Zur gleichen Zeit wie Ebert und Scheidemann im Reichstag in Berlin speiste der Kaiser in Spa in seinem Hofzug. Und dorthin, mitten ins Essen, brachte man ihm die Nachricht, die soeben telefonisch aus Berlin eingetroffen war – die Nachricht, daß Prinz Max die Abdankung Seiner Majestät bekanntgegeben hatte. Der Kaiser war von Berufs wegen an Selbstbeherrschung gewöhnt. Er aß mechanisch weiter. Dann wurde er langsam blaß und setzte an: «Daß ein Prinz von Baden den König von Preußen gestürzt –» Er sprach den Satz nicht zu Ende. Die Stimme versagte ihm.

Er hatte ja gerade erst die Urkunde unterzeichnet, mit der er als Kaiser, aber nicht als König von Preußen abgedankt hatte, und war dabei, sich in seine neue Rolle als König von Preußen einzuleben. Und nun dies! Nach dem Essen, beim Kaffee im kleineren Kreise, machten sich dann doch das Temperament und die Empörung Luft: «Verrat, schamloser, empörender Verrat!» rief der Kaiser ein Mal über das andere aus und bedeckte hastig herbeibefohlene Telegrammformulare mit immer schärfer formulierten Protesten. Abgesandt wurden sie alle nicht mehr. Sie hätten ja auch den Adressaten nicht mehr erreicht.

In der Reichskanzlei in Berlin aber wurde man durch das Telefongespräch, mit dem die halbe Abdankung – als Kaiser, aber nicht als König von Preußen – nach Berlin gemeldet wurde, ebenfalls im Mittagessen unterbrochen, und man war kaum weniger empört darüber als der Kaiser über das Verhalten des Prinzen Max. «Was sagen Sie da?» rief der Unterstaatssekretär Wahnschaffe in den Apparat, «als Kaiser abgedankt, aber nicht als König von Preußen? Das kann uns ja gar nichts nützen, das ist ja staatsrechtlich ganz unmöglich!» Noch empörter als über die staatsrechtliche Unmöglichkeit, auf die es freilich kaum mehr ankam – alles, was seit ein paar Stunden geschehen war, war staatsrechtlich unmöglich –, waren die Herren der Reichskanzlei darüber, daß man ihnen von einem solchen Plan nie etwas gesagt hatte, und damit hatten sie recht. Das Ganze war eine wilde Improvisation. Man nahm in Berlin denn auch gar keine Notiz mehr davon. Die Mitteilung wurde zu den Akten gelegt und nie veröffentlicht. Die Teilabdankung des Kaisers trat niemals in Kraft.

Tatsächlich hat der Kaiser am 9. November 1918 nicht abgedankt (er tat es erst drei Wochen später von Holland aus), und das Deutsche Reich war noch keine Republik. Daß Scheidemann vom Fenster des Reichstags aus die Republik hatte hochleben lassen, war staatsrechtlich belanglos. Die Abdankungsmeldung des Prinzen Max war eine glatte Falschmeldung gewesen. Die Erklärung, mit der der Kaiser sich auf die Stellung eines Königs von Preußen zurückzog, blieb ein ungültiger

Entwurf, ohne Gegenzeichnung in den Akten der Reichskanzlei begraben. Der Mann, der nun, wenn auch auf höchst unregelmäßige Weise, Reichskanzler geworden war, fühlte sich denn auch immer noch als kaiserlicher Reichskanzler und bemühte sich, die Monarchie irgendwie zu retten.

Aber sie war nicht mehr zu retten. Im Bewußtsein ganz Deutschlands, auch der monarchisch Gesinnten, ging sie an diesem Tag zu Ende, und den Gnadenstoß versetzte ihr schließlich doch noch der Kaiser selbst – nicht durch Abdankung (von der war nun nicht mehr weiter die Rede), sondern durch Abreise.

Wer den Gedanken der Abreise aufgebracht hatte, ist unklar. Es war kein naheliegender Gedanke. Der Kaiser war nicht in persönlicher Gefahr. Er bewegte sich in Spa zwischen Residenz, Hauptquartier und Hofzug völlig unangefochten, die Feldwachen präsentierten das Gewehr vor ihm wie immer. In Spa gab es keine Revolution. Die Kommandanten von der Front hatten vor ein paar Stunden dem Oberst Heye noch erklärt, es sei den Truppen recht und «eine Freude», wenn der Kaiser friedlich mit ihnen nach Hause zöge. Und doch sprach nach dem Mittagessen auf einmal alles über die Sicherheit der kaiserlichen Person und die Frage seines künftigen Aufenthalts. Alle schienen sich einig darüber, daß der Kaiser bedroht sei und daß er reisen müsse. Nur Groener widersprach:

«Ich mache nur noch aufmerksam: Wenn der Kaiser abgedankt hat, kann er reisen, wohin er will. Wenn er nicht abgedankt hat, darf er das Heer nicht verlassen. Nicht abdanken und das Heer verlassen ist eine Unmöglichkeit.»

Dem antwortete betretenes Schweigen. Niemand schien verstehen zu wollen. Nach einer kleinen Pause ging die Diskussion über Reisemöglichkeiten weiter, als ob Groener nicht gesprochen hätte. Hindenburg selbst, der sich sonst an diesem Tage sehr zurückgehalten hatte, äußerte mehrmals: «Im äußersten Notfall kommt ein Übertritt nach Holland in Frage.» Die Hofchargen bemerkten, wenn der Kaiser reisen wolle, müsse der Beschluß frühzeitig gefaßt werden, damit man die holländische Regierung verständigen könne. Obwohl kein eigentlicher Beschluß gefaßt war, begann bald ein eifriges Telefonieren. Um fünf Uhr bestellte der Kaiser, der bei alledem abwesend gewesen war, die Oberstkommandierenden plötzlich zur Verabschiedung, wobei er dem General Groener den Händedruck verweigerte: «Mit Ihnen habe ich, nachdem ich den Oberbefehl niedergelegt habe, nichts mehr zu tun. Sie sind württembergischer General.» Offenbar fühlte er sich durch Groeners Zumutung, bei der Armee zu bleiben, solange er nicht abgedankt hatte, irgendwie persönlich beleidigt; offenbar fühlte er sich auch immer noch als König von Preußen. Aber der König von Preußen verließ jetzt die Armee.

Es gab noch einiges Hin und Her. Plötzlich hieß es wieder: «Wir reisen nicht», dann: «Wir reisen doch.» Jedenfalls übernachtete der Kaiser schließlich mit gepackten Koffern im Hofzug, und am nächsten Morgen rollte der Hofzug um fünf Uhr aus dem Bahnhof Spa hinaus, der holländischen Grenze zu. Auch der Kaiser, wie zwölf Stunden vorher der badische Prinz, reiste jetzt heraus aus der Geschichte, und mit ihm aus der Geschichte reiste die deutsche Monarchie. Nach dieser

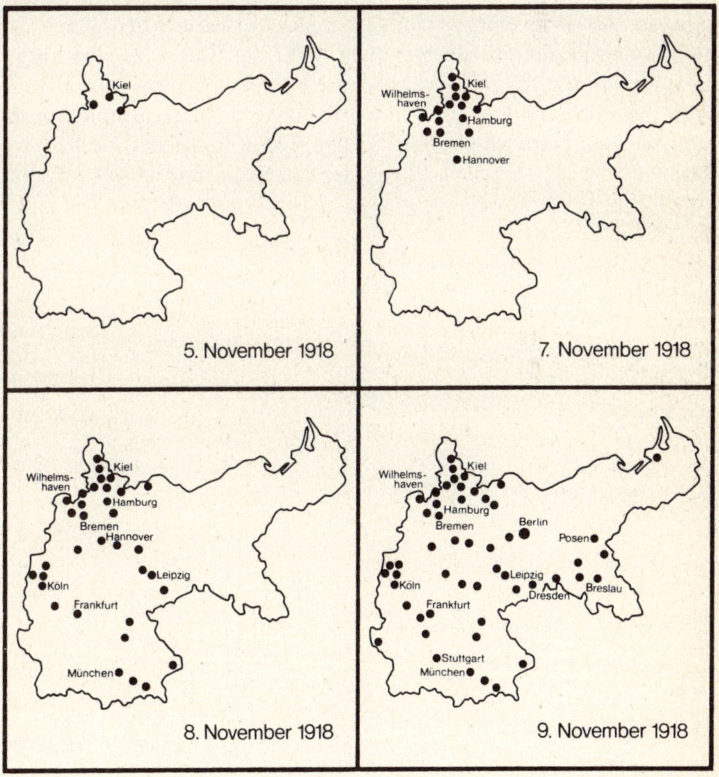

Innerhalb von fünf Tagen breitet sich die Revolution über ganz Deutschland aus.

fluchtartigen Abreise war nichts und niemand mehr imstande, sie zu retten. Sie hatte nicht abgedankt, sie hatte sich ausgelöscht.

Für die fernere Zukunft war das Wegschleichen des Kaisers und der lautlose Einsturz der deutschen Monarchie, den es bedeutete, ein ungeheures Ereignis. Es nahm den deutschen Oberklassen ihre Tradition und ihren Halt; es gab ihrer kommenden Gegenrevolution den desperaten und nihilistischen Zug, den sie als monarchistische Restaurationsbewegung schwerlich gehabt hätte; es hinterließ das Vakuum, das dann schließlich Hitler füllte. Aber für das unmittelbare Drama des 9. und 10. November war das, was der Kaiser tat oder unterließ, jetzt bereits gänzlich unerheblich geworden. Ob er abdankte oder nicht, ob er in Spa blieb oder nach Holland ging, das konnte seit dem Morgen des 9. November, seit die Arbeiterschaft von Berlin sich in Bewegung gesetzt hatte und die Truppen zur SPD abgeschwenkt waren, die Ereignisse dort nicht mehr beeinflussen. Der Verteidiger der alten Ordnung war seit diesem Morgen nicht mehr der Kaiser, es war Ebert. Und Ebert hatte am Nachmittag dieses 9. November, anders als noch Prinz Max am Vormittag, keine Zeit mehr, sich um den Kaiser zu kümmern; er hatte ganz andere Sorgen. Denn an diesem Nachmittag drohte die Revolution auch Ebert über den Kopf zu wachsen.

6
Die Stunde Eberts

Friedrich Ebert, der Mann, der am 9. November 1918 für Deutschland der Mann des Schicksals wurde, war keine imponierende Erscheinung. Er war ein kleiner Dicker, kurzbeinig und kurzhalsig, mit einem birnenförmigen Kopf auf einem birnenförmigen Körper. Er war auch kein mitreißender Redner. Er sprach mit kehliger Stimme, und er las seine Reden ab. Er war kein Intellektueller und ebensowenig ein Proletarier. Sein Vater war Schneidermeister gewesen (wie der Vater Walter Ulbrichts), und er selbst hatte Sattler gelernt; seine heimliche Liebe waren von klein auf Pferde gewesen, und später, als Reichspräsident, pflegte er morgens im Tiergarten regelmäßig spazierenzureiten.

Ebert war der Typ des deutschen Handwerksmeisters: gediegen, gewissenhaft, von beschränktem Horizont, aber in seiner Beschränkung eben ein Meister; bescheiden-würdig im Umgang mit vornehmer Kundschaft, wortkarg und herrisch in seiner Werkstatt. Die SPD-Funktionäre zitterten ein bißchen vor ihm, so wie Gesellen und Lehrlinge vor einem strengen Meister zittern. Er war nicht besonders beliebt in der Partei, aber er genoß gewaltigen Respekt. In den großen Debatten, die die Vorkriegspartei erschütterten – über Revolution oder Reform, Massenaktion oder Parlamentarismus –, hatte er kaum eine Rolle gespielt; aber was er sofort getan hatte, als er in den Parteivorstand gewählt wurde, war, für Telefone und Schreibmaschinen in den Parteibüros zu sorgen und eine ordentliche Registratur einzuführen. Unter Ebert herrschte Ordnung. Bei Kriegsausbruch war er der Mann gewesen, den man erst einmal mit der Parteikasse nach Zürich geschickt hatte – für alle Fälle. Er war der Mann, auf den Verlaß war; der Mann, der immer wußte, was er wollte.

Was wollte er? Ganz gewiß keine Revolution. Die haßte er ja «wie die Sünde». Wenn es irgend etwas gab, das er noch mehr haßte, dann war es Disziplinlosigkeit in seiner Partei. «Zum Zusammenbruch der Partei muß es führen», hatte er 1916 erklärt, «wenn Disziplin und Vertrauen vernichtet und alle Grundlagen der Organisation zermürbt werden. Hier liegt die große Gefahr für die Partei! Diesem Treiben muß Einhalt geboten werden.» Gerade damit hatte er dann allerdings die Partei gespalten. 1917 hatten sich alle die kritischen Geister, die Eberts Fuchtel nicht mehr ertrugen, endgültig abgespalten und die Unabhängige Sozialdemokratische Partei (USPD) gegründet. Ebert blickte auf diese neue Linkspartei mit Unwillen, aber auch mit Verachtung: ein Sauhaufen, in dem es weder Disziplin noch Organisation gab.

Er wollte das Beste für seine Partei, und er hatte nicht den leisesten Zweifel, was dieses Beste war: Mehr Macht für den Reichstag, das Reichstagswahlrecht auch für Preußen; dann würde die SPD ganz von selbst eines Tages zur Regierungspartei, vielleicht sogar zur stärksten Regierungspartei werden, und dann konnte sie soziale Reformen durchführen und das Los der Arbeiter verbessern. Mehr wollte Friedrich Ebert nicht, denn weiter reichte sein Horizont nicht.

Am Deutschen Reich, wie es war, hatte Ebert im großen und ganzen nichts auszusetzen. Im Kriege war er selbstverständlich Patriot, aber auch die Niederlage nahm er nicht allzu schwer: «Mit Ruhe und Festigkeit», hatte er im Reichstag am 22. Oktober erklärt, «sehen wir dem entgegen, was unser Friedensschritt bringt. Hab und Gut können wir verlieren – die Kraft, die Neues schafft, kann uns aber keiner nehmen. Was auch kommen mag: Wir bleiben stehen in der Mitte Europas als ein zahlreiches, tüchtiges, ehrliebendes Volk.»

Im Grunde war für Ebert im Oktober 1918 alles erreicht, was er je erstrebt hatte, und seine Partei stand jetzt genau da, wo er sie hatte haben wollen. Daß sie nicht gleich allein regierte, sondern zusammen mit achtbaren bürgerlichen Partnern, war ihm nur lieb; ebenso, daß über dem Ganzen immer noch ehrfurchtgebietend ein Kaiser schwebte. Und gerade jetzt mußte die Revolution ausbrechen! Und ausgerechnet seine eigenen Anhänger mußten sie machen! Für Ebert war das ein furchtbares Unglück, ein furchtbares Mißverständnis. Aber er traute sich zu, damit fertig zu werden.

Er war jetzt Reichskanzler, und hinter ihm stand der Staat, die Behördenorganisation, die Beamtenschaft, auch die bewaffnete Macht, oder was noch von ihr übrig war. Er verkörperte die Ordnung. Und war das etwa nichts? Brauchte man keine ordentliche Regierung, um zu einem Waffenstillstand und Frieden zu kommen, den doch alle wollten? Brauchte man keine Ordnung, um eine Hungerkatastrophe abzuwenden? Ebert *wollte* Ordnung. Ebert *war* die Ordnung, und es wäre gelacht, wenn die Deutschen nicht sehr schnell für die Ordnung zurückzugewinnen wären.

Aber Ebert hielt noch eine zweite Trumpfkarte in der Hand: Er war nicht nur Reichskanzler, er war auch der Vorsitzende der SPD. Er verkörperte nicht nur die Ordnung schlechthin, er verkörperte die *neue* Ordnung. Wen konnten denn die Revolutionäre, die größtenteils selber Sozialdemokraten waren, an die Spitze des Reichs stellen wollen, wenn nicht ihren eigenen Parteivorsitzenden? Gut, da gab es noch die unruhigen Geister von der USPD, da gab es noch diesen unangenehmen Karl Liebknecht, der jetzt als Märtyrer des Protests gegen den Krieg so populär geworden war. Also würde man in Gottes Namen auch noch ein paar USPD-Leute in die Regierung hineinnehmen, um der Revolution das Maul zu stopfen. Allzuviel Schaden würden sie wohl nicht anrichten können. Noch an diesem 9. November in der Reichskanzlei, ehe er zum Mittagessen ging, empfing Ebert eine Abordnung der USPD und forderte sie auf, drei Ministerkandidaten zu benennen. Einer fragte, ob sie benennen könnten, wen sie wollten. «Jawohl», antwortete Ebert. «An Personalfragen soll nichts scheitern.» – «Auch Liebknecht?» fragte der USPD-Mann zurück. – «Wenn Sie wollen, bringen Sie uns auch Karl Liebknecht», war Eberts Antwort. «Er soll uns angenehm sein.»

Dann begaben sich alle zum Reichstag, Ebert, um schweigsam und allein seine Kartoffelsuppe zu essen, die USPD-Abgesandten, um sich mit ihrer Fraktion über die Regierungsbeteiligung schlüssig zu werden, was ihnen den ganzen Nachmittag nicht gelang. Sie waren eben ein undisziplinierter Haufen, bei dem jeder seine eigene Meinung hatte. Der Reichstag begann an diesem Nachmittag einem Heerlager zu gleichen; die Fraktionen der SPD und der USPD tagten ununterbrochen, und immer wieder einmal steckte jemand von der SPD bei der USPD seinen Kopf hinein, um zu fragen, ob man nun endlich zu einer Entscheidung gekommen sei. Auch andere Leute stießen zur USPD-Sitzung: einmal auch Karl Liebknecht, der sich erkundigte, worum es gehe, und dann dem Protokollführer «in einem triumphierenden, beinah befehlenden Ton» die Worte diktierte: «Alle exekutive, alle legislative, alle richterliche Gewalt bei den Arbeiter- und Soldatenräten» – worüber sofort eine wilde Diskussion entbrannte. Aber auch andere Gäste stürmten in den Reichstag – unbekannte, ungebetene, manchmal ganze Züge mit roten Fahnen. Es war ein ewiges Kommen und Gehen. Die Straßen der Berliner Innenstadt glichen an diesem Nachmittag des 9. November einem wogenden Ozean von Menschen, und immer wieder einmal schlug aus diesem Ozean eine überbrandende Welle in den Reichstag hinein.

Niemand hat die Massen, die am 9. November stadteinwärts geströmt waren, gezählt. Aber alle Augenzeugen sprechen von Hunderttausenden. Sie alle hatten einen ungeheuren Stimmungsumschlag erlebt: Am Vormittag waren sie, jeder einzelne von ihnen, darauf gefaßt gewesen, in den Tod zu marschieren. Sie wußten nichts davon, daß die Truppe «nicht mehr hielt», sie erwarteten Maschinengewehrsalven, wenn sie vor den Kasernen und Regierungsgebäuden ankamen. In den vorderen Reihen der endlosen, dumpf und langsam aus allen Himmelsrichtungen heranmarschierenden Kolonnen trug man Plakate: «Brüder, nicht schießen!» In den hinteren Reihen trug man vielfach Waffen. Man erwartete, tragisch entschlossen, einen Todeskampf um die Kasernen. Der Tag war verhangen und mild für die Jahreszeit, die Luft wattig, fast schwül; ein rechter Schicksals- und Unheilstag, ein rechter Tag zum Sterben.

Und dann geschah nichts! Die «Brüder» schossen wirklich nicht, sie öffneten selbst die Kasernen, sie halfen selbst die roten Fahnen hissen, sie schlossen sich den Massen an, oder – wie die Schutzmannschaften im Polizeipräsidium am Alexanderplatz – sie schnallten ihre Waffen ab und verdrückten sich, so schnell sie konnten! Man war so verblüfft, daß man Gassen bildete, um die Polizisten unbehelligt nach Hause gehen zu lassen; nicht einmal Schmährufe wurden laut. Die Revolution in Berlin war so gutmütig, wie sie überall gewesen war. Wenn Blut vergossen wurde, dann von der anderen Seite: In der Maikäferkaserne schossen ein paar Offiziere plötzlich durch die aufgerissene Tür einer Stube, in der sie sich verbarrikadiert hatten. Es gab drei Tote, später noch weitere bei ähnlichen Zwischenfällen im Marstall und in der Universität, fünfzehn im ganzen. Aber in den Riesenmassen ging das unter; die meisten erfuhren gar nichts davon. Überall herrschte seit der Mittagsstunde, seit die Angst und Spannung vor dem erwarteten Massaker sich als unbegründet herausgestellt hatte, ungeheure Erleichterung, ja Erlösung, Bereitschaft zum Jubel – und zugleich etwas wie Enttäuschung, etwas wie Ratlosigkeit. Was war nun noch zu tun? Was jetzt die Straßen füllte und überfüllte, war eigentlich nur noch zielloses Gedränge, Verbrüderung, gedämpfte Volksfeststimmung – gedämpft, denn zu feiern gab es nichts, und die genarrte Todesbereitschaft schwang noch merkwürdig entleert nach.

Immerhin, hier und da ergriffen beherzte Männer mit Organisations- und Improvisationstalent die Initiative, stellten bewaffnete Züge oder Lastwagenkolonnen zusammen und unternahmen etwas: Zuerst, wie überall, die Besetzung der Gefängnisse und die Befreiung der politischen Gefangenen – nur der politischen, ordentlich nach den Akten! –, dann die Besetzung der Bahnhöfe, der Hauptpostämter, auch mehrerer Zeitungsredaktionen (beim *Vorwärts* scheiterte das an den

Naumburger Jägern, die dort seit dem Morgen Wache standen). Die unbewachten Regierungsgebäude ließ man in Frieden; dort saß ja jetzt schon, wie sich herumgesprochen hatte, eine Volksregierung. Aber nachmittags um vier gab jemand die Parole aus: «Zum Schloß!» Eine halbe Stunde später war das Königliche Schloß besetzt, und Karl Liebknecht erschien auf einem Balkon, von dem man eine rote Decke heruntergehängt hatte, und rief zum zweitenmal an diesem Tage die Republik aus – aber nun die sozialistische. Seine feierliche, pastörlich-singende Stimme hallte über den Platz, wo sich die Menge Kopf an Kopf drängte, und er endete: «Wer von euch die freie sozialistische Republik Deutschland und die Weltrevolution erfüllt sehen will, erhebe seine Hand zum Schwur!» Alle schworen. Wie viele den Schwur gehalten haben – wer weiß es?

Karl Liebknecht war in diesen Tagen ein großer Name – vielleicht der größte Name in Deutschland. Jeder wußte von ihm, und keinem war er gleichgültig: Er erregte heißeste Liebe und glühendsten Haß. Aber er war eine Symbolfigur, keine Macht. Er war erst seit vierzehn Tagen aus dem Zuchthaus entlassen, in das er sich durch seinen einsamen, öffentlichen Protest gegen den Krieg zweieinhalb Jahre zuvor gebracht hatte. Er gehörte zu keiner Partei – die USPD hatte sich erst gebildet, als er schon im Zuchthaus saß –, er hatte keine Organisation hinter sich und besaß übrigens auch kein Organisationstalent, wie sich in den nächsten Wochen zeigen sollte. In den revolutionären Ereignissen der letzten Woche hatte er überhaupt keine Rolle gespielt, und auch an diesem 9. November in Berlin spielte er nur eine sozusagen dekorative Nebenrolle. Der Führer der Revolution war er nicht, und auch sein Auftritt auf dem Schloßbalkon war nur ein sensationelles Zwischenspiel, eine Episode, die den Lauf der Dinge nicht veränderte.

Aber es gab eine andere Gruppe von Männern, die es sich durchaus zutrauten, die Führung der Revolution zu übernehmen und deren Eingreifen noch an diesem ereignisreichen Tage den Lauf der Dinge aufs dramatischste verändern sollte: Das waren die Revolutionären Obleute der Berliner Großbetriebe, eine Gruppe von ungefähr hundert Männern, mit einem Kern von etwa einem Dutzend; wirkliche, gelernte Arbeiter und gestandene Arbeiterführer, deren Namen (anders als Liebknechts) außerhalb ihrer Fabriken kein Mensch in Deutschland kannte, die aber (ebenfalls anders als Liebknecht) eine Organisation hinter sich hatten, nämlich die Belegschaften ihrer Betriebe, die sich daran gewöhnt hatten, auf ihr Wort zu hören.

Die Gruppe der Revolutionären Obleute hatte sich in den großen Streiks des vergangenen Winters gebildet. Sie waren die wirklichen

Streikführer gewesen. Seitdem hielten sie konspirativ zusammen, seit einigen Wochen planten sie die Revolution, und am 4. November hatten sie – ohne von der Lawine etwas zu ahnen, die an diesem Tage in Kiel ins Rollen kam – einen Putsch in Berlin für den 11. November beschlossen, Waffen besorgt und verteilt und Pläne zu einem Handstreich auf die Regierungszentren entworfen. Die Entwicklung war den Revolutionären Obleuten dann davongelaufen, aber sie waren nicht gesonnen, sie über sich hinweggehen zu lassen. Am Nachmittag dieses 9. November, während die Massen begeistert, ziellos und schon etwas ermüdet durch die Straßen von Berlin wogten, während Ebert in der Reichskanzlei zu regieren versuchte, und während in den Fraktionssälen des Reichstags die Fraktionen der SPD und USPD endlos tagten und sich nicht darüber einig werden konnten, unter welchen Bedingungen die USPD in Eberts Regierung eintreten könnte, hielten die Revolutionären Obleute eine eilige Beratung ab und schritten zur Tat.

Sie waren keine großen Theoretiker und Programmatiker, aber praktisch denkende Männer. Sie sahen klar, worauf es jetzt ankam: den Massen eine handlungsfähige Spitze zu geben, ein Organ, das Politik machen konnte, eine Revolutionsregierung, die Ebert und die Parteien beiseite drängte. Sie trommelten ein paar hundert ihrer Gefolgsleute zusammen. Am Abend, während die Dunkelheit hereinbrach und die Massen in den Straßen sich langsam aufzulösen begannen, besetzten sie den Reichstag.

Im Reichstag war den ganzen Tag ein wildes, unkontrolliertes Kommen und Gehen gewesen, und die Gruppe, die abends zwischen acht und neun Uhr plötzlich hineindrängte, fiel zunächst gar nicht weiter auf, zumal sie so bunt zusammengewürfelt war wie alle die sonderbaren Besuchergruppen, die der Reichstag an diesem Tage schon gesehen hatte. Eintrittskarten wurden ja nicht ausgegeben, und allerlei Neugierige oder Unternehmungslustige, in Uniform oder Zivil, hatten sich dem Zug der Revolutionären Obleute angeschlossen. Plötzlich aber zeigte sich in diesem Zug so etwas wie Ordnung, Plan, Regie. Die Gruppe, einige hundert Mann stark, besetzte erst das Zimmer 17, dann den Plenarsaal. Er wurde mit mitgebrachten roten Tüchern ausgeschlagen, jemand hatte den Vorsitz übernommen, man hörte die Glokke des Präsidenten, die Sitze der Abgeordneten wurden eingenommen, in der turbulenten Versammlung kehrte Disziplin ein, ein Vorstand wurde vorgeschlagen und bestätigt. Von draußen hörte man Reden und Beifallklatschen aus dem Plenarsaal, das ganze Ritual einer

Oben: Die Revolution in Berlin geht trotz Ausrufen der Republik weiter. Hier Spartakisten beim Gewehrappell.
Unten: Karl Liebknecht bei einer Kundgebung. Am 9. November rief er als zweiter die Republik aus, allerdings die sozialistische.

normalen Reichstagssitzung. Die Abgeordneten, die, in ihren Fraktionszimmern aufgestört, herbeieilten, um sich anzusehen, was da vor sich ging, sahen mit Bestürzung plötzlich vor sich ein Revolutionsparlament in voller Aktion.

Es war ein turbulentes, ungewähltes, ungesiebtes Parlament, aber offensichtlich ein ganz funktionsfähiges. Eine Gruppe von Männern, die die Regierungsbänke einnahmen, hatte die Versammlung ziemlich fest in der Hand. Es waren die Führer der Revolutionären Obleute, und einige Gesichter erkannte man: Richard Müller, Emil Barth. Sie schnitten wilde Reden kurz ab, spielten einander das Wort zu, redeten knapp und wirksam zur Sache und wußten offenbar genau, was sie wollten. Jetzt wurden sogar Anträge gestellt, jetzt wurde sogar abgestimmt. Kurz nach zehn Uhr eilten einige SPD-Leute, die zugehört hatten, aus dem Sitzungssaal, legten im Geschwindschritt den kurzen Fußweg vom Reichstag zur Reichskanzlei zurück und meldeten Ebert bestürzt, was geschehen war: Soeben hatte eine Versammlung im Reichstag beschlossen, daß am nächsten Morgen in allen Fabriken und Kasernen Arbeiter- und Soldatenräte gewählt werden sollten – je ein Vertreter für ein Bataillon und für tausend Arbeiter – und daß diese gewählten Räte sich nachmittags um fünf Uhr im Zirkus Busch versammeln sollten, um eine provisorische Regierung, einen «Rat der Volksbeauftragten», zu ernennen. Von Eberts Regierung war dabei keine Rede gewesen, man hatte getan, als gäbe es gar keine Regierung mehr; man wollte sie offenbar einfach beiseite schieben. Jetzt waren wahrscheinlich schon überall Abgesandte aus dem Reichstag unterwegs, um die Arbeiter und Soldaten für die Wahlen am nächsten Morgen zusammenzutrommeln. Anscheinend handelte es sich um einen Staatsstreich der Revolutionären Obleute. Über die Existenz der Revolutionären Obleute und ihre Macht in den Betrieben wußte man ungefähr Bescheid.

Ebert hörte sich die Hiobsbotschaft grimmig schweigend an, ohne auffällige Erregung, aber ziemlich weiß im Gesicht und mit zusammengepreßten Lippen. «Es ist gut», sagte er. «Wartet hier im Vorzimmer.»

Was Ebert an diesem Tag gewollt hatte, geht aus allem, was er sagte und tat, vollkommen klar hervor: Er wollte die Revolution in letzter Minute verhindern, den großen Marsch der Arbeiter als bloße Demonstration ablaufen lassen und unter neuer Firma das Wesentliche der alten Ordnung retten und weiterführen. Das Programm des Prinzen Max: Abdankung des Kaisers – Regentschaft – Waffenstillstand – Nationalversammlung war auch Eberts Programm. Er fühlte sich nur persönlich besser geeignet und politisch besser placiert als der Prinz, um es durchzuführen. Bei seinem Abschiedsbesuch am Nachmittag fand Prinz Max ihn «immer noch bemüht, den organischen Zusammenhang mit der Vergangenheit nicht zu lösen».

Mittags, als er den Posten des Reichskanzlers übernommen hatte, war Ebert noch ziemlich sicher gewesen, daß ihm das gelingen würde. Eine eingespielte Regierung fand er fertig vor und übernahm sie – fürs erste ohne irgendeinen Personalwechsel. An die Beamtenschaft hatte er sich, in einem der Aufrufe, die er nachmittags hinausgehen ließ, fast bittend, fast entschuldigend gewandt: »Ich weiß, daß es vielen schwer werden wird, mit den neuen Männern zu arbeiten, aber ich appelliere an Ihre Liebe zu unserem Volke.» Im übrigen – Beamte streiken nicht so leicht. Die SPD-Führung hatte er fest in der Hand, die Berliner Truppen wußte er seit dem Morgen ebenfalls hinter sich. Zur Beruhigung der Arbeitermassen war er bereit, einige Unabhängige mit in die Regierung zu nehmen. Er kannte die Unabhängigen, und er fürchtete sie nicht. Bis tief in den Krieg hinein waren sie ja unter seinem Vorsitz treue SPD-Genossen gewesen, und wenn sie sich dann auch nach und nach abgespalten hatten – Revoluzzer und Radikale waren die wenigsten von ihnen. Er würde sie im Kabinett unter Kontrolle haben, und ihre Mitregierung würde ein nützliches Alibi sein. Als er ihnen mittags in der Reichskanzlei, auf dem Wege zum Reichstag und zu seiner Kartoffelsuppe, zwischen Tür und Angel sein Koalitionsangebot machte, tat er es, nach der Bekundung von Ohrenzeugen, «ziemlich schroff» und «von oben herab». Er glaubte mittags noch, alle Trümpfe in der Hand zu haben.

Nachmittags aber war dann alles ziemlich schiefgelaufen. Scheidemanns Proklamation der Republik war die erste Panne gewesen; die zweite und schlimmere die Weigerung des Prinzen Max, Reichsverweser zu werden, und seine überstürzte Abreise. Mit dem Gedanken einer Republik hatte sich Ebert danach wohl oder übel abfinden müssen – einfach weil niemand mehr da war, der die Monarchie verkörpern wollte. Das war allenfalls hinzunehmen. Dann aber hatten die Unabhängigen unerwartete Schwierigkeiten gemacht; erst hatten sie zu keinem Entschluß über sein Koalitionsangebot kommen können, schließlich unannehmbar radikale Bedingungen gestellt. Abends war noch immer keine Koalition zustande gekommen, und Ebert hatte sich mit der Ernennung einiger zusätzlicher SPD-Staatssekretäre begnügen müssen. Sein Aufruf, die Straße zu verlassen, war verpufft. Wenigstens waren die Massendemonstrationen auf den Straßen einigermaßen unblutig verlaufen, und morgen, am Sonntag, so hoffte Ebert, würden die Massen müde sein, ihren Revolutionsrausch ausschlafen wollen und zu Hause bleiben.

Nun aber war es auch damit nichts. Nun war klar, daß es morgen weitergehen würde, und zwar viel gefährlicher, viel organisierter und zielstrebiger als heute. Eine Gegenkraft hatte sich enthüllt, die ihm die Führung streitig machte und die, im stärksten Gegensatz zu ihm, die Revolution nicht abblasen, sondern weitertreiben wollte. Wie konnte er mit ihr fertig werden?

Eine Rückzugsstellung, auf die sich ausweichen ließ, hatte er nicht. Ebert war die äußerste Linke des «Establishments», die letzte Reserve der alten Ordnung – die für ihn die Ordnung schlechthin bedeutete. Hinter Ebert stand nur noch – Ebert. Wenn er ausfiel, kam nichts mehr.

Also offener Kampf? Die Rätewahlen und die Zirkus-Busch-Versammlung verbieten und notfalls zusammenschießen lassen? Davor scheute Ebert zurück. Gewiß, seit heute morgen hatte er die Berliner Truppen hinter sich. Aber konnte er ihnen *alles* zumuten? Waren sie überhaupt noch eine richtige, blind gehorchende militärische Truppe? Erst vor wenigen Stunden hatte Wels sie überredet, *nicht* zu schießen. Konnte man sie jetzt plötzlich wieder überreden zu schießen? Und selbst wenn man es könnte – durfte man es? Ein Blutbad unter sozialdemokratischen Arbeitern, angerichtet vom ersten sozialdemokratischen Reichskanzler am ersten Tage seiner Regierung? Nein, unmöglich!

Aber dann blieb nur eins: Dann mußte Ebert darauf verzichten, den «organischen Zusammenhang mit der Vergangenheit» in seiner Person zu bewahren. Dann mußte er aufhören, der letzte Reichskanzler zu sein, und mußte statt dessen selber der erste Vorsitzende dieses – wie hieß das Ding noch? – dieses «Rats der Volksbeauftragten» werden. Er mußte sich eine zweite Legitimation holen: nach der durch den Prinzen Max, die ja auch schon unkorrekt genug gewesen war, nun auch noch die durch die Versammlung im Zirkus Busch. Unmöglich? Nein. Schließlich gab es noch genug treue Sozialdemokraten unter den Berliner Arbeitern; man mußte sie nur rechtzeitig mobilisieren. Vor allem mußte man das Bündnis mit den Unabhängigen unter Dach und Fach bringen, auch wenn es Konzessionen kostete; man mußte den Arbeitern und Soldaten im Zirkus mit der vollendeten Tatsache einer allsozialistischen Regierung entgegentreten können. Versöhnung, Einigkeit, «kein Bruderkampf» – das mußte jetzt die Parole sein. Ebert kannte seine Arbeiter gut genug, um zu wissen, daß diese Parole zünden würde, ja daß sie unwiderstehlich war.

Und dann die Soldaten! Sie sollten ja *auch* wählen, und sie waren ja alles andere als revolutionär; heute früh hatte man noch nicht einmal wissen können, ob sie die Revolution nicht niederschießen würden. Das hatten sie schließlich nicht getan, und das war ihnen wohl auch nicht mehr zuzumuten; aber die Revolution nieder*stimmen* – das konnten sie immer noch. Otto Wels mußte wieder heran; er hatte es an diesem Morgen so gut gemacht, er hatte den richtigen Ton mit den Soldaten gefunden, er mußte wieder in die Kasernen und die Soldaten bearbeiten, daß sie anderntags richtig wählten.

Und schließlich, wenn das alles durchgeführt war, mußte Ebert mit der fertigen Koalition der beiden sozialistischen Parteien selber im Zirkus Busch auftreten und sich selber wählen lassen – zum Revolutionsführer. Er mußte in Gottes Namen eine Stunde lang oder zwei mit den Wölfen heulen. Es war der einzige Weg. Was für den Reichskanzler Prinz Max der Reichskanzler Ebert gewesen war, das war für den Reichskanzler Ebert – der Volksbeauftragte Ebert. Wenn er die Revolution jetzt noch verhindern wollte, mußte er zunächst einmal selbst zum Schein an ihre Spitze treten. Anders ging es nicht mehr; aber so ging es vielleicht noch.

Ebert rief seine Parteigenossen aus den Vorzimmern zurück. Er hatte seinen Entschluß gefaßt und gab seine Instruktionen. Noch in der Nacht ging seine Mannschaft an die Arbeit, voran der erfolgsgeschwellte, unermüdliche Otto Wels. Auch die Mannschaft der Revolutionären Obleute arbeitete diese ganze Nacht hindurch. In dieser Nacht ging es zu wie bei den Stäben zweier aufmarschierter Armeen vor einer Entscheidungsschlacht.

Der 9. November 1918 ging zu Ende. Er hatte den Sturz der Monarchie gebracht, aber noch nicht den Sieg der Revolution. Ihr Schicksal hing in der Nacht vom 9. zum 10. November noch in der Schwebe. Erst der nächste Tag konnte es entscheiden.

7
Der 10. November: Die Marneschlacht der Revolution

Professor Ernst Troeltsch – Theologe und Geschichtsphilosoph, seit 1914 eine der Zierden der Berliner Universität – hat noch im selben Monat beschrieben, wie das Berliner Bürgertum den 10. November 1918 erlebte.

«Am Sonntagmorgen nach banger Nacht ward das Bild aus den Morgenzeitungen klar: der Kaiser in Holland, die Revolution in den meisten Zentren siegreich, die Bundesfürsten im Abdanken begriffen. Kein Mann tot für Kaiser und Reich! Die Beamtenschaft in den Dienst der neuen Regierung getreten! Die Fortdauer aller Verpflichtungen gesichert, und kein Sturm auf die Banken!

Sonntag, der 10. November, war ein wundervoller Herbsttag. Die Bürger gingen in Massen wie gewöhnlich im Grunewald spazieren. Keine eleganten Toiletten, lauter Bürger, manche wohl absichtlich einfach angezogen. Alles etwas gedämpft wie Leute, deren Schicksal irgendwo weit in der Ferne entschieden wird, aber doch beruhigt und behaglich, daß es so gut abgegangen war. Trambahnen und Untergrundbahnen gingen wie sonst, das Unterpfand dafür, daß für den unmittelbaren Lebensbedarf alles in Ordnung war. Auf allen Gesichtern stand geschrieben: Die Gehälter werden weiterbezahlt.»

Die bürgerlichen Sonntagnachmittagsspaziergänger im Grunewald, die sich bereits beruhigt fühlten, «daß alles so gut abgegangen war», ahnten nicht, daß tatsächlich erst an diesem Sonntagnachmittag ihr Schicksal entschieden wurde – aber nicht «irgendwo weit in der Ferne», sondern im Osten ihrer eigenen Stadt, in einer turbulenten Massenversammlung im Zirkus Busch, wo am Nachmittag dieses 10. November die erste große Schlacht der Revolution geschlagen und verloren wurde – die erste und zugleich schon die entscheidende: die Marneschlacht der deutschen Revolution.

Sonnabend, der 9. November, war der Höhepunkt der improvisierten, führerlosen Revolution gewesen, die am Montag zuvor in Kiel ausgebrochen war. Sonntag, der 10. November, leitete bereits ihr Scheitern ein. Paradoxerweise aber sah das, was ihre Niederlage besiegeln sollte, von außen wie ihr größter und endgültiger Triumph aus.

Am Morgen dieses Sonntags war noch alles unentschieden. Die Straßen der Innenstadt, die gestern ein wogendes Menschenmeer gewesen waren, lagen verlassen in sonntäglicher Stille. Unter den Linden noch überall rote Fahnen an den Flaggenmasten – doch kaum ein paar einzelne Spaziergänger, um sich an ihnen zu freuen oder zu ärgern. Die Arbeiter, die gestern um diese Zeit ihren großen Revolutionsmarsch angetreten hatten, waren heute, am Sonntag (!), fast alle wieder in ihren Fabriken, um die Arbeiterräte zu wählen, die am Nachmittag im Zirkus Busch die neue Regierung, die Regierung der siegreichen Revolution, einsetzen sollten. Es war ein glänzender Organisationserfolg der Revolutionären Obleute, die das am Sonnabend spätabends beschlossen hatten. Von Mund zu Mund war die Losung weitergeflogen, fast vollzählig waren die Belegschaften versammelt, um ihren Wahlakt zu vollziehen.

Aber sie wählten nicht so, wie die Obleute gewollt hatten. Die SPD war in der Nacht ebenfalls nicht müßig gewesen. Tausende von Flugblättern waren in aller Hast entworfen, gedruckt und verteilt worden. Das Parteiblatt *Vorwärts* ging an diesem Morgen in allen Fabriken von Hand zu Hand, oder man las es gruppenweise und gleichzeitig, im Stehen, mit ernstem Kopfnicken. Sein Leitartikel trug die Überschrift: «Kein Bruderkampf!» Die Losung traf mit fast genialem Instinkt die allgemeine Stimmung.

Diese Stimmung war nicht mehr dieselbe wie am Morgen zuvor – das hatten die Revolutionären Obleute nicht bedacht. Gestern war sie bitter, ungeduldig, aufrührerisch, dumpf entschlossen gewesen, voll von lang aufgestautem, explosionsbereitem Groll; eben eine Revolutionsstimmung. Heute war sie gelöst, großmütig, versöhnlich – Siegesstimmung, und zwar nicht berauschte Siegesstimmung, sondern dankbare: Jeder empfand eine vage Dankbarkeit dafür, daß der Sieg so leicht gewesen war, daß es keinen Kampf gegeben hatte, keine Opfer, kein Blutvergießen. Alle, die am Tag zuvor todesbereit in die Stadt marschiert waren, hatten das Gefühl, daß ihnen das Leben wiedergeschenkt sei. Richard Müller, einer der Führer der Revolutionären Obleute, berichtet, daß in einigen Betrieben SPD-Funktionäre, die gestern noch aus dem Betrieb geprügelt worden waren, weil sie sich dem großen Marsch nicht hatten anschließen wollen, heute zu Arbeiterräten gewählt wurden.

Gegen diese Verbrüderungswelle war nicht anzukommen. Gewiß,

die Kandidaten der Revolutionären Obleute kamen meist ebenfalls durch, aber ein großer Teil der neugewählten Arbeiterräte, darüber wurden sich die Obleute mittags zähneknirschend klar, waren Ebert-Anhänger.

Die Wahlen in den Fabriken waren eine halbe Niederlage, die in den Kasernen eine ganze. Hier hatten die Revolutionären Obleute überhaupt nichts zu bestellen, hier kannte sie kein Mensch, hier führte Otto Wels das Wort, und er redete Fraktur. Nichts von Versöhnung hier, nichts von Verbrüderung – es ging darum, ein finsteres Komplott zu vereiteln, durch das die SPD überrumpelt und von der Regierung ferngehalten werden sollte. Hatten sich die Soldaten nicht gestern ohne Unterschied der Partei auf die Seite des Volkes gestellt? Gut, dann hatten sie jetzt auch die Pflicht, die Rechte des Volkes zu verteidigen. Der Regierung Ebert-Scheidemann müßten sich die Soldaten zur Verfügung stellen, so wie es gestern die Naumburger Jäger wegweisend getan hatten!

Brausender Jubel. Sofort beschloß man, einen Aktionsausschuß der Berliner Truppenteile zu bilden. Im Hof des *Vorwärts*-Gebäudes fand mittags eine Massenversammlung der Soldaten – der gewählten und der nichtgewählten – statt, Führer und Sprecher wurden festgesetzt, Verpflegung gefaßt, und nachmittags, lange vor Beginn der Versammlung, marschierten die Soldaten, mit Wels an der Spitze, in geschlossenem Zuge zum Zirkus Busch, wo sie die unteren Reihen, nahe der Manege, besetzten. Auf die Stimmung, die in diesem Zuge herrschte, wirft Hermann Müller, der spätere SPD-Kanzler, ein Streiflicht: «Ein Spartakist, der sich auf dem Wege zur Lindenstraße dem Zuge der Soldatenräte aus Neugier angeschlossen hatte, merkte, was vorging, und schrie, indem er Wels mit einem Revolver bedrohte, wie ein Wüterich: ‹Du Hund wirst uns noch alles verderben!› Geschossen hat er nicht. Deshalb wurde er auch nicht gelyncht.»

So bereitete sich in den Vormittags- und frühen Nachmittagsstunden dieses 10. November in den Fabriken und Kasernen bereits die Niederlage der Revolution und der Sieg Eberts vor. Aber Ebert selber wußte davon noch nichts. Ihm stand die Zirkus-Busch-Versammlung immer noch bevor wie dem Dompteur der erste Besuch im Löwenkäfig, und er fühlte sich ihr nur dann gewachsen, wenn er ihr die Koalition mit den Unabhängigen, die Regierung der sozialistischen Wiedervereinigung präsentieren konnte. Während in den Fabriken und Kasernen agitiert und gewählt wurde, tagte in der Reichskanzlei, unter Eberts Vorsitz, die Reichsregierung – immer noch die alte halbbürgerliche Reichsregierung des Prinzen Max; und zugleich war im Reichstag wieder die Fraktion der Unabhängigen versammelt. In beiden Sitzungen ging es um die Umbildung der Regierung.

In der Regierungssitzung ging es außerdem noch um die Annahme oder Ablehnung der Waffenstillstandsbedingungen, aber darüber wurde kaum debattiert; die Annahme stand von vornherein fest. Die Bedingungen waren hart; sie machten Deutschland jedes Weiterkämpfen unmöglich. Aber daß Deutschland nicht mehr weiterkämpfen konnte, war seit dem 29. September ohnehin klar. Von der Obersten Heeresleitung lag ein Telegramm vor, daß man versuchen solle, Erleichterungen zu erreichen; gelänge das nicht, sei trotzdem abzuschließen. «Bitte Entschluß Regierung in diesem Sinne schleunigst herbeiführen. von Hindenburg.» Die Regierung beschloß entsprechend. Erzberger, der diesen Tag in Compiègne mit nervösem Warten verbrachte, berichtet, daß ihn spätabends eine offene Depesche erreichte, in der er zur Unterzeichnung ermächtigt wurde, «was mich ungemein peinlich berührte, da das Resultat der zweitägigen Verhandlungen durch die offene Depesche erheblich in Frage gestellt war». (Er setzte trotzdem einige Erleichterungen durch.) «Die Depesche war unterzeichnet: ‹Reichskanzler Schluß›. Der Dolmetscheroffizier fragte, ob ‹Schluß› den Namen des neuen Reichskanzlers bedeute und wer dieser Herr sei: er sei dem französischen Oberkommando und der Regierung in Paris ganz unbekannt. Ich gab die Aufklärung, daß ‹Schluß› Punkt heiße.»

Dies alles aber geschah sozusagen nebenbei; die Annahme der Waffenstillstandsbedingungen war keine ernsthafte Frage mehr. Was Ebert an diesem Vormittag wirklich beschäftigte, das war die Entscheidung der Unabhängigen – und in seiner jetzigen Lage war er bereit, ihre Bedingungen für eine Regierungsbeteiligung fast so vorbehaltlos anzunehmen wie die Waffenstillstandsbedingungen. Er *brauchte* jetzt die Unabhängigen in seiner Regierung, brauchte sie so dringend wie Deutschland das Ende des Krieges; oder wenigstens glaubte er das an diesem Vormittag noch. Mit einer Regierung der sozialistischen Versöhnung fühlte er sich als Herr der Lage; ohne eine solche Regierung wußte er nicht, wie er mit der Revolutionsversammlung am Nachmittag fertig werden sollte.

Um 1.30 Uhr kam die erlösende Botschaft: Die Unabhängigen hatten sich, nach stundenlangem Hin und Her, entschlossen, drei «Volksbeauftragte» für Eberts Kabinett zu nominieren. Ihre Bedingungen waren hart; gestern noch hätte sie Ebert nicht angenommen; heute überflog er sie nur: politische Gewalt in den Händen der Arbeiter- und Soldatenräte; Aufschub der Beschlußfassung über eine Nationalversammlung; alle «Volkskommissare» gleichberechtigt. Nun, das würde sich alles finden. Fürs erste kam es nur darauf an, die Unabhängigen in der Regierung zu haben. Ihre Kandidatenliste war übrigens beruhigend: Haase, ihr Vorsitzender, ein weicher Melancholiker, gewohnt, klagend nachzugeben; Dittmann, eine Null; und der dritte – Emil Barth, einer der Führer der Revolutionären Obleute: vielleicht gar keine üble Idee, den als Geisel in der Regierung zu haben. Ebert akzeptierte sowohl die Bedingungen wie die Ministerkandidaten – ohne Einwände und ohne Debatte. Während er ein rasches Mittagessen einnahm und seine Versammlungsrede niederschrieb, fühlte er sich wieder fest im Sattel.

Aber noch eine dritte Sitzung fand in diesen frühen Nachmittagsstunden, vor der Entscheidungsschlacht im Zirkus Busch, statt: Die Revolutionären Obleute trafen sich zu einer hastigen Beratung, um ihre Taktik im Lichte der neuen Lage festzulegen. Anders als Ebert und Haase kannten sie bereits das Ergebnis der Vormittagswahlen: Sie waren dabeigewesen, und sie wußten, daß die Wahlen für ihre Sache schlecht ausgegangen waren. Jetzt mußten sie sich etwas Neues einfallen lassen; und tatsächlich gelang ihnen das noch einmal.

Richard Müller berichtet:

«Nach dem Ergebnis der Wahlen war man sich klar, daß die Rechtssozialisten mit den rechten Unabhängigen ... die Mehrheit auf ihrer Seite hatten. Eine Regierung ohne die Rechtssozialisten war nicht zu erreichen. Man mußte sie als eine Tatsache hinnehmen. Daß die Rechtssozialisten die Macht der Arbeiter- und Soldatenräte zu brechen versuchen würden, um zur Nationalversammlung und damit zur bürgerlich-demokratischen Republik zu kommen, war auch allen klar. Gelang das, dann war die Revolution verloren.»

Also was tun? Irgend jemand – es ist nirgendwo festzustellen, wer – hatte einen rettenden Einfall. Wenn man schon die Bildung einer Regierung Ebert nicht verhindern konnte, mußte man eben, unter irgendeinem Namen, noch eine zweite Körperschaft wählen, aus der sich eine Art Gegenregierung entwickeln ließ. Schließlich stellten die Revolutionären Obleute als Veranstalter den Vorstand der Versammlung, sie bestimmten die Geschäftsordnung; mit geschickter Regie mußte es möglich sein, außer dem «Rat der Volksbeauftragten» noch einen anderen Rat ins Leben rufen zu lassen, in dem ihre Leute saßen. Richard Müller: «Es wurde beschlossen, der Versammlung die Wahl eines Aktionsausschusses der Arbeiter- und Soldatenräte vorzuschlagen. Dabei sollte nicht über die Aufgaben desselben gesprochen wer-

Oben: Widerwillig ließ Ebert sich im Zirkus Busch die Führung der Revolution antragen. Die Regierung hieß nun Rat der Volksbeauftragten.
Unten: Umzug aktiver Unteroffiziere, die sich für die Regierung erklären. Diese aber fühlte sich durch die Revolution nach wie vor bedroht.

den, ohne jede Debatte, gewissermaßen durch Bluff sollte er zustande kommen.»

So waren die Minen und Gegenminen gelegt, und um fünf Uhr nachmittags, während die frühe Novemberdunkelheit sich über Berlin senkte und die Bürger von ihrem Nachmittagsspaziergang im Grunewald in ihre schwachbeheizten Wohnungen zurückkehrten, traten im Zirkus Busch, vor einem brodelnden Hexenkessel von zwei- bis dreitausend Menschen, die Revolution und die bürgerlich-parlamentarische Republik zum Kampf an. Beide kämpften unter falscher Flagge. Auch Ebert gab sich als Revolutionär. Auch die Revolutionäre gaben sich als Parlamentarier. Über Sieg und Niederlage aber entschied eine Massenversammlung, wie es in Deutschland wohl nie vorher oder nachher eine ähnliche gegeben hat: in den unteren Rängen an die tausend Mann in Feldgrau, ein stramm disziplinierter Block; oben, zur Kuppel hin, tausend oder zweitausend Arbeiter und Arbeiterinnen, eine im Halbdunkel verschwimmende Zille-Welt von heißen, verhärmten Elendsgesichtern. In der Manege, an improvisierten Holztischen, der Vorstand – und die ganze Prominenz der sozialistischen Parteien, von Ebert bis Liebknecht.

Den Vorsitz führte Emil Barth, einer der Führer der Revolutionären Obleute und zugleich nominierter Volksbeauftragter; ein ebenso energischer und tatendurstiger wie eitler Mann, der sich als der Napoleon der Revolution fühlte und sich ein wenig zu gern reden hörte. Das sollte ihm und seiner Sache an diesem Nachmittag zum Verhängnis werden.

Ebert, der als erster sprach, verkündete die Einigung der beiden sozialistischen Parteien und hatte damit sofort die Versammlung gewonnen: Das war es, was sie hören wollte. Auch sonst war seine Rede – hausväterlich, streng und abgewogen im Ton wie immer – gut auf die Stimmung abgestellt. Er sprach viel von Ruhe und Ordnung, aber die Ordnung war nötig «für den vollständigen Sieg der Revolution». Haase, der Führer der Unabhängigen, der ihm folgte, wirkte matt gegen ihn. Er konnte ihn nur bestätigen; und vielleicht merkte man ihm an, daß er im Grunde gegen die Koalition gewesen war. Es war immer wieder Haases Los, an diesem Tag wie einst am 4. August 1914, in der Öffentlichkeit Parteibeschlüsse zu vertreten, die gegen ihn zustande gekommen waren.

Dann sprach Liebknecht, der gegen den Strom zu schwimmen suchte. Er hielt der SPD ihr Sündenregister aus der Kriegszeit vor. Aber das wollte in diesem schönen Augenblick des Sieges und der Versöhnung keiner hören. Es gab viele Zwischenrufe, besonders die Soldaten unten vor der Manege wurden unruhig. Sie riefen im Chor: «Einigkeit, Einigkeit!»

Nun sollten die Abstimmungen folgen, und nun war der Augenblick gekommen, ganz selbstverständlich und ganz nebenbei, ehe irgend jemand richtig merkte, was geschah, den Aktionsausschuß wählen zu lassen, für den der Vorstand der Versammlung – also die Revolutionären Obleute – eine fertige Liste bereithielt. Aber jetzt machte Emil Barth seinen großen Fehler. Statt einfach zur Abstimmung aufzufordern, hielt er, programmwidrig, eine vierte lange Rede – sei es, um Liebknechts Scharte auszuwetzen, sei es ganz einfach, weil er sich gern reden hörte. Sein Freund-Feind Richard Müller, der sich neben ihm auf seinem Sitz wand, ohne sich etwas anmerken lassen zu dürfen, notiert: «Der aufmerksame Zuhörer erkannte zwischen Barths Worten die nicht klar ausgesprochenen Absichten.» Besonders Ebert erkannte sie. Er meldete sich noch einmal zu Wort und erklärte kurz und streng, ein solcher Ausschuß sei «überflüssig», aber wenn er schon gebildet werde, müsse er wie die Regierung paritätisch von beiden Parteien besetzt werden.

Auf der Liste, die er eben gehört habe, vermisse er aber die SPD. Worauf Barth das Spiel endgültig verdarb. In diesem Ausschuß, rief er aufgeregt, dürfe kein Rechtssozialist sitzen! Damit warf er die Lunte ins Pulverfaß.

«Das, was der Erklärung Barths folgte», schreibt Richard Müller, «läßt sich kaum beschreiben. Die Soldaten schrien wild durcheinander: ‹Einigkeit! Parität! Parität!› Der Hauptmann von Beerfelde reichte eine Liste der Soldaten ein. Der Rechtssozialist Büchel (den Barth, wie der andere Müller, Hermann Müller, berichtet, am Reden zu hindern suchte, indem er ihm die Glocke des Präsidenten in den Rücken stieß) kam mit einer Liste seiner Partei. Richard Müller und Karl Liebknecht machten den Versuch, gegen die paritätische Besetzung zu sprechen; beide wurden niedergeschrien. Die Erregung steigerte sich zur Raserei. Die Soldaten stürzten in die Manege und auf die Vorstandstribüne. Sie drohten, ohne die Arbeiter, ohne die Parteien, allein die Revolution weiterzuführen und eine Militärherrschaft aufzurichten. Der Tumult war so, daß ein Weiterführen der Versammlung zunächst nicht möglich war.»

Während die Versammlung unterbrochen war, während die Soldaten auf den unteren Rängen tobten und die Arbeiter auf den oberen verwirrt untereinander zu diskutieren begannen, wurde in der Manege fieberhaft verhandelt – vor den Augen, aber nicht vor den Ohren der aufgerührten Masse, denn Mikrofone gab es ja noch nicht. Beide Seiten hatten plötzlich Angst bekommen, machten wilde und unüberlegte Angebote. Einen Augenblick lang wollte die SPD mit zwei von elf Mitgliedern zufrieden sein, einen Augenblick lang wollten die Obleute auf den ganzen Aktionsausschuß verzichten. Dagegen war nun plötzlich die SPD selbst: Wie würde das jetzt aussehen! Gut, dann also ein paritätisch besetzter Ausschuß, aber man müßte sich an Ort und Stelle über die personelle Besetzung einigen. Jemand schlug Liebknecht vor, aber Liebknecht wies das weit von sich: Nie würde er sich mit Eberts Leuten an einen Tisch setzen! Als man sich schließlich schon fast einig war, machten die Soldaten neue Schwierigkeiten: Sie verlangten jetzt eine doppelte Parität, nicht nur zwischen SPD und USPD, sondern auch zwischen Arbeitern und Soldaten. Gut, es wurde spät, man mußte zu einem Entschluß kommen, man war auch dazu bereit. Aber nun konnten sich die Soldaten über ihre eigene Vertretung nicht einigen. Schließlich wurde die Versammlung wiedereröffnet, und während langsam Ruhe einkehrte, verkündete Barth die Bildung eines zwanzigköpfigen «Vollzugsrats der Arbeiter- und Soldatenräte»: zehn Soldaten, zehn Arbeiter, von diesen die Hälfte SPD-Leute, die Hälfte Kandidaten der Obmänner. Die Soldatenvertreter würden morgen gewählt werden.

Die Versammlung nahm das an, sie war inzwischen bereit, so ziemlich alles anzunehmen. Es war spät geworden, Abendbrotzeit schon vorbei, alle hatten Hunger (man hatte Hunger damals in Deutschland), und viele hatten einen weiten Weg nach Haus. Plötzlich ging alles ganz schnell. Man bestätigte die neue Reichsregierung, die sich nunmehr «Rat der Volksbeauftragten» nennen sollte, und billigte eine vorher fertiggestellte Resolution mit vielen großen und schönen Worten über die sozialistische Republik und die Weltrevolution (die bürgerlichen Zeitungen druckten sie am nächsten Tag, der *Vorwärts* nicht). Dann wurde die Internationale gesungen, und endlich – es war schon Nacht – leerte sich der Zirkus Busch.

Zufrieden ging von den Hauptakteuren keiner nach Hause. Die Obleute wußten, daß sie ihre Schlacht verloren hatten. Ebert hatte jetzt für seine gegenrevolutionäre Regierung eine revolutionäre Legitimation, und mit dem Vollzugsausschuß, so wie er nun aussah, war schwerlich gegen ihn anzukommen. Aber auch Ebert war bedrückt: Er hatte gewonnen, gewiß, er hatte das Heft in der Hand behalten, aber um welchen Preis! Die Unabhängigen in der Regierung, dieser verdächtige Vollzugsrat als Nebenregierung, er selbst nicht mehr Reichskanzler, sondern «Volksbeauftragter», Revolutionsführer wider Willen, von der Revolution, die er doch hatte abfangen und abblasen wollen, sozusagen annektiert! Würden seine bürgerlichen Parlaments- und Ministerkollegen, würde die Oberste Heeresleitung in Spa ihm jetzt noch trauen? Er fühlte sich in eine schiefe und falsche Rolle gedrängt. Er hatte die Revolution immer gehaßt, aber jetzt haßte er sie doppelt dafür, daß sie ihn, einen ehrlichen Mann, gezwungen hatte, zum Lügner und Verräter zu werden. Denn darüber gab es für ihn keinen Zweifel: Wenn er jetzt die Revolution noch ungeschehen machen wollte – und das wollte er immer noch, etwas anderes konnte er gar nicht wollen –, dann mußte er sie verraten. Er war dazu verurteilt, ein Doppelspiel zu spielen. Und war er diesem Doppelspiel noch gewachsen? Der Staat und die Gesellschaft, die er retten wollte – würden sie nach dem heutigen Tag noch bereit sein, sich von ihm retten zu lassen?

Darüber wenigstens beruhigte ihn am späten Abend ein unerwarteter Telefonanruf. Er kam auf einer Geheimleitung, von deren Existenz Ebert bis dahin gar nichts gewußt hatte. Spa war am Apparat, die Oberste Heeresleitung, General Groener. Endlich wieder ein anständiger Mensch, mit dem man vernünftig reden konnte!

Der Wortlaut dieses legendenumwobenen Telefongesprächs ist nie bekanntgeworden; Tonbänder gab es damals noch nicht, und Zeugen waren nicht anwesend. Aber wie es ungefähr verlaufen sein muß, ist aus späteren Aussagen Groeners zu schließen (Ebert hat nie darüber gesprochen). Der General bot loyale Zusammenarbeit an – und stellte Forderungen: Kampf gegen Radikalismus und Bolschewismus, schnellste Beendigung des «Räteunwesens», Nationalversammlung, Rückkehr zu «geordneten Zuständen». Dem allen konnte Ebert aus vollem Herzen zustimmen; es war genau das, was er selber wollte. Er muß Groener sein Herz ausgeschüttet haben; denn Groener notierte später, daß Ebert sich, nach dem Eindruck dieses Gesprächs, «nur mühsam am Steuer hielt und nahe daran war, von den Unabhängigen und der Liebknecht-Gruppe über den Haufen gerannt zu werden». Offenbar stand er noch ganz unter dem Eindruck der turbulenten Versammlung, die er gerade hinter sich gebracht hatte. Zum Schluß dankte Ebert dem General. Der Reichskanzler dem General – nicht umgekehrt.

Groener hat später von einem «Bündnis» gesprochen, das er an diesem Abend mit Ebert geschlossen hätte. Es war ein Kampfbündnis gegen die Revolution, von der sich Ebert wenige Stunden vorher hatte auf den Schild heben lassen. «Ebert ging auf meinen Bündnisvorschlag ein», schreibt Groener. «Von da ab besprachen wir uns täglich abends auf einer geheimen Leitung zwischen der Reichskanzlei und der Heeresleitung über die notwendigen Maßnahmen. Das Bündnis hat sich bewährt.»

Sprüche vom Geld

«Die neue Poesie und Philosophie …

... gibt ihr Geld zu hundert Prozent in die Mississippibank auf Gewinn in einer neuen Welt; ich lege das meine lieber in die Bank von Old-England, nur zu fünf vom Hundert, aber sicher.» Grillparzer, Anno 1819.

Quod licet poetis, licet monetis. Lieber ein Pfandbrief, nur zu acht oder zehn vom Hundert, aber sicher.

8
Zwischen Revolution und Gegenrevolution

Im *Berliner Tageblatt* schrieb am 10. November Theodor Wolff, damals einer der berühmtesten deutschen Publizisten: «Die größte aller Revolutionen hat wie ein plötzlich losbrechender Sturmwind das kaiserliche Regime mit allem, was oben und unten dazugehörte, gestürzt. Man kann sie die größte aller Revolutionen nennen, weil niemals eine so fest gebaute, mit so soliden Mauern umgebene Bastille so in einem Anlauf genommen worden ist. Es gab noch vor einer Woche einen militärischen und zivilen Verwaltungsapparat, der so verzweigt, so ineinander verfädelt, so tief eingewurzelt war, daß er über den Wechsel der Zeiten hinaus seine Herrschaft gesichert zu haben schien. Durch die Straßen von Berlin jagten die grauen Autos der Offiziere, auf den Plätzen standen wie Säulen der Macht die Schutzleute, eine riesige Militärorganisation schien alles zu umfassen, in den Ämtern und Ministerien thronte eine scheinbar unbesiegbare Bürokratie. Gestern früh war, in Berlin wenigstens, das alles noch da. Gestern nachmittag existierte nichts mehr davon.»

Das stimmte nicht – es sah am 10. November vielleicht so aus, aber es stimmte nicht. In Wirklichkeit war der Staat kaum angekratzt. Dieselben Beamten gingen am Montag nach dem Revolutionswochenende wieder in dieselben Ämter, und auch die Schutzmänner (die am Sonnabendnachmittag allerdings froh gewesen waren, unbehelligt nach Hause gehen zu dürfen) waren ein paar Tage später wieder da; in den Feldheeren im Westen und Osten führten immer noch dieselben Generale und Offiziere das Kommando, und selbst die Reichsregierung war im Grunde die alte – nur daß an ihrer Spitze jetzt statt eines kaiserlichen Reichskanzlers ein sechsköpfiges Kollegium von «Volksbeauftragten» stand, unter denen in Wirklichkeit immer noch einer der Reichskanzler war: Ebert. All die gutkonservativen Landräte, Regierungspräsidenten, Ministerialbeamten bearbeiteten ihre Akten wie je zuvor. Man hatte keinen von ihnen entfernt, sondern ihnen nur ein paar Arbeiterräte vor die Nase gesetzt und sie damit furchtbar gereizt.

Ihre Stimmung – und die großer Teile des konservativen Bürgertums – drückte ein anderer Publizist aus, Paul Baecker. Er schrieb, ebenfalls am 10. November, in der konservativen *Deutschen Tageszeitung*:

«Worte reichen nicht aus, der Empörung und dem Schmerze Ausdruck zu geben... Das Werk, das unsere Väter mit ihrem kostbaren Blute erkämpft – weggewischt durch Verrat aus den Reihen des eigenen Volkes! Deutschland, das noch gestern unbesiegt war, von Männern, die den deutschen Namen tragen, seinen Feinden preisgegeben, durch Felonie aus den eigenen Reihen niedergebrochen in Schuld und Schande!

Die deutschen Sozialisten wußten, daß der Friede ohnehin im Werden sei und daß es nur noch gelte, Wochen, vielleicht nur Tage lang dem Feinde eine geschlossene, feste Front zu zeigen, um ihm erträgliche Bedingungen abzuringen. In dieser Lage haben sie die weiße Fahne gehißt.

Das ist eine Schuld, die nie vergeben werden kann und nie vergeben wird. Das ist ein Verrat, nicht etwa nur an der Monarchie und am Heere, sondern am deutschen Volke selber, das seine Folgen durch Jahrhunderte des Niederganges und des Elends zu tragen haben wird.»

Das stimmte genausowenig wie Theodor Wolffs Hymnus auf «die größte aller Revolutionen». Nicht die Sozialisten hatten die weiße Fahne gehißt, sondern Ludendorff; die Waffenstillstandsbedingungen konnten durch Hinauszögern nicht mehr besser, sondern nur immer schlimmer werden, und von Verrat konnte keine Rede sein. Auch Jahrhunderte des Elends und des Niedergangs standen nicht bevor. Aber ohne jeden Zweifel glaubte Paul Baecker ganz ehrlich, was er schrieb, und sprach damit Millionen aus der Seele – den Offizieren, denen man die Rangabzeichen abgerissen hatte, den konservativen Beamten, die sich plötzlich mit Arbeiterräten herumärgern mußten, dem ganzen Bürgertum, dem eine Welt zusammenstürzte, aber auch manchen kleinen Leuten mit strammer «nationaler» Gesinnung, dem Gefreiten Hitler zum Beispiel, der sich in diesen Tagen in seinem Pasewalker Lazarett schluchzend auf sein Bett warf und unter Tränen der Wut beschloß, Politiker zu werden. Zugleich mit der Revolution wurde die Gegenrevolution geboren, und hier hört man, bereits am 10. November, ihre authentische Stimme. Bemerkenswert übrigens, daß dieser Artikel am 10. November 1918 in Berlin ohne weiteres erscheinen konnte. Nie hat eine Revolution vom ersten Augenblick an ihren Feinden so unbegrenzte Agitations- und Schimpffreiheit gewährt wie die deutsche Revolution von 1918.

Nicht, daß diese Feinde es ihr dankten. Die damalige Frau Ludendorff (die erste, Margarete, nicht die berühmt gewordene zweite, Mathilde), berichtet von ihrem Mann: «Nach der Revolution tat Ludendorff wiederholt den Ausspruch: ‹Die größte Dummheit der Revolutionäre war es, daß sie uns alle am Leben ließen. Na, komme ich mal wieder zur Macht, dann gibt's kein Pardon. Mit ruhigem Gewissen würde ich Ebert, Scheidemann und Genossen aufknüpfen und baumeln sehen!›»

Ebert, Scheidemann und Genossen – nicht etwa nur Liebknecht und Rosa Luxemburg, die wenigstens wirklich die Revolution wollten. Ebert und Scheidemann wollten sie ja gar nicht, im Gegenteil, sie hatten sie bis zum letzten Augenblick verhindern wollen, und sie waren vom ersten Augenblick ihres Sieges an mit nichts anderem beschäftigt, als sie abzufangen, zurückzurollen und nach Möglichkeit ungeschehen zu machen. Aber für Ludendorff – und für die vielen erbitterten Angehörigen und Anhänger der alten Oberschichten, die ebenso reagierten – waren sie Revolutionäre, Verräter und «Novemberverbrecher»; und tatsächlich waren sie von der Revolution an die Spitze und an die Macht gehoben worden, sie waren jetzt «Volksbeauftragte», sie verkörperten, ob sie es wollten oder nicht, von nun an die Revolution – für die Gegenrevolutionäre ebenso wie für die Revolutionäre. Sie standen vom ersten Augenblick an zwischen Revolution und Gegenrevolution.

Ihre Tragödie – oder Tragikomödie – war, daß sie das nicht sahen. Sie sahen nicht, oder wollten nicht sehen, daß sie seit dem 9. November Millionen Feinde – Todfeinde – auf der Rechten hatten; sie sahen nur ihre alten Intimfeinde auf der Linken. Scheidemann zum Beispiel erklärte noch am 28. Dezember in einer kritischen Kabinettssitzung: «Gewiß gibt es ein Dutzend Offiziere, die zu verrückten Streichen fähig sind. Aber auf der anderen Seite, da stehen diejenigen, die die Revolution gefährden. Denen gegenüber müssen wir uns wehren.» Und der dritte SPD-«Volksbeauftragte», Dr. Otto Landsberg, bei derselben Gelegenheit: «Es wird immer soviel von der drohenden Gegenrevolution gesprochen ... Aber diese Revolution unterscheidet sich von allen früheren ganz wesentlich dadurch, daß jede Herrschaftsorganisation der gestürzten Klasse erschüttert und beseitigt ist, so restlos, daß die Gefahr der Gegenrevolution nur akut werden kann, wenn es den Leuten von der äußersten Linken gelingt, die Massen zur Verzweiflung zu treiben.» Schließlich Hermann Müller, der spätere SPD-Reichskanzler: «Ich sage Ihnen offen, ich habe seit dem 9. November nicht einen Tag Angst vor der Gegenrevolution gehabt.»

Tatsächlich lebten Ebert und seine politischen Freunde innerlich immer noch im Oktober – in der Zeit, da das wankende, stürzende Kaiserreich sie, die «vaterlandslosen Gesellen», aufs höflichste an seine Brust genommen, seine Niederlage auf sie abgeladen und sie als Nothelfer willkommen geheißen hatte. Sie hatten ehrlich ihr Bestes getan, ihm in seiner Not zu helfen; die Monarchie hatten sie zwar nicht retten können; alles andere versuchten sie immer noch zu retten. Die Revolution war für sie ein Mißverständnis oder ein leidiger Zwischenfall, den sie immer noch hofften ungeschehen machen zu können.

Sie war aber nicht ungeschehen zu machen – auch dann nicht, wenn sie abgewürgt und niedergeschlagen wurde. Was zwischen dem 4. und 9. November, ganz gegen den Willen der sozialdemokratischen Führung, in Deutschland geschehen war, hatte den künstlichen Nebel des Oktober zerrissen und klare politische Fronten geschaffen. Den unehrlichen Scheinfrieden zwischen Oberster Heeresleitung und Reichstagsmehrheit, zwischen Militarismus und Parlamentarismus, Ludendorffs feingesponnenen Plan, der den Sozialdemokraten und ihren bürgerlichen Verbündeten eine Scheinmacht zuschanzte, nur um ihnen die Verantwortung für die Niederlage aufzubürden, während das Militär im Hintergrunde die wahre Macht blieb: das alles hatte die spontane Aktion der sozialdemokratischen Arbeiter- und Soldatenmassen in der Revolutionswoche beiseite gefegt.

Die Revolution der Massen gab den sozialdemokratischen Führern zum erstenmal die Chance wirklicher Macht – freilich auf Kosten der geliehenen und vergifteten Macht, die ihnen am 29. September von Ludendorff zugespielt worden war. Nachdem den Offizieren die Rangabzeichen abgerissen worden waren und die Generalkommandos durch Arbeiter- und Soldatenräte ersetzt worden waren, gab es keine Versöhnung mehr, nicht einmal eine Scheinversöhnung: die Machtfrage war gestellt – und am 9. November schien es einen Augenblick, als sei sie auch schon entschieden. Die Militärdiktatur, die Deutschland bis zu diesem Tage regiert hatte, war fast widerstandslos zu Boden gegangen.

Wenn die sozialdemokratische Regierung, den Sieg ihrer Anhänger nutzend und auf den Oktoberfrieden mit der Obersten Heeresleitung verzichtend, jetzt die Niederlage der alten militärischen Führung vollendete und sich eigene revolutionäre Streitkräfte schuf, dann brauchte sie die Rache der entmachteten Generale und Offiziere nicht mehr zu fürchten. Wenn sie ihnen aber erlaubte, sich wieder zu erheben und sich von dem ebenso beleidigenden wie betäubenden Schlag, der sie im November getroffen hatte, zu erholen, dann durfte sie keine Schonung erwarten – keine Schonung für ihre revolutionären Anhänger, die zu «meutern» gewagt hatten, aber keine Schonung auch für sich selbst. Denn indem sie sich von der Revolution zu «Volksbeauftragten» hatten machen lassen, hatten sich die Ebert, Scheidemann und Landsberg ja in den Augen der beleidigten Offiziere mit der Revolution identifiziert.

Sie spielten fortan ein Doppelspiel, ohne zu merken, daß sie es gegen sich selbst spielten. Mit Worten blieben sie Revolutionäre – und alle ihre Worte wurden aufnotiert und später gegen sie verwendet. Mit Taten waren sie Gegenrevolutionäre – ohne daß die wahre Gegenrevolution das honorierte. Aber die Massen, die sich am 9. und 10. November vertrauensvoll für sie entschieden hatten, merkten allmählich, was gespielt wurde, und wandten sich gegen sie. In zwei Monaten führte das Doppelspiel Eberts und der SPD zum Bürgerkrieg.

Worum ging es in diesem zwei Monaten? Wenn man den damaligen SPD-Politikern und den späteren SPD-Historikern zuhört, so ging es um die Frage: Rätediktatur oder parlamentarische Demokratie; um die Abwehr des Bolschewismus und die Wahl einer verfassunggebenden Nationalversammlung. Aber das war damals und ist noch heute Zweckpropaganda. Die Wahrheit sah anders aus. In Wahrheit ging es einzig und allein um die Frage: Revolution oder Gegenrevolution.

Eine bolschewistische Diktatur drohte in Deutschland 1918 keinen Augenblick, und zwar aus dem einfachen Grunde, daß es ihr unentbehrliches Herrschaftsinstrument, eine diktaturfähige bolschewistische Partei, nicht gab. Karl Liebknecht und Rosa Luxemburg besaßen bis zum 30. Dezember 1918 überhaupt keine Organisation und danach nur eine sehr schwächliche; nichts, was sich mit Lenins vierzehn Jahre lang durchtrainiertem Korps von Berufsrevolutionären vergleichen ließe. Sie waren machtlose einzelne, die nichts weiter betreiben konnten als Agitation und das, was die Berliner Revolutionären Obleute verächtlich «revolutionäre Gymnastik» nannten: immer erneute ziellose Demonstrationen, mit denen die Teilnehmer sich selbst in revolutionäre Stimmung versetzen sollten. Die «bolschewistische Gefahr» war im Herbst 1918 in Deutschland eine Vogelscheuche, keine Realität.

Die Wahlen zur Nationalversammlung andererseits waren keinen Augenblick ein ernsthafter Streitgegenstand. Alles, worum gestritten wurde, war der Zeitpunkt – der freilich nicht unwesentlich war: Die Unabhängigen wollten ihn möglichst weit, bis ins Frühjahr 1919, hinausschieben, damit die Revolution sich inzwischen konsolidieren könne. Die SPD wollte Wahlen so schnell wie möglich, damit die Nationalversammlung sozusagen noch den alten Reichstag fortsetzen könne, als ob es keine Revolution gegeben hätte. Aber schon Ende November hatte man sich auf den Kompromiß des 16. Februar als Wahltag geeinigt; und Mitte Dezember war es dann paradoxerweise der Reichsrätekongreß selbst, das höchste Revolutionsorgan, das den Wahltermin auf den 19. Januar vorverlegte – was am besten beweist, daß die Räte ihre eigene Diktatur gar nicht wollten und daß die Alternative: hie Rätediktatur, hie parlamentarische Demokratie, gar nicht bestand.

Worum es in Wahrheit ging, war etwas ganz anderes. Die Räte – in der Einsetzung der Arbeiter- und Soldatenräte hatte die Revolution recht eigentlich bestanden, und ihre Abschaffung war das erste Ziel der Gegenrevolution –, die Räte hatten gegen die parlamentarische Demokratie nichts einzuwenden. Sie betrachteten sich nicht als Ersatz für ein Parlament, sondern als das Instrument einer durchgreifenden Revolutionierung und Demokratisierung der *Exekutive*, des eigentlichen Staatskörpers also, der Verwaltung und besonders des Militärwesens. Was die Räte erst unter Kontrolle bekommen, dann von Grund auf durchroden und ändern wollten, das war die alte konservative Bürokratie und das alte konservative Offizierskorps.

Die Arbeiter und Soldaten, die die Revolution gemacht hatten, wußten instinktiv: Solange die alte Bürokratie und das alte Offizierskorps ihre Macht behielten, war die Revolution verloren, auch mit der schönsten Verfassung und dem schönsten Parlament. Die wirkliche Macht saß in den Ämtern, in den Polizeipräsidien und Generalkommandos, auch in den Justizpalästen; wenn man dort die alten Gewalten nicht antastete, würden sie die erste Gelegenheit benutzen, sich an der Revolution zu rächen. Hier hieß es: entweder – oder. Hier entschied sich der Sieg der Revolution oder der Gegenrevolution.

Und hier allerdings bezogen Ebert und die SPD-Führung eindeutig Stellung auf der Seite der Gegenrevolution. Sie wollten gerade das retten, was die Revolution stürzen wollte: den alten Staat und die alte Gesellschaft, verkörpert in Bürokratie und Offizierskorps. Sie wollten ihn parlamentarisieren und sich selbst in ihn integrieren, ihn künftig mitregieren. Aber vor der Unordnung, die seine wirkliche Revolutionierung natürlich mit sich gebracht hätte, graute ihnen. *Deswegen* wollten sie die Räte so schnell wie möglich wieder los sein: *Deswegen* stellten sie sie – ganz gegen den Willen der Rätemehrheit selbst – als Alternative zur Nationalversammlung hin, und *deswegen* nahmen sie gern das bürgerliche Mißverständnis in ihre Propaganda auf, Räteherrschaft sei dasselbe wie Bolschewismus.

Tatsächlich gab es in den Räten kaum Spartakisten – Liebknecht bewarb sich vergebens um ein Mandat zum Reichsrätekongreß –, vielmehr hatte die SPD von Anfang an in fast allen örtlichen Räten die Mehrheit, und noch mehr prägte sich diese Mehrheit aus, als Anfang Dezember überörtliche Räte auf Provinz- und Landesebene gewählt wurden. Man kann geradezu sagen: die Räte waren der lebendige Körper der SPD, ihre aktiven Mitglieder und Funktionäre (eine Minderheit waren USPD-Mitglieder, auch ein paar Bürgerliche gab es, besonders bei den Soldatenräten); sie betrachteten sich als treue Hilfstruppe der Regierung – die sie allerdings immer noch als eine revolutionäre Regierung ansahen.

Hier lag das tragische Mißverständnis. Denn die Regierung Ebert war keine revolutionäre Regierung, sie betrachtete sich einfach, wie Ebert es später einmal formulierte, als Konkursverwalter des Kaiserreichs. Sie diente treulich denen, die seit dem 9. November ihre erbitterten Feinde geworden waren, und sie bekämpfte erbarmungslos diejenigen, die sich als ihre Schildhalter fühlten. Die Räte ihrerseits machten ebenfalls Front gegen ihre besten Freunde: Sie wollten von den Spartakisten, die die Rätediktatur forderten, nichts wissen; sie wollten nur dem sozialdemokratischen Staat eine sozialdemokratische Exekutive verschaffen.

Niemand begriff das besser als Liebknecht und Rosa Luxemburg. Liebknecht schrieb zum Beispiel am 20. November: «Häufig sind die gewählten Arbeiter nur sehr wenig aufgeklärt, nur sehr wenig klassenbewußt, so daß die Arbeiterräte ... gar keinen revolutionären Charakter tragen», und Rosa Luxemburg zehn Tage später: «Ginge die Revolution vor sich in jenen revolutionären Organen, die die ersten Tage geschaffen haben, in den Arbeiter- und Soldatenräten, so wäre es um die Revolution schlimm bestellt ... Die Revolution wird leben ohne die Räte, die Räte ohne die Revolution sind tot.»

Auch den sozialdemokratischen Führern konnte kaum verborgen bleiben, daß in den Räten keine Spartakisten saßen, sondern ihre eigenen Leute. Trotzdem waren ihnen die Räte von Anfang an ein Dorn im Auge. Sie waren nicht vorgesehen, paßten nicht in ihr Programm, sie verhinderten das Bündnis mit den bürgerlichen Parteien und mit der Obersten Heeresleitung. Sie mußten fort. Von Anfang an behandelten Ebert und Scheidemann die Räte nicht nur mit Mißtrauen und Gegnerschaft, sondern geradezu mit Gereiztheit und Gehässigkeit. Scheidemann auf dem Reichsrätekongreß: «Ich habe die feste Überzeugung, daß die dauernde Einrichtung der Arbeiter- und Soldatenräte bedeuten würde – ich spreche dies nach reiflicher Überlegung aus – den absolut sicheren Untergang des Reiches.»

Natürlich war es leicht, den Räten am Zeuge zu flicken. Sie hatten nicht die Verwaltungsroutine der alten Beamten, nicht das militärische Können der Generalstäbler. Woher sollten sie es haben? Ihr Eingreifen bedeutete zunächst einmal Unordnung – hat es je eine Revolution ohne Unordnung gegeben? Trotzdem ist das meiste, was damals an Gehässigkeiten über das «Chaos» der «Rätewirtschaft» von der Gegenrevolution verbreitet und von der SPD-Führung beflissen aufgegriffen wurde, weit übertrieben. Die Räte waren keine korrupte, vergnügungssüchtige Revolutionsbohème, sie bestanden zum größten Teil aus solider, nüchterner Arbeiterintelligenz, Partei- und Gewerkschaftsfunktionären, die auf ihre Art genauso ordnungsliebend waren wie die alten Beamten, die sie kontrollieren und ersetzen wollten. In vier Wochen hatten sie das anfängliche Chaos weitgehend überwunden und auf allen Ebenen eine durchaus funktionsfähige Parallelorganisation zum alten Verwaltungskörper geschaffen – eine achtunggebietende Leistung. Eberhard Kolb, der das wissenschaftliche Standardwerk *Die Arbeiterräte in der deutschen Innenpolitik 1918/1919* geschrieben hat, stellt darin fest, daß Anfang Dezember mit der Räteorganisation «der neuen Regierung und Parteileitung ein für sie im politischen Sinne zuverlässiges Instrument beim Neubau des Staates in die Hand gegeben war, von dem sie Gebrauch machen konnte, wenn sie dazu entschlossen war».

Aber sie war zum Gegenteil entschlossen. Sie wollte «Ordnung machen» – das heißt: die alte Ordnung wiederherstellen – mit genau demselben Instrument, mit dem es noch am 8. November der Kaiser gewollt hatte: Mit dem durch den Waffenstillstand freigesetzten, in die Heimat zurückmarschierenden Feldheer aus dem Westen. Das war der Sinn des «Bündnisses» zwischen Ebert und General Groener.

Groener hat sich später, im sogenannten Dolchstoß-Prozeß 1925 in München, unmißverständlich darüber ausgelassen. Hier seine Aussage: «Zunächst hat es sich darum gehandelt, in Berlin die Gewalt den Arbeiter- und Soldatenräten zu entreißen. Zu diesem Zweck wurde eine Unternehmung geplant, der militärische Einzug von zehn Divisionen in Berlin. Der Volksbeauftragte Ebert war durchaus damit einverstanden. Ein Offizier wurde nach Berlin geschickt, der die Einzelheiten darüber verhandeln sollte, auch mit dem preußischen Kriegsminister (immer noch, wie vor dem 9. November, von Scheüch), der natürlich nicht ausgeschaltet werden konnte. Es gab da eine Reihe von Schwierigkeiten. Ich darf nur darauf hinweisen, daß von seiten der Unabhängigen Regierungsmitglieder, der sogenannten Volksbeauftragten, aber auch von seiten, ich glaube von Soldatenräten – ich kann das im einzelnen so aus dem Stegreif nicht sagen – gefordert wurde, daß die Truppen ohne scharfe Munition einrücken. Wir haben selbstverständlich dagegen sofort Front gemacht, und Herr Ebert hat selbstverständlich zugestimmt, daß die Truppen mit scharfer Munition in Berlin einrücken.

Wir haben für diesen Einmarsch, der zugleich die Gelegenheit bringen sollte, wieder eine feste Regierung in Berlin aufzustellen – ich muß jetzt unter meinem Eid aussagen, die Herren haben mich gefragt, infolgedessen muß ich in Gottes Namen reden, was ich bisher immer aus guten Gründen nicht getan habe –, ein militärisches Programm ausgearbeitet für die Einzeltage. In diesem Programm war tageweise enthalten, was zu geschehen hatte: die Entwaffnung Berlins, die Säuberung Berlins von Spartakisten usw. Das war alles vorgesehen, tageweise für die einzelnen Divisionen.»

Das «Programm», ein generalstabsmäßig ausgearbeiteter Operationsplan, ist viel später, 1940, veröffentlicht worden. Es enthält solche Punkte wie: «Wer ohne Waffenschein noch Waffen in Besitz hat, wird erschossen. Wer Kriegsmaterial einschließlich Kraftwagen behält, wird standrechtlich abgeurteilt. Deserteure und Matrosen haben sich innerhalb zehn Tagen beim nächsten Ersatztruppenteil oder Bezirkskommando zu melden. Wer sich unberechtigt eine Beamteneigenschaft zulegt, wird erschossen. Durchsuchung unsicherer Stadtteile. Bestimmung über Arbeitslose und Notstandsarbeiten. Die Autorität der Offiziere gilt wieder in vollem Umfang (Abzeichen, Grußpflicht, Orden, Waffentragen, Abzeichen für Feldheer). Die Behörden und Truppen übernehmen die ihnen gesetzlich zustehenden Befugnisse. Alle Ersatztruppen werden sofort aufgelöst.»

Groener fuhr in seiner Zeugenaussage fort: «Das war auch durch den Offizier, den ich nach Berlin geschickt hatte, mit Herrn Ebert besprochen worden. Ich bin Herrn Ebert dafür besonders dankbar und habe ihn auch wegen seiner absoluten Vaterlandsliebe und restlosen Hingebung an die Sache überall verteidigt, wo er angegriffen wurde. Dieses Programm war durchaus im Einvernehmen und Einverständnis mit Herrn Ebert abgeschlossen.»

Der Ebert-Groenersche Plan sollte vom 10. bis 15. Dezember durchgeführt werden. Für den 16. war in Berlin der erste Reichsrätekongreß anberaumt. Ihm sollte die «Wiederherstellung der Ordnung» durch zehn Divisionen der zurückkehrenden Feldarmee offenbar zuvorkommen.

Aber daraus wurde nichts. Die Gegenrevolution fand diesmal noch nicht statt, und der Rätekongreß trat programmgemäß zusammen, ahnungslos, welchem Schicksal er entronnen war.

Zunächst schlugen einige Truppenteile der Berliner Garnison – die ja vom ersten Revolutionstag an eine zweischneidige Rolle gespielt hatten und jetzt offenbar Wind von dem bekommen hatten, was geplant war – zu früh los. Am Freitag, dem 6. Dezember, geschah etwas, was Scheidemann später als einen «tollen Spuk», Richard Müller als ein «Possenspiel» bezeichnet hat. Eine Truppe des Franzer-Regiments besetzte das Berliner Abgeordnetenhaus und verhaftete den am 10. November im Zirkus Busch gewählten Vollzugsrat der Berliner Arbeiter- und Soldatenräte, der dort seit dem 11. November schlecht und recht zu amtieren versucht hatte. Eine Abteilung Gardefüsiliere stellte an der Ecke Invaliden- und Chausseestraße einen spartakistischen Demonstrationszug und feuerte ohne Warnung mit Maschinengewehren in ihn hinein. Es gab sechzehn Tote und viele Verwundete. Eine andere Abteilung des Franzer-Regiments aber erschien vor der Reichskanzlei, forderte Ebert auf, herauszukommen – was er bereitwilliger als sonst tat –, und rief ihn zum Reichspräsidenten aus. Der Sprecher war ein Feldwebel namens Spiro. Er schloß seine Ansprache: «So bringe ich denn das Hoch auf die deutsche Republik und den großen Fritz Ebert aus, den ich hier aus Ihrer Mitte, gestützt auf die bewaffnete Macht und im Bewußtsein, für die ganze Nation zu sprechen, zum Präsidenten Deutschlands ausrufe.»

Ebert sagte nicht ja und nicht nein. Er müsse erst mit seinen Freunden in der Regierung sprechen. Später war nicht mehr die Rede davon – bis ihn dann, nach zwei Monaten, am 11. Februar 1919, die Weimarer Nationalversammlung doch zum Reichspräsidenten machte. Diesmal war es offenbar zu früh dafür gewesen; die ganze Unternehmung verpuffte. Ob Ebert im voraus von ihr gewußt hatte, ist nie aufgeklärt worden. Auch ist niemand für den doch immerhin versuchten Staatsstreich je zur Rechenschaft gezogen worden. Die Soldaten kehrten in die Kasernen zurück, die Hintermänner blieben im dunkeln, der Vollzugsrat wurde in Freiheit gesetzt. Es war alles wieder, als ob nichts geschehen wäre. Nur die Toten von der Chausseestraße blieben tot.

Vier Tage darauf, am 10. Dezember, marschierten dann programmgemäß die heimkehrenden Felddivisionen in Berlin ein – nicht gerade in Paradeformation, aber doch in guter feldmarschmäßiger Ordnung und mit scharfer Munition. Ebert – der sich den Arbeitermassen des 9. November nie gezeigt hatte – begrüßte sie am Brandenburger Tor mit einer überschwenglichen Rede: «Kein Feind hat euch überwunden! Nun liegt Deutschlands Einheit in eurer Hand!»

Friedrich Ebert begrüßt gemeinsam mit General Lequis und dem Berliner Oberbürgermeister Wermuth am Pariser Platz die heimkehrenden Frontsoldaten. Sie sollten, so war es im Bündnis zwischen Ebert und Groener vorgesehen, gegen die Revolution eingesetzt werden. Aus dem Plan wurde nichts: Die Truppen begannen sich nach der Begrüßungsansprache des Reichskanzlers sofort aufzulösen.

Aber dann folgte nichts. Der Plan zur Wiederherstellung der Ordnung und einer «festen» Regierung in Berlin kam nicht zur Ausführung, und jahrelang erfuhr niemand, daß er je bestanden hatte.

Geschehen war einfach dies: Die Truppe hatte sofort nach Eberts Begrüßungsansprache begonnen, sich aufzulösen – spontan, disziplinwidrig, unaufhaltsam. Was weder Groener noch Ebert bedacht hatten, war die Seelenverfassung der Mannschaften: Der Krieg war zu Ende, alle waren froh, daß sie ihn lebend überstanden hatten, alle wollten nach Hause – und Weihnachten stand vor der Tür. Sie waren nicht mehr zu halten. Als sie am Abend des Einmarschtages in ihre Quartiere rückten, waren sie schon nicht mehr vollzählig, am nächsten Tag waren es noch weniger geworden, und vierzehn Tage später waren von den zehn Divisionen nur noch achthundert Mann übrig. In Groeners Worten: «Die Truppe entwickelte einen derartigen Drang nach Hause, daß mit diesen zehn Divisionen absolut nichts anzufangen war und daß das ganze Programm der Säuberung Berlins von bolschewistischen Elementen, der Waffenabgabe usw. überhaupt nicht ausgeführt werden konnte.» Die Gegenrevolution war fürs erste verpufft.

Statt dessen versammelte sich nun am 16. Dezember im Preußischen Abgeordnetenhaus am Leipziger Platz in Berlin, wie vorgesehen, der Reichsrätekongreß. Das war keine wilde Massenversammlung mehr wie die Revolutionstagung der Berliner Arbeiter- und Soldatenräte vom 10. November im Zirkus Busch. Was jetzt in Berlin zusammenkam, war eine sehr ordentliche, parlamentsähnliche Versammlung, von der sich journalistische Augenzeugen unwiderstehlich an SPD-Parteitage der Vorkriegszeit erinnert fühlten: dieselben Typen, vielfach noch dieselben Gesichter, dieselbe Atmosphäre, dieselbe auf Ordnung und Ehrbarkeit bedachte Geschäftsführung, auch dieselbe Regie. Was damals die linke Parteiminderheit gewesen war, waren diesmal die Unabhängigen, das war der ganze Unterschied. Die Mehrheit stand fest hinter dem Parteivorstand.

Diese Mehrheit des Rätekongresses beschloß, ganz im Sinne Eberts, die Vorverlegung des Wahltermins für die Nationalversammlung, sie lehnte einen Antrag der Unabhängigen, sich selbst die oberste legislative und exekutive Gewalt beizulegen, ausdrücklich ab, und sie beließ dem sechzehnköpfigen Zentralrat, den sie zum Ersatz des alten Berliner Vollzugsrats vom 10. November bestellte, nicht einmal ein Interimsrecht zur Gesetzgebung bis zum Zusammentritt der Nationalversammlung. Die Unabhängigen beschlossen darauf verbittert, diesem Zentralrat fernzubleiben, und er wurde ein reines SPD-Organ. So gutgläubig und gutmütig verfuhr der erste Reichsrätekongreß.

Und doch leitete dieser zahme und gutartige Rätekongreß den großen Bruch zwischen Parteiführung und Parteivolk ein, die Krise der Revolution und den Bürgerkrieg, der im Januar 1919 ausbrach. Denn in einem Punkt war er unnachgiebig: Die Militärdiktatur, die von der Revolution gestürzt worden war, durfte nicht wiederkommen, die Macht der Generalität und des Offizierskorps mußte für immer gebrochen werden. Auf Antrag der Hamburger Delegation faßte der Kongreß mit großer Mehrheit einen Beschluß zur völligen Umgestaltung des Militärwesens, der unter dem Namen «Hamburger Punkte» bekannt wurde: Oberste Kommandogewalt bei den Volksbeauftragten unter Kontrolle des Zentralrats: Disziplinargewalt bei den Soldatenräten; freie Offizierswahl; keine Rangabzeichen; kein Vorgesetztenverhältnis außer Dienst.

Was sich hier wieder einmal zeigte, war der grundsätzlich antimilitaristische Charakter der Revolution. In allem andern mochte sie maßvolle oder unbestimmte Ziele haben, in diesem einen Punkt meinte sie es ernst. Die meisten Delegierten wußten bereits aus eigener Erfahrung, daß gerade vom Offizierskorps die Gegenrevolution drohte. Manche berichteten über böse Dinge, die sich beim Rückmarsch der Truppen in westdeutschen Städten ereignet hatten – Verhaftung und Mißhandlung von Arbeiterräten, Verbrennung roter Fahnen, Geheimbefehle über die Bildung von Freiwilligenformationen für den Bürgerkriegsfall. Noch hatte man keinen Verdacht gegen Ebert. Man wußte nichts über sein Bündnis mit Groener.

Die Annahme der «Hamburger Punkte» traf den Nerv dieses Bündnisses und eröffnete die Krise. Hindenburg telegrafierte sofort, daß er den Beschluß des Rätekongresses «nicht anerkenne». Groener reiste nach Berlin und drohte mit Rücktritt, wenn die «Hamburger Punkte» durchgeführt würden. Mit Rücktritt drohten auch die drei Volksbeauftragten der USPD – allerdings für den Fall, daß die «Hamburger Punkte» *nicht* durchgeführt würden. Ebert suchte Zeit zu gewinnen: Er vertröstete auf künftige Ausführungsbestimmungen. (Groener: «Ebert verstand wie wenige die Kunst des Abbiegens.»)

Inzwischen begann die Oberste Heeresleitung auf den Truppenübungsplätzen um Berlin Freiwilligenformationen zusammenzustellen – harte, zuverlässige, schlagkräftige Organe der Gegenrevolution, die nicht mehr, wie die zehn heimgekehrten Frontdivisionen, auseinanderlaufen würden. Und die Truppen in Berlin, die ja bisher, wenn auch oft auf eine zwielichtige Weise, für die Revolution optiert hatten, wurden unruhig.

Während die Berliner Bevölkerung zum ersten, armseligen Friedensweihnachtsfest rüstete – es gab keine Weihnachtsgänse und kein Weihnachtsgebäck, auch keine Weihnachtskerzen, statt dessen, auf dem schwarzen Markt, karbidgefüllte Patronenhülsen, die man an den Weihnachtsbäumen befestigen und anzünden konnte, worauf sie ein stinkiges Licht verbreiteten –, begann sich in der politischen Atmosphäre Berlins wieder die Schwüle auszubreiten, die dem Revolutionswochenende vorausgegangen war. Und dann brach, genau zum Weihnachtsabend, das Gewitter los. Am 24. Dezember 1918 wurde Berlin durch Kanonendonner geweckt.

9

Die Weihnachtskrise

In den Morgenstunden des 24. Dezember 1918 lieferten sich Revolution und Gegenrevolution auf dem Schloßplatz in Berlin eine blutige Schlacht. Die Revolution gewann. Dann verschenkte sie ihren Sieg. Man kann sagen: Sie schenkte ihn der Gegenrevolution zu Weihnachten.

In jeder Revolution ist das Entscheidende die Haltung der bewaffneten Macht. Was die letzten Wochen des Jahres 1918 so zwielichtig machte, war nicht nur das Doppelspiel des sozialdemokratischen «Volksbeauftragten», es war vor allem dies: daß niemand von Woche zu Woche, ja von Tag zu Tag sagen konnte, wo die bewaffnete Macht stand, ja *woraus* sie bestand. Denn mit dem Waffenstillstand hatte eine wilde, unkontrollierbare Demobilisierung eingesetzt. Nicht nur die Frontsoldaten, mit denen Ebert und Groener Mitte Dezember die Revolution hatten liquidieren wollen, liefen auseinander, sowie sie nach Hause gekommen waren; auch die Heimattruppen, die Anfang November die Revolution gemacht hatten, waren nicht zu halten: Auch sie wollten Weihnachten zu Hause sein. Was zurückblieb, waren die Offiziere – und unter den Mannschaften diejenigen, die gern Soldaten waren; die Revolution aber hatten die gemacht, die es ungern waren. Was insbesondere die immer noch ausschlaggebende Berliner Garnison betraf, so hatte sich schon am 6. Dezember gezeigt, daß sie in ihrer jetzigen Zusammensetzung eher für die Gegenrevolution als für die Revolution zu gebrauchen war. Mindestens war sie, unter dem Einfluß von Otto Wels, der am 9. und 10. November die Berliner Soldaten so erfolgreich bearbeitet hatte und danach zum Stadtkommandanten ernannt worden war, eine unberechenbare Größe geworden.

Doch es gab eine Ausnahme: die Volksmarinedivision, die am 9. November noch gar nicht existiert hatte, seither aber als die eigentliche Revolutionsgarde galt. Ihr Kern waren einige hundert Matrosen, die in der Revolutionswoche aus Kiel nach Berlin gekommen, dort zunächst verhaftet, aber am 9. November befreit worden waren. Hinzu kamen einige weitere hundert Matrosen, die in Berlin zu Hause waren; und schließlich zweitausend, die Wels am 12. November ausdrücklich aus Kiel angefordert hatte. Zeitweilig dreitausend Mann stark, galt die Volksmarinedivision im November als revolutionäre Elitetruppe. Am 15. November hatte sie auf Befehl des Stadtkommandanten das Schloß übernommen, wo vorher geplündert worden war. Dort lag seither ihr Stab, gegenüber im Marstall ihre Mannschaften.

Vier Wochen lang war die Volksmarinedivision der Stolz der Berliner Kommandantur. Dann änderte sich das plötzlich. Sei es, weil die Division sich dem Putsch vom 6. Dezember versagt und ihren Kommandanten, der in ihn verstrickt war, abgesetzt hatte; sei es, weil sie dem Groener-Plan zur «Wiederherstellung der Ordnung in Berlin» offensichtlich im Wege stand; sei es nur, weil der Wind sich gedreht hatte und sie nicht mehr ins Bild paßte: Von Mitte Dezember an arbeitete Stadtkommandant Wels, aus eigenem Antrieb oder auf Wink von oben, unverkennbar auf ihre Auflösung hin.

Wer seinen Hund ertränken will, bezichtigt ihn der Tollwut, heißt ein französisches Sprichwort. Die Volksmarinedivision wurde plötzlich als «spartakistisch» verdächtigt, und die Plünderungen im Schloß, die gerade sie beendet hatte, wurden ihr jetzt angelastet. Sie sollte aus dem Schloß wegverlegt und auf sechshundert Mann verkleinert werden. (Sie hatte sich schon selbst, durch Demobilisierung, auf etwa tausend reduziert.) Als Druckmittel hielt Stadtkommandant Wels ihre Löhnung zurück. Und Weihnachten rückte näher.

Es klingt grotesk: Daß eine Truppe von tausend Mann sich um ihre Weihnachtslöhnung geprellt fühlte – darüber kam es in Berlin zu einer blutigen Straßenschlacht, darüber platzte die Regierung, das schuf die endgültigen Fronten eines Bürgerkrieges, das gab und nahm der Revolution ihre letzte Chance. Es klingt operettenhaft. Aber dicht hinter der Lächerlichkeit liegt grimmiger Ernst. Es ging ja in Wirklichkeit nicht nur um die Weihnachtslöhnung der Volksmarinedivision, es ging um ihre Existenz und damit, wie die Dinge jetzt lagen, beinahe schon um die Existenz der Revolution selber. Die Geschichte der Weihnachtstage 1918 ist wirklich Geschichte; ein Kapitel deutscher Geschichte, bei dem man nie weiß, ob man lachen oder weinen soll.

Die ganze Vorweihnachtswoche lang verhandelten die Sprecher der Matrosen mit Wels in der Kommandantur. Sie verlangten ihre Löhnung. Wels verlangte, daß sie erst das Schloß räumten. Die Matrosen verlangten, Wels solle ihnen erst ein anderes Stabsquartier zuweisen. Ob man sich darauf schließlich geeinigt hatte, ist unklar geblieben.

Nr. 40 — Jahrgang 1918 Mittwoch, 25. Dezember 1918 Preis 10 Pfg.

Die Rote Fahne

Zentralorgan des Spartakusbundes

Redaktion: Berlin SW 48, Wilhelmstr. 114 II. Fernspr.: Amt Kurfürst 3334 u. 3335. **Expedition:** Berlin SW 68, Friedrichstraße 217 II. Fernspr.: Amt Lützow 5735. Nacht-Auslieferung: Möckernstr. 144, Erdgeschoß (am Anhalter Bahnhof).

Schriftleitung: Karl Liebknecht und Rosa Luxemburg

Abonnementspreis für Inland monatlich 1.50 M. Ausland monatlich 3.00 M. **Anzeigenpreis:** die 7gespaltene Nonpareille-Zeile 75 Pf. Kleine Anzeigen: Ueberschriftswort 30 Pf., jedes weitere Wort 15 Pf.

Eberts Blutweihnacht.

Matrosen haben nicht kapituliert. — Halten Schloß und Marstall besetzt. — Sicherheitsmannschaften und Teil der Soldatenwehr kämpfen auf Seite der Matrosen. — Teil Ebert'scher Truppen fraternisiert. — Feindliche Truppen meist entwaffnet. — Ultimatum von 10 Minuten. — Artillerie beschießt Schloß und Marstall. — Infanterie und Kavallerie stürmen. — Bewaffnete Arbeitermassen eilen zu Hilfe. — 70 Opfer. — Schloß und Marstall von den Matrosen behauptet. — Ebert-Scheidemann die Schuldigen. — Neue Ebert-Truppen im Anmarsch. — Matrosen klären sie auf. — Berliner Vollzugsrat vermittelt. — Wels abgesetzt.

Die revolutionären Obleute und Vertrauensleute der Großbetriebe Berlins fordern die Arbeiter auf, heute am ersten Feiertage, nachmittags 2 Uhr, in der Siegesallee zu erscheinen. Die Arbeiter der einzelnen Betriebe versammeln sich an den für sie durch Plakate kenntlich gemachten Tribünen. Kein Arbeiter darf fehlen, Situation bitter ernst. Die Revolution steht in großer Gefahr.

Die revolutionären Obleute und Vertrauensleute der Großbetriebe Berlins.

Der Krieg gegen die Revolution.

Das zweite Blutbad binnen drei Wochen! Was am 6. Dezember begonnen, sollte am 24. vollendet werden. Der Ebert-Scheidemann lauerten auf einen Vorwand, um die Revolution im Blute zu ersticken. Die Welssche Provokation gegen die Volksmarinedivision, diese treueste Stütze der proletarischen Revolution, führte den ersehnten Vorwand herbei. Eine friedliche Demonstration der um ihre Löhnung geprellten Matrosen war dem Wels und dem Ebert die Gelegenheit, um auf die Matrosen schießen zu lassen, um Truppen von auswärts nach Berlin zu konsignieren und sie zum Brudermord anzustiften!

Die verbrecherischen Pläne sind wieder zunichte geworden Ueber 60 Leichen und Verwundete bedeckten das Schlachtfeld Sie blieben aber die einzige Trophäe der Ebert und Genossen

Die Berliner Truppen haben sich zumeist mit den kämpfenden Matrosen solidarisch erklärt. Die von auswärts herangezogenen zum Brudermord mißbrauchten Truppen schauderten bald selbst vor dem ihnen zugemuteten Henkerdienst zurück. Schwankend geworden, werden sie von den Matrosen mit Hilfe des Roten Soldatenbundes weiter aufgeklärt und für die Sache der Revolution gewonnen.

Die Berliner Arbeiterschaft stellte sich sofort den Matrosen an die Seite. Sie eilte den kämpfenden Brüdern zu Hilfe. Sie erneuerte wieder den Bund, der am 9. November den ersten Sieg der Revolution gesichert hat: Soldaten und Arbeiter unter dem Banner des Sozialismus!

Die Sache ist noch im Gange. Der Schlächter Wels mußte gehen. Aber Ebert und die ganze gegenrevolutionäre Clique ist am Ruder geblieben. Das Volk, die Revolution sind nach wie vor den größten Gefahren ausgesetzt.

Es gilt, das begonnene Werk weiter zu führen. Die 70 Opfer sollen nicht umsonst gefallen sein.

Die Bewaffnung des Volkes, die Bildung der Roten Garde zum Schutze der Revolution ist eine dringende Notwendigkeit geworden.

Proletarier! Soldaten! Seid auf der Hut! Bleibt auf dem Posten, um die Sache der Revolution gegen das System der blutigen Putsche zu verteidigen!

Der 24. Dezember.

Noch ist es nicht möglich, ein in allen Einzelzügen scharf umrissenes Bild des gestrigen Kampfes gegen die Volksmarine-Division zu geben; wir geben die Grundzüge, soweit sie bisher feststellbar sind.

Die

Lage am 23. Dezember abends

war folgende:

Die Forderungen der Matrosen an die Regierung, der sie durch Besetzung des Reichskanzlerpalais Nachdruck gaben, waren: Enthebung des Wels von seinem Posten, Verbleiben der Marine in Berlin, Auszahlung der Löhnung. Haase und Eichhorn drängten auf friedliche Beilegung. Ebert hatte inzwischen Potsdamer Truppen herbeigerufen, die unter dem Kommando des Generalleutnants v. Hofmann standen, um die Volksmarinedivision niederzukämpfen! Zu der Marine waren übergegangen die Truppen des Sicherheitsdienstes, die Berliner Regimenter hatten ihre Sympathie für die Forderungen der Marine erklärt. Die Marine rechnete auf aktive Unterstützung durch die Berliner Regimenter; diese jedoch hielten sich neutral, sie griffen weder auf der einen noch auf der anderen Seite ein; dagegen übten sie am 24. einen moralischen Druck auf Einstellung der Feindseligkeiten aus. Die Matrosen zogen am 23. nachts mit voller Bewaffnung in den Marstall ab. Die Matrosen waren bereit, Wels freizulassen, falls er sofort abgesetzt würde, aber sie weigerten sich, auf die Auflösung und Abschiebung aus Berlin einzugehen.

Der Kampf um Marstall und Schloß.

Die blutigen Kämpfe des 24. Dezember sind die zwingende Folge des Entschlusses Eberts, die Volksmarinedivision um jeden Preis und mit allen Mitteln niederzukämpfen. Die Potsdamer Truppen, die er dazu heranzog, waren eben erst aus dem Felde gekommen, größtenteils junge Leute, die systematisch über die Zustände in Berlin belogen und gegen den Spartakusbund aufgehetzt worden waren. Sie kamen aus Finnland, wo sie die Proletarier in der bekannten grauenhaften Metzelei niedergeschlagen haben. Sie waren daher die vorbestimmte Macht in der Hand Eberts, um die Volksmarinedivision niederzukämpfen.

Die Potsdamer Truppen, Gardekavallerie und -Artillerie, war angerückt mit Handgranaten, Karabinern, Maschinengewehren und leichten und mittlerem Feldgeschütz.

In der Frühe um ½7 Uhr erschien, nach Umstellung des Schlosses und des Marstalls, ein Parlamentär der Gardekavalleriedivision und stellte der Marine folgendes Ultimatum, das binnen 10 Minuten anzunehmen war: 1. Sofortige Freilassung des Wels und seiner Adjutanten. 2. sofortige Niederlegung der Waffen, 3. sofortige Räumung von Schloß und Marstall. Das war also die Forderung der bedingungslosen Kapitulation.

Die Volksmarinedivision weigerte sich, bedingungslos zu kapitulieren. Der Kommandeur der Kavalleriedivision gab nach Ablauf der Frist den Befehl zum Feuern.

Die Verantwortlichen.

Dem Befehlshaber der Regierungstruppen gab Barth an, das Ultimatum und der Befehl zum Kampf nach seiner Ablehnung sei ihm von General Lequis gegeben worden, der ihn seinerseits von der Regierung habe. Barth erklärte, die unabhängigen Mitglieder der Regierung wüßten nichts davon und gab Befehl, nicht zu schießen. Der Befehlshaber erklärte, ein solcher Befehl könne nur von Ebert oder der Gesamtregierung gegeben werden. Es steht also unverrückbar fest: das Ultimatum an die Volksmarinedivision und der Befehl zum Kampf sind von Ebert-Scheidemann-Landsberg ausgegangen; die Haase, Dittmann, Barth waren in diesem wie in den vorhergehenden Fällen die Kulisse, die von nichts wußte, und die Ebert u. Co. dadurch deckte.

Der Kampf.

Der Kampf wurde von der Gardekavallerie und -Artillerie etwa um 8 Uhr früh eröffnet, und zwar mit Geschütz- und Maschinengewehrfeuer. Geschütze waren aufgestellt auf Kr[illegible]brücke, vor dem Schloß und am Werderschen Markt. Die Matrosen verfügten über Maschinengewehre und 1 Geschütz. Der Kampf währte bis etwa 10 Uhr. Es kam in seinem Verlauf zu Kämpfen von Mann gegen Mann im Schlosse. Inzwischen sind bewaffnete Arbeiter angerückt, ganz spontan und in Massen. Der Betrieb Schwartzkopff stellte ein starkes Kontingent.

Die Matrosen behaupteten Schloß und Marstall.

Gegen 10 Uhr endete der Kampf. Eine Abordnung der Matrosen erschien, die Regierungstruppen rückten ab. Die Einstellung des Kampfes ist offenbar zurückzuführen auf den Druck der heranziehenden bewaffneten Arbeiter und die Haltung der Berliner Regimenter. Die Regierungstruppe, wenn sie weitergekämpft hätte, wäre zwischen zwei Feuer geraten.

Die Verhandlungen.

An den Verhandlungen zwischen Regierung, Vollzugsrat und dem Berliner Soldatenrat und den Vertretern der Volksmarinedivision waren Däumig und Ledebour beteiligt. Das Ergebnis ist nach der Mitteilung, die Ledebour um 4 Uhr den Matrosen im Marstall machte, folgendes:

1. Die Matrosen bleiben vollzählig in Berlin; sie unterstellen sich als besondere Truppe der Kommandantur;
2. Die Nicht-Berliner Truppen haben abzuziehen.

Wels hat das Feld geräumt. Er erklärte, er kehre nicht mehr in die Kommandantur zurück. Sein Stellvertreter ist vorläufig Bruins Molkenbuhr.

Die Universität ist angeblich um 6 Uhr von den Ebert-Truppen geräumt worden.

Das Ergebnis entspricht nicht dem Resultat der bewaffneten Auseinandersetzung. Die Machtstellung, die sich die Marine, mit der Garde und den Arbeitern im Hintergrund, mit zäher Tapferkeit errungen, wurde durch die Verhandlungen zu einem großen Teil preisgegeben. Vor allem aber: die Regierung behält ihre Machtmittel weiter in der Hand: sie kann jederzeit ihre Kanonen und Maschinengewehre wieder aufmarschieren lassen.

Die Verluste.

Ueber die Verluste auf seiten der Matrosen und der Regierungstruppen sind genaue Zahlen noch nicht zu erlangen. Die bisherigen Angaben lauten auf 70 Tote und Verwundete.

Schloß und Marstall weisen starke Beschädigungen auf: zerschossene Fenster, durch Maschinengewehrfeuer abgesplitterten [illegible]wurf, eine Reihe von Granateneinschlägen in den Mauern, teilweise Einstürze.

Die Irreführung der Regierungstruppen.

Wie von vornherein klar, war es nur deshalb möglich, die Potsdamer Truppen gegen ihre Berliner Kameraden zu führen, weil sie von ihren Offizieren — unter Duldung und aktiver

Leitartikel der von Rosa Luxemburg und Karl Liebknecht herausgegebenen *Roten Fahne* vom 25. Dezember 1918.

Jedenfalls geschah nichts; die Matrosen bekamen kein neues Stabsquartier, sie räumten das Schloß nicht, und sie bekamen keine Löhnung. Und nun stand Heiligabend vor der Tür.

Am 23. Dezember verloren die Matrosen die Geduld. Um zwölf Uhr mittags gingen ihre Führer und Sprecher nicht mehr zur Kommandantur, sie gingen zur Reichskanzlei.

Dort trafen sie auf Krisenstimmung. Die «Koalition der sozialistischen Einigkeit», am 10. November gebildet, war im Auseinanderbrechen. Zwischen den drei SPD- und den drei USPD-Volksbeauftragten herrschten Mißtrauen, Gereiztheit und offener Streit. Die Matrosen konnten nicht umhin zu merken, daß die Unabhängigen sie wie Freunde, die SPD-Leute wie Feinde behandelten. Sie wurden schließlich weggeschickt mit dem Bescheid: Liefert die Schloßschlüssel ab, dann bekommt ihr eure Löhnung. Von anderen Stabsquartieren war nicht mehr die Rede. Wo die Matrosen die Schlüssel abliefern sollten, wurde nicht gesagt.

Um vier Uhr nachmittags waren die Matrosenführer wieder in der Reichskanzlei mit den Schlüsseln, aber auch mit bewaffnetem Gefolge, das vor dem Eingang Wache bezog. Die Matrosensprecher, an ihrer Spitze ihr Führer, ein Leutnant Dorrenbach, ließen sich bei Emil Barth, einem der drei USPD-Volksbeauftragten, melden und übergaben ihm die Schlüssel. Barth griff zum Telefon und sagte Wels, die Schlüssel seien da, und er solle nun zahlen. Wels weigerte sich: Er nehme nur von Ebert Aufträge an. Barth schickte die Matrosensprecher zu Ebert. Ebert ließ sich verleugnen.

Nun riß den Matrosen endgültig die Geduld. Auf Befehl Dorrenbachs sperrten sie alle Ausgänge der Reichskanzlei, besetzten die Telefonzentrale und schnitten die Leitungen durch. Die Volksbeauftragten standen damit in der Reichskanzlei unter Hausarrest. Die Matrosen hätten die Reichsregierung ausheben, die Volksbeauftragten verhaften und erschießen können – wenn sie gewollt hätten. Daran freilich dachten Dorrenbach und seine Männer nicht. Sie wollten ja nur ihre Löhnung! Außerdem allerdings hatten sie jetzt eine wilde Wut. Sie fanden, daß man von allen Seiten Schindluder mit ihnen trieb, und sie fanden, das brauchten sie sich nicht gefallen zu lassen.

Wer hatte denn die Waffen? Wer war denn der Stärkere? Und wer, schließlich und endlich, hatte denn die Revolution gemacht? Wem verdankten die Herren Ebert und Wels ihre Posten? – Diese Herren sollten jetzt einen Denkzettel bekommen. Sie sollten sich nicht ein zweites Mal einfallen lassen, revolutionären Matrosen ihre Löhnung zu verweigern!

Eberts «Blutweihnacht». Regierungstruppen (oben) belagern am 24. Dezember das Berliner Schloß, in dem seit November die revolutionäre Eliteeinheit, die Volksmarinedivision (unten), Quartier bezogen hatte. Der Anlaß der Auseinandersetzung, ausstehender Sold für die revolutionären Soldaten, war vordergründig. In Wirklichkeit wollte die Regierung mit dem «Räteunwesen» endlich aufräumen.

Während ein Trupp Matrosen die Volksbeauftragten in der Reichskanzlei eingesperrt hielt, marschierte ein anderer, größerer, zur Kommandantur. Hier gab es Widerstand. Die Wachen weigerten sich, die Matrosen ins Gebäude zu lassen. An den Eingängen entstand ein Handgemenge; und dann erschien draußen ein Panzerwagen und feuerte in die Matrosen hinein. Drei Tote.

Nun griffen die Matrosen an und stürmten das Gebäude, verhafteten Wels und zwei seiner Unterführer und brachten sie unter Püffen, Schlägen und Todesdrohungen in den Marstall. Es half Wels nichts mehr, daß er jetzt die Löhnung anbot. Sie nahmen die Löhnung, aber sie nahmen auch ihn mit. Inzwischen blieben die Volksbeauftragten in der Reichskanzlei gefangen. Es war nachmittags fünf Uhr, frühe Dezembernacht.

Eins hatten die Matrosen, als sie die Telefonzentrale der Reichskanzlei besetzten und die Anschlüsse unterbrachen, nicht gewußt: daß es zwischen Eberts Arbeitszimmer und der Obersten Heeresleitung (jetzt in Kassel) eine Direktleitung gab, die nicht über die Zentrale lief. Über diese Direktleitung forderte Ebert jetzt Hilfe an. Am anderen Ende sprach ein Mann, der später noch eine große Rolle spielen sollte – Major Kurt von Schleicher. An diesem Tage hatte er seinen ersten geschichtlichen Auftritt. «Ich werde sofort veranlassen», erklärte er, «daß regierungstreue Truppen aus der Umgebung Berlins zu Ihrer Befreiung in Marsch gesetzt werden. Vielleicht», fügte er hoffnungsvoll hinzu, «bietet sich nach so vielen verpaßten Gelegenheiten hier doch noch eine letzte Möglichkeit, einen Schlag gegen die Radikalen zu führen.»

Zur gleichen Zeit, da die Matrosen mit ihrer gewaltsam ergatterten Löhnung und ihrem Gefangenen Wels in den Marstall zurückkehrten, wurden auf telefonischen Befehl der Obersten Heeresleitung in Potsdam und Babelsberg Truppen nach Berlin in Marsch gesetzt. Es waren die letzten einsatzfähigen Reste der zehn Divisionen, die eigentlich schon zwischen dem 10. und 15. Dezember in Berlin hatten «Ordnung schaffen» sollen: kaum mehr als achthundert Mann, aber mit ein paar Batterien Feldartillerie. Die Matrosen, etwas über tausend Mann, hatten nur Maschinengewehre und Handfeuerwaffen.

Nun verwirrt sich das Bild. Was am späten Nachmittag dieses 23. Dezember geschah, ist nach widersprechenden Berichten nicht eindeutig auszumachen. Es ist nicht klar, ob der Hausarrest der Volksbeauftragten in dieser Zeit wiederaufgehoben wurde oder nicht; jedenfalls fand zwischen fünf und sieben Uhr eine Kabinettssitzung statt, auf der Ebert den drei Unabhängigen von dem Truppenanmarsch nichts sagte und nach der, zur Abendbrotzeit, die Unabhängigen unbehelligt und ahnungslos die Reichskanzlei verließen. Ebert und seine SPD-Kollegen blieben zurück.

Es ist auch nicht klar, wie die Matrosen von dem Truppenanmarsch erfuhren. Aber irgendwie müssen sie erfahren haben, daß er im Gange war; denn abends um halb neun, als sich die Szene wieder erhellt, bietet sie ein martialisches Bild. Von zwei Seiten rücken rasselnd schwerbewaffnete Kolonnen auf die Reichskanzlei zu: von Westen, vom Tiergarten her, die Truppen aus Potsdam und Babelsberg, mit geschulterten Gewehren und pferdebespannten Geschützen; von Osten, vom Marstall, die gesamte Volksmarinedivision in feldmarschmäßiger Ordnung. Die Matrosen sind ein bißchen früher da als die Soldaten. Dorrenbach erscheint zum drittenmal an diesem Tage bei Ebert: Im Tiergarten ständen kampfbereite Truppen. Was das heißen solle. Wenn sie nicht zurückgezogen würden, käme es jetzt und hier zum Kampf.

In diesem Augenblick betreten auch die Kommandeure der herbeorderten Truppen Eberts Zimmer, erstatten Meldung und erbitten Befehl zur Feuereröffnung. Die Führer der beiden feindlichen Formationen stehen sich Auge in Auge gegenüber, im selben Raum; vor Ebert, den beide – nicht ohne Mißtrauen – halb und halb als ihren betrachten: Die Matrosen – denn ist er nicht immer noch der «Volksbeauftragte» ihrer Revolution? Die Offiziere – denn hat er sie nicht zu seiner «Befreiung» gerufen?

Man gäbe etwas darum, wenn man ein Tonband dieser Szene hätte. Leider kennt man kein Wort von dem, was an diesem Abend in Eberts Arbeitszimmer gesprochen wurde. Man kennt nur das Ergebnis: Beide Seiten rückten wieder ab, die Soldaten zurück in den Tiergarten, die Matrosen zurück in den Marstall. Man weiß auch, daß Ebert versprochen hatte, die ganze Angelegenheit solle morgen durch Kabinettsbeschluß beigelegt werden. Inzwischen: kein Blutvergießen!

Man weiß aber auch, daß Ebert nachts gegen zwei Uhr dann doch den im Tiergarten kampierenden Truppen den Befehl gegeben hat, morgens den Marstall anzugreifen und die Volksmarinedivision auszuheben.

Die Motive für diesen Befehl sind umstritten. Ebert behauptete am nächsten Tag, er sei aus dem Marstall angerufen worden, das Leben von Otto Wels sei in Gefahr. Das klingt wenig überzeugend: Wenn Wels' Leben wirklich in Gefahr gewesen wäre, dann wäre ein Angriff auf das Gebäude, in dem er sich befand, das sicherste Mittel gewesen, seinen Tod herbeizuführen. Auch tauchte Wels, nach dem Zeugnis Scheidemanns, frühmorgens um drei Uhr, also mehrere Stunden vor dem Angriff, wenn auch eine Stunde nach dem Angriffsbefehl, schließlich selbst in der Reichskanzlei wieder auf, schwer mitgenommen zwar, aber heil und lebendig. Es zeigte sich hier wieder die eigentümliche Gutmütigkeit, die die deutschen Revolutionäre von 1918 sogar in der Wut nicht ganz verließ. Kein Zweifel, daß man Wels roh behandelt und auch Ebert und seinen Kollegen absichtlich einen gehörigen Schrecken eingejagt hatte. Aber dabei hatte man es bewenden lassen; vor dem Äußersten scheute man zurück. Morden wollte man nicht, auch nicht in der Wut. – Die Gegenrevolution sollte keine solche Skrupel haben.

Wahrscheinlicher klingt eine andere Version, nach der um Mitternacht ein bitterernstes Telefongespräch zwischen General Groener und Ebert geführt wurde, in dem Groener drohte, Ebert das Bündnis aufzukündigen, wenn jetzt nicht Ernst gemacht würde.

Sehr viel Überredung dürfte er übrigens kaum gebraucht haben: Auch Ebert hatte an diesem Nachmittag und Abend echte Angst ausgestanden, und Angst setzt sich leicht und natürlich in Zorn um. Wie auch immer, um zwei Uhr nachts erging der Angriffsbefehl aus der Reichskanzlei, und morgens um dreiviertel acht donnerten auf dem Schloßplatz die Kanonen.

Die Schlacht dauerte mit Unterbrechungen bis zwölf Uhr mittags und endete mit dem Sieg der Matrosen. Soviel steht fest. Über die Einzelheiten des Kampfverlaufs gibt es nur widersprechende und wirre Berichte. Sicher ist, daß die Kanonade, mit der die Ebert-Truppen den Kampf eröffneten, erfolglos blieb. Von mehreren Seiten feuerten sie mit Geschützen und Maschinengewehren. Schon in der ersten Stunde des Gefechts schlugen sechzig Granaten in Schloß und Marstall ein. Die Gebäude wurden schwer beschädigt, aber die Matrosen hielten ihre Stellungen.

Zwischen neun und zehn Uhr, während das Gefecht noch unentschieden tobte, drängten aus den Nebenstraßen große Massen von Zivilisten heran, die dem Kanonendonner gefolgt waren – Arbeiter, auch Frauen und Kinder; ihr Erscheinen soll auf die Regierungstruppen demoralisierend gewirkt haben, denn ganz offensichtlich nahmen sie Partei für die Matrosen. Die Stimmung in dem Menschenauflauf erinnerte an den 9. November: «Brüder, nicht schießen!»

Gegen zehn Uhr gab es eine Kampfpause, um die Frauen und Kinder vom Kampfplatz wegzuschaffen. Um 10.30 Uhr wurde der Kampf mit verstärkter Heftigkeit fortgesetzt, und von nun an waren die Matrosen im Angriff. Einzelne Soldaten sollen in der folgenden Stunde zu ihnen übergegangen sein, auch kamen ihnen jetzt bewaffnete Zivilisten zu Hilfe. Jedenfalls war, nach einem Bericht des nicht matrosenfreundlichen *Vorwärts* vom nächsten Tag, um zwölf Uhr «die ganze Gegend um den Marstall einschließlich der Königstraße bis zum Rathaus von Matrosen und ihren Anhängern mit Maschinengewehren besetzt».

Um diese Zeit wurde der Kampf endgültig abgebrochen. Die Truppen, die ihn morgens eröffnet hatten, verpflichteten sich, den Kampfplatz zu räumen, und bekamen freien Abzug zugestanden. Die Matrosen verpflichteten sich, in ihre Quartiere zurückzukehren – aus denen sie hatten vertrieben werden sollen. Sie hatten das Schlachtfeld behauptet. Ihre Toten und Verwundeten, deren Zahl unbekannt geblieben ist, nahmen beide Kampfparteien mit.

An diesem Nachmittag herrschte im Hauptquartier in Kassel und in der Reichskanzlei in Berlin tiefe Bestürzung und Niedergeschlagenheit. Der Major von Harbou, der bei der eingesetzten Truppe als Generalstabsoffizier fungiert hatte, telegrafierte nach Kassel: «Truppen des Generalkommandos Lequis sind nicht mehr aktiv verwendungsfähig. Einen Weg, mit bisherigen Mitteln die Regierung zu schützen, sehe ich nicht. Der Ausgang des heutigen Zusammenstoßes kann politisch für die Regierung katastrophal werden. Generalkommando Lequis ist meines Erachtens unmöglich geworden. Empfehle seine Auflösung.» (General Lequis war der Oberkommandierende der zehn Divisionen, die vor vierzehn Tagen in Berlin eingerückt waren.) Bei einer sofort einberufenen Stabskonferenz in Kassel erklärten sich mehrere Offiziere dafür, die Oberste Heeresleitung aufzulösen. «Es nütze nichts, sich noch länger gegen das Schicksal aufzulehnen. Jeder müsse nach Hause fahren und sehen, wie er seine Familie schütze und sich selbst seiner Haut wehre.»

Wer diesem Defätismus ein Ende machte – und damit zum zweitenmal in zwei Tagen in die deutsche Geschichte eingriff –, das war der Major von Schleicher. Wenn man die Flinte jetzt nicht ins Korn werfe, erklärte er weitblickend, dann werde die Berliner Niederlage eine Episode bleiben. Die Rettung werde von den Freiwilligentruppen kommen, die nun aufgestellt würden. Groener schloß sich dieser Meinung an. Er wußte, daß der Aufbau der Freikorps bereits kräftig im Gange war, und er war davon überzeugt, daß die Zeit für die Gegenrevolution arbeite.

Ebert wußte weniger genau Bescheid; die Oberste Heeresleitung ließ sich auch von ihm nicht in die Karten blicken. Um so klarer war er sich bewußt, daß er wehrlos war, wenn die Revolution ihren Sieg ausnutzte. Er rechnete ernsthaft mit einem Handstreich auf die Reichskanzlei und dachte wohl, nicht ohne Grund, auch an seine eigene Sicherheit.

Groener, der an diesem Heiligabend wieder mit ihm telefonierte, schildert einen gefaßten, phlegmatischen, fast humorvollen Ebert. Auf die Frage, was er jetzt vorhabe, soll Ebert laut Groener geantwortet haben: «Vor allem gehe ich jetzt einmal zu Freunden und schlafe mich aus, was ich bitter nötig habe. Soll Liebknecht die Reichskanzlei besetzen, wenn er will. Er wird aufs leere Nest stoßen.»

Andere Augenzeugen, die Ebert an diesem Weihnachtsabend sprachen, geben ein weniger imponierendes Bild. Schon in der vorangehenden Nacht, und noch mehr nach der Niederlage vor dem Schloß, habe Ebert in fast panischer Stimmung darauf bestanden, mit der ganzen Regierung Berlin zu verlassen – irgendwohin, in die stillste Provinz, nach Rudolstadt oder nach Weimar. «So – geht – es – einfach – nicht – weiter», habe er immer wieder mit fast hysterischem Nachdruck erklärt. «So – kann – man – einfach – nicht – regieren.»

Vielleicht hat Ebert sich Groener gegenüber wirklich gelassener gegeben als im Gespräch mit seinen Kollegen. Daß er sich in der Reichskanzlei nicht mehr sicher fühlte, geht aus dem einen Zeugnis ebenso hervor wie aus dem andern. Und objektiv gesehen, hatte er allen Grund dazu. Wenn die Revolution eine Führung gehabt hätte – an diesem Weihnachtsabend hätte nichts mehr zwischen ihr und der Macht in der Hauptstadt gestanden.

Aber die Revolution hatte keine Führung; sie sah ihre Chance nicht – und außerdem: jetzt war Heiligabend. Die Matrosen hatten endlich ihre Löhnung, sie hatten gekämpft und gesiegt; jetzt wollten sie feiern.

Was Liebknecht betraf – der mit den Ereignissen der letzten Tage nicht das geringste zu tun gehabt hatte –, so war er diese ganze Nacht damit beschäftigt, eine besonders wirkungsvolle Anklage-Nummer der *Roten Fahne* herzustellen, die am nächsten Morgen mit der riesigen Balkenüberschrift «Eberts Blutweihnacht» herauskam. Die Revolutionären Obleute, die an diesem Abend wie jedermann zu Hause vor dem Weihnachtsbaum saßen und «Stille Nacht, Heilige Nacht» sangen, riefen für den ersten Feiertag zu einer Demonstration auf, unter dem Motto: «Situation bitterernst, die Revolution steht in großer Gefahr.» Die Unabhängigen Sozialdemokraten aber, mit dem wie immer tief melancholischen Haase an der Spitze, sahen nur eins: daß sie aus dieser Regierung heraus mußten; mit solchen schrecklichen Vorgängen, wie sie sich am 24. Dezember ohne ihr Wissen und Zutun abgespielt hatten, wollten sie nichts mehr zu tun haben.

Damit taten sie wahrscheinlich Ebert und seinen Mitarbeitern den größten Gefallen. Groener hat Ebert nachgerühmt, daß er die Weihnachtskrise mit großer Geschicklichkeit dazu benutzt habe, die Unabhängigen aus der Regierung zu verdrängen: und der damalige Sekretär des Chefs der Reichskanzlei, Walter Oehme, berichtet, daß schon in den Vorweihnachtstagen in der Reichskanzlei ein offensichtliches Treiben gegen die drei USPD-Volksbeauftragten eingesetzt habe. «Es war Tagesgespräch, daß ihr Rücktritt selbstverständlich sei. Man sah sich bereits nach neuen rechtssozialistischen Mitarbeitern um. War schon vorher der ganze Apparat der Reichskanzlei in einseitigster Weise zugunsten der drei rechtssozialistischen Volksbeauftragten eingestellt, so arbeitete er seit jenem Tag [dem Abschluß des Reichsrätekongresses und der Wahl eines reinen SPD-Zentralrats] überhaupt nur noch für sie. Man begann langsam, Haase, Dittmann und Barth auszuschalten.» Aber wenn das so war – einige sozialdemokratische Chronisten bestreiten es –, dann hätte man sich diese Arbeit sparen können. Haase, Dittmann und Barth, die USPD-Volksbeauftragten, schalteten sich selbst aus.

Die Naivität ihrer politischen Taktik in der Auseinandersetzung über die Ereignisse vom 23. und 24. Dezember ist nur zu erklären, wenn man annimmt, daß sie bewußt oder unbewußt nichts anderes anstrebten, als der Regierungsverantwortung, der sie sich nicht gewachsen gezeigt hatten, wieder zu entkommen. Nachdem sie sich einen Tag lang mit ihren SPD-Kollegen über Recht und Unrecht des Schießbefehls vom 24. Dezember fruchtlos herumgestritten hatten, riefen sie den Zentralrat, der ausschließlich mit SPD-Vertretern besetzt war, zum Schiedsrichter an; und nachdem der Zentralrat, wie zu erwarten, gegen sie entschieden hatte, traten sie aus der Regierung aus.

Das geschah am 29. Dezember. Bereits am 30. Dezember hatten die drei SPD-Volksbeauftragten zwei neue Kollegen aus ihrer eigenen Partei, Wissell und Noske, hinzugewählt, und die vor sieben Wochen proklamierte «sozialistische Einigkeit» wurde mit unverhülltem Triumph zu Grabe getragen. «Die lähmende Zwiespältigkeit ist überwunden», jubelten sie in einem Aufruf an das deutsche Volk. «Jetzt haben wir Arbeitsmöglichkeit!» Als Arbeitsziel verkündete der Aufruf «Ruhe und Sicherheit». Das Wort «Revolution» kam nicht mehr darin vor. Und unterschrieben war er: «Die Reichsregierung». Der «Rat der Volksbeauftragten» war abgeschafft.

So wurde aus dem ersten und einzigen militärischen Sieg der Revolution binnen fünf Tagen ihre entscheidende politische Niederlage. Am 9. und 10. November hatte Ebert der Revolution, um sie abzufangen, noch notgedrungen das Zugeständnis einer «Regierung der sozialistischen Einigkeit» gemacht. Jetzt, nur sieben Wochen später, war es mit dieser – freilich von Anfang an mehr scheinbaren als wirklichen – sozialistischen Einigkeit schon wieder vorbei. Alle politischen Kräfte, die die Revolution wirklich gewollt oder wenigstens mit ihr sympathisiert hatten, standen wieder draußen. Nicht ohne eigene Schuld: Sie hatten ihre Stunde versäumt und ihre Chance nicht wahrgenommen. Sie hatten sich ausmanövrieren lassen – oder sich selbst ausmanövriert.

Die unmittelbare Folge war denn auch der Zerfall der politischen Linken. Nach jeder Niederlage setzt bei den Geschlagenen Zank und Streit ein; jeder gibt dem andern die Schuld an dem, was geschehen ist. So auch jetzt.

Am 30. Dezember trennte sich die Spartakusgruppe endgültig von der USPD und konstituierte sich als Kommunistische Partei. Zugleich verkrachte sie sich mit den Revolutionären Obleuten, die diese Neugründung nicht mitmachen wollten und Liebknechts «Straßentaktik» – die Taktik immerwährender Demonstrationen – schon lange gefährlich und dilettantisch fanden.

Und selbst auf dem Gründungskongreß der KPD gab es von Anfang an krasse Unstimmigkeiten zwischen der Anhängermasse, die nach sofortiger Aktion verlangte, und der Führung, die einen langen Weg vor sich sah. (Rosa Luxemburg: «Genossen, ihr macht euch euren Radikalismus etwas sehr bequem ... Wir stehen am Anfang der Revolution.»)

Die USPD blieb, auch nach dem Ausscheiden der Spartakisten, in sich selbst tief zerstritten. Einige Mitglieder ihres rechten Flügels strebten zurück zur SPD. Ihr linker Flügel klagte die ehemaligen Volksbeauftragten an, total versagt und alles falsch gemacht zu haben. Die Revolutionären Obleute schlossen ihren einzigen bisherigen Vertreter im Rat der Volksbeauftragten, Emil Barth – vor sieben Wochen noch ein Mitglied ihrer innersten Führungsgruppe –, aus ihrer Organisation aus.

Aber während so die politische Führung der Linken zerfiel, bildete sich unter den Arbeitermassen in diesen Weihnachtstagen eine neue Revolutionsstimmung. Im November hatten die Massen geglaubt, gesiegt zu haben. Seit Weihnachten fühlten sie sich verraten, um ihren Sieg betrogen – aber noch nicht besiegt. Man mußte eben noch einmal nachfassen. Hatten sie nicht auch im November alles allein geschafft, ohne Führung? Warum sollte, was damals möglich gewesen war, nicht noch einmal möglich sein?

Als am Sonntag, dem 29. Dezember, die gefallenen Matrosen in

Friedrichshain, im Berliner Osten, zu Grabe getragen wurden, folgte ihnen ein unabsehbarer Zug von Trauernden – erbittert Trauernden. Sie trugen Plakate, auf denen stand:

«Als Matrosenmörder klagen wir an
Ebert, Landsberg und Scheidemann»

und

«Gewalt gegen Gewalt!»

Sie hoben die Fäuste und riefen im Chor: «Nieder mit den Verrätern!»

Was hier heranrollte und stundenlang die Straßen des Berliner Ostens überschwemmte, war die zweite Welle der Revolution. Schon eine Woche später sollte sie sich überschlagen.

10
Entscheidung im Januar

Das Schicksal der deutschen Revolution entschied sich in Berlin in der Woche vom 5. bis 12. Januar 1919. Diese Woche ist als «Spartakuswoche» in die Geschichte eingegangen – zu Unrecht. Was in dieser Woche vor sich ging, war kein kommunistischer Aufstand gegen die sozialdemokratische Regierung. Es war ein Versuch der Berliner Arbeitermassen, das am 9. und 10. November Errungene und inzwischen schon halb Verlorene noch einmal zu erringen, und zwar auf dieselbe Weise wie damals. Der 5. Januar war ein zweiter 9. November.

Aber was im November wenigstens scheinbar gelungen war, scheiterte im Januar völlig. Es scheiterte zum Teil daran, daß die Führung, die wiederum bei den Revolutionären Obleuten lag, noch planloser und unfähiger operierte als damals. Hauptsächlich aber daran, daß Ebert sich jetzt stark genug fühlte, das zu wagen, was er damals noch nicht gewagt hatte: nämlich die Revolution zusammenschießen zu lassen.

Was am 5. Januar in Berlin geschah, hatte niemand vorausgeplant oder vorausgesehen. Es war eine spontane Massenexplosion. Der Anlaß war trivial. Der Berliner Polizeipräsident, ein herzlich unbedeutender Mann namens Emil Eichhorn, der nie vorher oder nachhher eine Rolle gespielt hat, weigerte sich, seine vom preußischen Innenministerium verfügte Entlassung anzunehmen. Er war ein Mitglied der USPD und wandte sich an die Berliner Ortsgruppe seiner Partei um Unterstützung. Am 4. Januar, einem Sonnabend, trafen sich im Polizeipräsidium der Vorstand der Berliner USPD, die Revolutionären Obleute und zwei Vertreter der frischgebackenen KPD, Liebknecht und Pieck, mit Eichhorn und beschlossen, für den Sonntag zu einer Protestdemonstration gegen Eichhorns Absetzung aufzurufen; das war alles, was ihnen einfiel. Dann erlebten sie ihr blaues Wunder.

Aufgerufen hatten sie für Sonntag um zwei Uhr «zu einer imposanten Massenkundgebung in der Siegesallee». Aber schon am Vormittag strömten wieder, wie am 9. November, aus allen Arbeitervorstädten riesige Marschkolonnen ins Berliner Stadtzentrum, und um zwei Uhr

In Ordnung

Gestern noch
wollte ich
mein Leben in Ordnung
bringen.
Als ich näher hinsah
fand ich alles
in Ordnung:
die Tränen in zauberhaften
Stunden
die Trauer wegen der
Freude.
Ich sah in deine Augen
und fühlte mich wohl
in meiner Unordnung.

(Annette Bonsowski)

standen Hunderttausende Kopf an Kopf, nicht nur in der Siegesallee, sondern quer durch den Tiergarten, die Linden entlang, auf dem Schloßplatz und von dort die Königstraße hinunter bis zum Alexanderplatz, wo das Polizeipräsidium lag.

Es war keine friedliche Versammlung. Es war ein Aufmarsch. Viele waren bewaffnet. Alle waren erbittert und tatendurstig. Nachdem sie sich Reden angehört hatten – die meisten hörten allerdings gar nichts, es gab ja damals noch keine Lautsprecheranlagen –, gingen die Massen keineswegs auseinander. Genau wie am 9. November ergriffen vielmehr überall plötzlich einzelne beherzte Leute die Initiative, gaben Parolen aus und stellten bewaffnete Gruppen und Züge zusammen. Man wollte ja nicht nur demonstrieren, man wollte handeln – irgendwie handeln.

Später ist behauptet worden, daß Regierungsspitzel als *agents provocateurs* dabei ihre Hand im Spiel gehabt hätten. Möglich – aber unmöglich hätten sie die Massen, so, wie es geschah, zur Tat mitreißen können, wenn diese Massen nicht selber zur Tat entschlossen gewesen wären.

Am Nachmittag hatte sich aus der Demonstration eine bewaffnete Aktion entwickelt. Ihr Hauptziel war das Zeitungsviertel. Alle großen Zeitungsverlage – Scherl, Ullstein, Mosse, der *Vorwärts* – wurden besetzt, die Maschinen stillgelegt, die Redaktionen nach Hause geschickt. Später besetzten andere bewaffnete Gruppen die großen Bahnhöfe.

Noch in der Nacht waren überall in der Berliner Innenstadt aufgeregte Züge unterwegs, auf der Suche nach strategischen Zielen, die es zu besetzen, oder auch nach Feinden, die es niederzukämpfen galt. Es zeigten sich keine. Die Revolution, die seit dem 10. November stillgelegen hatte, war wieder ausgebrochen. Scheinbar beherrschte sie in dieser Nacht Berlin.

Niemand wurde von diesem gewaltigen Massenausbruch mehr überrascht als die Leute, die ihn ausgelöst hatten. Sie hatten keine Ahnung gehabt, was für eine Lawine sie lostraten.

Am Abend dieses Sonntags waren im Berliner Polizeipräsidium sechsundachtzig Männer versammelt: siebzig Revolutionäre Obleute, zehn Vorstandsmitglieder der Berliner USPD mit dem alten Georg Ledebour an der Spitze, dazu zwei Soldaten- und ein Matrosenvertreter, Liebknecht und Pieck als Abgesandte der KPD und schließlich Eichhorn selbst. Die Konferenz stand, nach dem Bericht eines Teilnehmers, «ganz im Banne der gewaltigen Demonstration, ohne sich zu-

Oben: Revolution und Gegenrevolution lieferten sich im Januar 1919 erbitterte Straßenkämpfe, wie hier im Norden Berlins.
Unten: Bewaffnete Arbeiter. Ihr Protest richtete sich zunächst gegen das Vorgehen der Regierung vom 24. Dezember – für sie ein Verrat.

Oben: Die Revolutionäre haben sich im Zeitungsviertel verschanzt. Mehrere Tage lang lieferten sie den Regierungstruppen heftige Kämpfe.
Unten: In riesigen Demonstrationszügen forderten die Arbeiter eine Stärkung ihres Einflusses, der zunehmend unterdrückt wurde.

nächst darüber schlüssig zu werden, was weiter geschehen müsse». Es herrschte «eine Stimmung, die keine objektive Stellungnahme aufkommen ließ. Die Redner überboten sich gegenseitig mit Kraftworten und Forderungen.»

Am wildesten gebärdeten sich Heinrich Dorrenbach, der Führer der Volksmarinedivision, der wohl nicht nur, wie alle anderen, von den überwältigenden Eindrücken der letzten Stunden berauscht war, sondern dem auch sein Sieg in der Weihnachtsschlacht auf dem Schloßplatz ein wenig zu Kopf gestiegen war: Er behauptete jetzt, «nicht nur die Volksmarinedivision, auch alle anderen Berliner Regimenter stehen hinter den Revolutionären Obleuten und sind bereit, mit Waffengewalt die Regierung Ebert – Scheidemann zu stürzen». Darauf erklärte Liebknecht, bei diesem Stand der Dinge sei der Sturz der Regierung möglich und unbedingt notwendig. Ledebour sagte: «Wenn wir uns entscheiden, muß das rasch geschehen.»

Die beiden Soldatenvertreter warnten zwar. «Vielleicht stehen die Truppen hinter uns», erklärte der eine, «aber sie haben immer geschwankt.» Der andere war noch pessimistischer: Es sei sogar fraglich, ob Dorrenbach seine eigenen Leute hinter sich habe (eine Skepsis, die sich bald als nur zu begründet herausstellen sollte). Aber die Warner kamen gegen den Siegesrausch – den merkwürdigerweise nicht die Führer in die Massen, sondern die Massen in die Führung getragen hatten – nicht auf. Mit achtzig gegen sechs Stimmen wurde beschlossen, «den Kampf gegen die Regierung aufzunehmen und bis zu ihrem Sturz durchzuführen».

Folgender Aufruf ging noch in der Nacht heraus:

«Arbeiter! Soldaten! Genossen! Mit überwältigender Wucht habt ihr am Sonntag euren Willen kundgetan, daß der letzte bösartige Anschlag der blutbefleckten Ebert-Regierung zuschanden gemacht werde. Um Größeres handelt es sich nunmehr. Es muß allen gegenrevolutionären Machenschaften ein Riegel vorgeschoben werden! Deshalb heraus aus den Betrieben! Erscheint in Massen heute elf Uhr vormittags in der Siegesallee! Es gilt die Revolution zu befestigen und durchzuführen. Auf zum Kampfe für den Sozialismus! Auf zum Kampfe für die Macht des revolutionären Proletariats! Nieder mit der Regierung Ebert – Scheidemann!»

Es wurde ein «provisorischer Revolutionsausschuß» von nicht weniger als dreiundfünfzig Mann gebildet, mit Ledebour, Liebknecht und einem gewissen Paul Scholze an der Spitze; dieser Revolutionsausschuß erklärte, er habe «die Regierungsgeschäfte vorläufig übernommen». Tatsächlich hat er weder die Regierungs- noch auch nur die Revolutionsgeschäfte je übernommen. Der Aufruf zu dem erneuten Aufmarsch am Montag war die einzige Tat, die er zustande brachte.

Dieser Aufruf wurde befolgt. Die Massen waren am Montagvormittag wieder auf den Straßen, vielleicht noch zahlreicher als am Sonntag. Kopf an Kopf standen sie wieder von der Siegesallee bis zum Alexanderplatz, bewaffnet, erwartungsvoll, tatbereit. Sie fühlten sich jetzt stark. Gestern hatten sie wie im Spiel ihre Kraft und Macht gezeigt – ganz spontan, ganz führungslos. Jetzt glaubten sie eine Führung zu haben, jetzt erwarteten sie Entscheidung, Kampf und Sieg.

Und dann geschah nichts. Die Führung ließ nichts von sich hören. Einzelne Gruppen machten sich wieder selbständig und besetzten noch ein paar öffentliche Gebäude – das Wolffsche Telegraphenbüro, die Reichsdruckerei. Den entscheidenden Sturm auf die Regierungsgebäude wollte offenbar ohne Befehl niemand wagen; und Befehle kamen nicht. Auch standen vor der Reichskanzlei einige tausend Regierungsanhänger, ebenfalls bewaffnete Zivilisten, die die SPD am Morgen zusammengetrommelt hatte.

Die Stunden vergingen. Der Tag, der mit schönem Wintersonnenschein begonnen hatte, nebelte sich ein, es wurde unangenehm naßkalt und dann langsam dunkel. Und es kam kein Befehl. Die mitgebrachten Stullen waren aufgegessen, und der Hunger meldete sich wieder, der ewige Hunger dieses Revolutionswinters. Vom Nachmittag an begannen die Massen sich langsam zu lichten. Am Abend hatten sie sich zertreut. Und als es Mitternacht schlug, lag die Berliner Innenstadt leer. An diesem 6. Januar 1919 war, obwohl es noch niemand wußte, die deutsche Revolution gestorben.

Was war geschehen? Vor allem dies: Die erhoffte Unterstützung der Berliner Truppen für die zweite Welle der Revolution war ausgeblieben. Es war genauso gekommen, wie es die Soldatenvertreter am Abend zuvor vorausgesagt hatten: Die Truppen schwankten, diskutierten, wußten nicht recht, was gespielt wurde; wie immer schon, waren sie zugleich für Revolution und für Ruhe und Ordnung. Jedenfalls hatten sie keine Lust, ihre Köpfe hinzuhalten. Selbst die Volksmarinedivision erklärte sich «neutral». Am Vormittag war der dreiundfünfzigköpfige Revolutionsausschuß hoffnungsvoll aus dem Polizeipräsidium in das Hauptquartier der Matrosen, den Marstall, umgezogen. Am Nachmittag war er wieder hinauskomplimentiert worden. Darüber war der Tag vergangen.

Am Abend war man wieder im Polizeipräsidium versammelt, in ganz anderer Stimmung als am Tage zuvor. Es ging nicht mehr darum, ob man die Regierung stürzen könnte, sondern nur noch darum, ob man sich auf leidliche Art aus der Affäre ziehen könnte.

Das schien an diesem Montagabend noch möglich, auch an den folgenden zwei oder drei Tagen noch. An diesen Tagen hatten beide Seiten Angst voreinander: auch die Regierung vor der Revolution. Der Schreck vom Sonntag saß ihr in den Gliedern, und am Montag konnte man von der Wilhelmstraße aus den neuen riesigen Massenaufmarsch sehen; die Linden glichen einem Heerlager: Was würde geschehen, wenn sich dieses Heer zum Sturm auf die Regierungsgebäude in Bewegung setzte? Wie hilflos die Revolutionsführung in Wirklichkeit war, wußte man noch nicht. Auf die Mehrzahl der Berliner Truppen war anscheinend kein Verlaß – für die Regierung sowenig wie für ihre Gegner.

Draußen zwar, auf den märkischen Truppenübungsplätzen, formierten sich jetzt die Freikorps. Noch am Sonnabend hatten Ebert und Noske in Zossen das neugebildete Landesjägerkorps des Generals Maercker besichtigt, freudig erstaunt, wieder «richtige Soldaten» vor sich zu sehen; Noske hatte dem zwei Köpfe kleineren Ebert auf die Schultern geklopft und gesagt: «Sei nur ruhig, es wird alles wieder gut werden.» Aber das war Sonnabend in Zossen gewesen, und jetzt war Montag in Berlin, und Unter den Linden stand kein Landesjägerkorps, sondern die bewaffnete Revolution.

Da war es mehr als willkommen, daß die am 29. Dezember aus der Regierung ausgeschiedenen USPD-Volksbeauftragten an diesem Montag ihre Vermittlung anboten. Ebert ging gern darauf ein; zum mindesten war damit Zeit zu gewinnen. Er stellte nur eine Bedingung: Aufhebung der Zeitungsbesetzungen.

Darüber hatte der Revolutionsausschuß am Montagabend zu entscheiden. Hätte er ja gesagt, vielleicht wäre noch einmal alles ungeschehen zu machen gewesen. Aber er sagte nein.

Das Schauspiel, das dieses handlungsunfähige Ungetüm von einem Ausschuß vom ersten bis zum letzten Augenblick bietet, ist erbarmungswürdig. Vorwärts konnte er nicht, zurück wollte er nicht. Der Stimmungsabsturz seit dem gestrigen Siegesrausch war zu steil; die Niederlage erkennen und zugeben, den Rückzug antreten: das war mehr, als die dreiundfünfzig innerhalb von vierundzwanzig Stunden seelisch leisten konnten.

Außerdem nagte an den dreiundfünfzig vielleicht auch ein heimlicher Zweifel, ob sie die Räumung der Zeitungen überhaupt garantieren könnten. Sie hatten die Besetzung ja gar nicht befohlen und über die bewaffneten Gruppen in den Zeitungsgebäuden überhaupt keine Gewalt, sie wußten in vielen Fällen nicht einmal, wer sie eigentlich kommandierte. In Wirklichkeit spielte in dieser Revolution der Revolutionsausschuß im Polizeipräsidium die Rolle des dummen August. Das aber durfte doch nicht herauskommen! Er sagte nein.

Ebert war das im Grunde recht. Er wollte keinen neuen Scheinfrieden mit der Revolution wie am 10. November, er wollte die Abrechnung. («Die Stunde der Abrechnung naht!» heißt es in einem von ihm formulierten Regierungsaufruf, der zwei Tage später, am 8. Januar, hinausging.) Während er die aussichtslosen Verhandlungen noch ein paar Tage hinzog, traf er seine militärischen Vorbereitungen. Sie liefen auf zwei Linien.

Die eine war die Linie Noske, die Linie der Freikorps. Noske war noch am Montag, in der halbbelagerten Reichskanzlei, zum Oberbefehlshaber ernannt worden. («Meinetwegen», hatte er nach eigenem Zeugnis erklärt, «einer muß der Bluthund werden.») Er hatte sich sofort aus der Gefahrenzone wegbegeben, mitten durch die bewaffneten Massen am Brandenburger Tor hindurch, die keine Ahnung hatten, wer der lange Zivilist mit der Brille war. («Höflich bat ich wiederholt darum, mich durchzulassen, denn ich hätte eine dringende Besorgung. Es wurde mir bereitwillig der Weg freigegeben.») Seitdem saß er im Westberliner Vorort Dahlem, im Luisenstift, einem vornehmen Töchterpensionat, das verlängerte Weihnachtsferien genoß. Dort hatte er sein Hauptquartier aufgeschlagen, von dort trieb er die Aufstellung der neuen Freikorps rings um Berlin voran und bereitete ihren Einmarsch in Berlin vor. In Dahlem gab es keine Revolution, kein Arbeiter verirrte sich dorthin. In den weiten, winterlichen Gärten herrschte vornehme Stille. Noske konnte ungestört arbeiten.

Aber seine Arbeit brauchte Zeit, und Ebert hatte keine Zeit. Immer noch herrschte ja in Berlin Generalstreik, immer noch waren die Zeitungen und Bahnhöfe besetzt, immer noch saß im Polizeipräsidium der Revolutionsausschuß, immer noch gab es im Osten und Norden große Massenaufmärsche. Wenn die Freikorps noch nicht marschbereit waren – konnte man mit den Berliner Truppen gar nichts anfangen? Ebert wollte es jedenfalls versuchen. Der eine oder andere Truppenteil mußte doch in Gottes Namen gegen die «Spartakisten» zu gebrauchen sein!

Auf dieser zweiten Linie bereitete er selbst den Gegenschlag gegen die Revolution vor, während er nebenbei immer noch verhandelte und seiner Abneigung gegen Blutvergießen Ausdruck gab. Und tatsächlich sollten die Berliner Truppen schließlich die Entscheidung bringen. Die Freikorps marschierten erst in Berlin ein, als die Schlacht geschlagen war.

Oben: Die Gegenrevolution wurde verkörpert von Gustav Noske. Ebert hatte ihn zu Beginn der Januarunruhen zum Oberbefehlshaber ernannt. Noske zog mit seinem Hauptquartier in den ruhigen Vorort Dahlem und trieb von dort aus die Aufstellung von Freikorps rings um Berlin zur Niederschlagung der Revolution voran.

Oben: Regierungstreue Truppen auf dem Brandenburger Tor. Ebert zögerte nicht, die Revolution zusammenschießen zu lassen.
Unten: Revolutionäre ehemalige Soldaten werden von Truppen der Ebert-Scheidemann-Regierung zu einem Sammelplatz gebracht.

Die Entscheidung fiel in den Tagen vom Donnerstag, dem 9., bis zum Sonntag, dem 12. Januar 1919. In diesen Tagen wurde auf Befehl Eberts die Revolution in der Hauptstadt zusammengeschossen. Berlin hörte nun Tag für Tag, wie bisher nur am 24. Dezember, die Kanonen donnern, und eine buntscheckige Truppenschar – die immer schon besonders konservativen «Maikäfer», das neugebildete Ebert-treue «Regiment Reichstag», das in den Weihnachtstagen aufgestellte rechtsradikale Freiwilligenregiment Reinhard und schließlich die am Weihnachtsabend so blamabel geschlagenen, seitdem reorganisierten Potsdamer Bataillone unter Major von Stephani – eroberte in schweren Straßen- und Häuserkämpfen die besetzten Gebäude eines nach dem andern zurück, zuletzt, am Sonntag, das Polizeipräsidium.

Die schwerste Schlacht tobte am Sonnabend, dem 11. Januar, vormittags um das Verlagsgebäude des *Vorwärts* in der Lindenstraße: Die erste Kanonade blieb, ähnlich wie seinerzeit am Schloß, erfolglos, der erste Sturmangriff wurde abgeschlagen, dann folgte eine zweite, schwerere Kanonade, und dann geschah Gräßliches: Die *Vorwärts*-Besatzung schickte sechs Parlamentäre mit der weißen Fahne, um über freien Abzug zu verhandeln. Einer von ihnen wurde mit der Forderung nach bedingungsloser Übergabe zurückgeschickt, die übrigen fünf wurden zurückgehalten, abgeführt, furchtbar mißhandelt und schließlich zusammen mit zwei abgefangenen Kurieren erschossen. Dann wurde der *Vorwärts* gestürmt. Dreihundert der Verteidiger wurden gefangengenommen.

Major von Stephani rief in der Reichskanzlei an und fragte, was er mit den vielen Gefangenen anfangen solle. Nach eigener schriftlicher Bekundung erhielt er die Antwort: «Alle erschießen!» Das verweigerte er; er war noch ein Offizier alter Schule. Sieben der Gefangenen wurden trotzdem erschossen, fast alle mit Gewehrkolben furchtbar mißhandelt, ohne daß von Stephani es verhindern konnte. Der Reichsarchivrat Volkmann, der eine durchaus militärfreundliche Revolutionsgeschichte geschrieben hat, berichtet folgendes: «Die Soldaten sind in ihrer Wut kaum zu bändigen. Als sie sehen, daß einer ihrer eigenen Offiziere, der von den Aufrührern gefangengenommen und im *Vorwärts*-Gebäude während der Beschießung festgehalten worden ist, den Spartakisten die Hand reicht, um sich für die anständige Behandlung, die ihm zuteil geworden ist, zu bedanken, schlagen sie ihn blutig.»

Am 12. Januar waren die Kämpfe in Berlin beendet. Die Revolution war niedergeworfen. War es eine «sparkastische», also kommunisti-

Oben: Eine von der SPD organisierte Propagandaveranstaltung. Während in Berlin noch Kämpfe stattfanden, wurden die Wahlen zur Nationalversammlung vorbereitet.
Unten: Am 12. Januar war Berlin fest in der Hand regierungstreuer Truppen, die alle strategischen Punkte besetzt hielten, wie auf dem Bild die Hansabrücke.

sche Revolution? Das ist von Anfang an die Sprachregelung der Sieger gewesen, und sie hat sich bis zum heutigen Tag gehalten. (Man beachte die Selbstverständlichkeit, mit der Volkmann von den Okkupanten des *Vorwärts* als «Spartakisten» spricht.)

Die Wahrheit ist es nicht. Die KPD hatte den Januaraufstand weder vorhergesehen noch gewollt, weder geplant noch gelenkt. Sie war über das planlose, führungslose Vorpreschen der Massen sogar entsetzt. Ein solcher Massenaufstand, ehe die Partei überhaupt noch richtig stand, verstieß ja gegen alle Regeln! Als sich Liebknecht am 8. Januar wieder im Parteivorstand sehen ließ, wurde er wegen seiner eigenmächtigen Beteiligung mit Vorwürfen überhäuft. «Karl, ist das unser Programm?» soll Rosa Luxemburg ihm zugerufen haben, oder, nach einer anderen Version: «Karl, wo bleibt unser Programm?»

Aber auch der klägliche «Revolutionsausschuß» – in dem nicht die zwei beteiligten Kommunisten, Liebknecht und Pieck, sondern die siebzig Revolutionären Obleute tonangebend waren – hatte den Januaraufstand weder geplant noch gemacht noch geführt. Dieser Aufstand war ganz ausschließlich das spontane Werk der Berliner Arbeitermassen, derselben Massen, die die Novemberrevolution gemacht hatten; diese Massen waren zum allergrößten Teil Sozialdemokraten, nicht Spartakisten oder Kommunisten, und ihr Januaraufstand war nichts anderes, als ihr Novemberaufstand gewesen war.

Das ist beweisbar, denn die Massen blieben nicht stumm. In der zweiten Hälfte dieser tragischen Januarwoche, als das Versagen des «Revolutionsausschusses» auch ihnen klargeworden war und während im Zeitungsviertel schon die Kanonen sprachen, formulierten sie auf großen Massenversammlungen ihre Ziele, und zwar mit bemerkenswerter Klarheit.

Am 9. Januar – Donnerstag – versammelten sich im Humboldthain vierzigtausend Arbeiter der AEG und der Schwarzkopf-Werke, beschlossen – genau wie am 10. November – die «Einigung der Arbeiter aller Richtungen» und setzten eine paritätische Kommission zu diesem Zweck ein. In den nächsten Tagen ergriff die Einigungsbewegung praktisch alle Berliner Betriebe. Charakteristisch ist die Vier-Punkte-Resolution der Spandauer Betriebe (achtzigtausend Arbeiter) vom 10. Januar: «1. Rücktritt aller Volksbeauftragten; 2. Zusammentreten paritätischer Ausschüsse der drei Parteien; 3. Neuwahl der Arbeiter- und Soldatenräte, des Zentralrats, des Vollzugsrats und der Volksbeauftragten; 4. Inangriffnahme der Einigung der sozialistischen Parteien.» Bezeichnend für viele auch die Forderung der Elektrizitätswerke Südwest, Schönberg, vom 11. Januar – Freitag – nach Rücktritt der

«Führer *aller politischen Richtungen*, die sich unfähig erwiesen haben, diesen entsetzlichen Brudermord zu verhindern».

Das sind keine spartakistischen oder kommunistischen Ziele. Es sind genau die Ziele, denen am 10. November auch Ebert Lippenbekenntnisse geleistet hatte: sozialistische Einigkeit, «kein Bruderkampf». Für diese Ziele hatten die Berliner Arbeiter am 9. November gekämpft, und für diese Ziele hatten sie, spontan und führungslos, aufs neue in der blutigen Januarwoche zu den Waffen gegriffen.

Sie wollten immer noch, was sie im November gewollt hatten: die Einigung aller sozialistischen Parteien und die Abschaffung des alten feudal-bürgerlichen Staats zugunsten eines neuen Arbeiterstaats. Ebert hatte das am 10. November zum Schein zugestanden. Aber er hatte es nie gewollt; er wollte von Anfang an die Erhaltung des alten Staats. Das war es, was die Berliner Arbeiter zwischen November und Januar begriffen hatten, und deswegen machten sie im Januar nicht eine spartakistische oder kommunistische Revolution, sondern dieselbe Revolution noch einmal. Aber wenn es das erste Mal noch zu einem Scheinsieg gereicht hatte – diesmal endete die Revolution in blutiger Niederlage.

Die Arbeiter, die am 9. November und am 5. Januar auf die Straße gegangen waren und die am 9., 10. und 11. Januar ihre Ziele in Massenentschließungen formuliert hatten, wählten am 19. Januar bei der Wahl der Verfassunggebenden Nationalversammlung immer noch zum größten Teil sozialdemokratisch. Sie fühlten sich immer noch als Sozialdemokraten – nicht als Unabhängige oder Kommunisten. Wer in ihren Augen keine Sozialdemokraten mehr waren, das waren Ebert, Scheidemann und Noske.

Aber es waren Ebert, Scheidemann und Noske, die nun die Macht hatten und die bestimmten, wer fortan das Recht hatte, sich Sozialdemokrat zu nennen, und wer sich «Spartakist» schimpfen lassen mußte. Sie hatten auch die Macht, alle Arbeiterresolutionen der Januarwoche einfach in den Papierkorb wandern zu lassen.

Freilich, um die Macht gegen ihre eigenen Anhänger zu behaupten, mußten sie sich von jetzt an auf seltsame Verbündete stützen – Verbündete, für die sie selber halbe «Spartakisten» waren. Mit derselben Arglosigkeit, mit der vor zwei Monaten die Revolution sich Ebert ausgeliefert hatte, lieferte sich jetzt Ebert der Gegenrevolution aus.

Als der Kampf um Berlin von Ebert gewonnen war, hatte auch Noske seine Vorbereitungen abgeschlossen. Die ersten Freikorps standen; sie konnten in Berlin einmaschieren. Am Sonnabend, dem 11. Januar –

nach der Erstürmung des *Vorwärts* – gab es eine Kostprobe: einen Demonstrationsmarsch des Landesjägerkorps Maercker durch den bürgerlichen Berliner Westen, von Lichterfelde über Steglitz und Schöneberg zum Potsdamer Platz und weiter zum Dönhoffplatz. Die konservative *Post* berichtete darüber am nächsten Tag unter der Überschrift «Ein Lichtblick»:

»Gestern nachmittag gegen drei Uhr konnte sich manches national denkende Herz wieder einmal an einem langentbehrten Anblick erfreuen. Über den Potsdamer Platz zogen Truppen in Richtung auf den Dönhoffplatz. Truppen mit Offizieren, Truppen in der Hand ihrer Führer. Eine ungeheure Menschenmenge bildete Spalier und begrüßte sie mit begeisterten Hochrufen. Der Marsch stockt, die Truppe muß halten. Scharfe Kommandos ‹Kompagnie halt! Gewehr ab!› werden ebenso exakt wie stramm ausgeführt. Bravo! erschallt es aus dem Publikum. Mit Bewunderung blickten alle auf diese famose, tadellose, disziplinierte Truppe und ihre Führer.»

Was die *Post* verschwieg, war, daß dieser famosen Truppe ein einsamer, langer, bebrillter Zivilist vorausmarschierte: Gustav Noske. Er hatte es sich nicht nehmen lassen. Der schon zitierte Volkmann gibt einen Schnappschuß des seltsamen Bildes: «In dem todernsten Gesicht steht eiserner Wille. Neben ihm, halb spöttisch, halb verlegen, ein Oberst.»

Dieser Marsch war nur ein Vorspiel. Am 15. Januar, dem Mittwoch nach der Revolutionswoche, wurde der ganze Süden und Westen Berlins und die Innenstadt von dem neugebildeten «Generalkommando Lüttwitz» besetzt. Den Norden und Osten – die Arbeiterviertel – sparte man einstweilen aus. Ihre Unterwerfung, die nicht ohne Blutvergießen abgehen konnte, war für später vorgesehen.

Den Westen Berlins übernahm die neugebildete «Garde-Kavallerie-Schützendivision». Im feudalen Eden-Hotel schlug sie ihr Hauptquartier auf. Sie führte Plakate mit, auf denen stand: «Die Garde-Kavallerie-Schützendivision ist in Berlin einmarschiert. Berliner! Die Division verspricht euch, nicht eher die Hauptstadt zu verlassen, als bis die Ordnung endgültig wiederhergestellt ist.»

Noch am Tage ihres Einzuges gab die Division ihre Visitenkarte ab: mit der Ermordung Karl Liebknechts und Rosa Luxemburgs.

11
Die Verfolgung und Ermordung Karl Liebknechts und Rosa Luxemburgs

Als Karl Liebknecht und Rosa Luxemburg am Abend des 15. Januar 1919 vom Berliner Eden-Hotel aus, mit Kolbenschlägen betäubt, in Automobilen in den Tiergarten geschafft wurden, um dort ermordet zu werden, änderte das am Ablauf der politischen Ereignisse zunächst so gut wie gar nichts. Die letzte Stunde der Revolution, in der Liebknecht nur ganz am Rande, Rosa Luxemburg überhaupt nicht handelnd tätig geworden war, hatte bereits geschlagen. Ihre blutige Liquidation stand in jedem Fall bevor. Der Mord an ihren beiden Symbolfiguren gab vielleicht das Signal dazu; im Gesamtverlauf der Dinge aber schien dieses Verbrechen damals nicht mehr als eine grelle Episode zu sein.

Heute sieht man mit Schrecken, daß diese Episode das eigentliche geschichtsträchtige Ereignis des deutschen Revolutionsdramas gewesen ist. Aus dem Abstand eines halben Jahrhunderts betrachtet, hat sie etwas von der unheimlich, unberechenbar weittragenden Wirkung des Ereignisses auf Golgatha bekommen – das ja ebenfalls kaum etwas zu ändern schien, als es stattfand.

Der Tod hat Liebknecht und Rosa Luxemburg vereint. Im Leben hatten sie bis ganz zuletzt wenig miteinander gemein. Sie hatten eine sehr verschiedene Laufbahn hinter sich, und sie waren sehr verschiedene Persönlichkeiten.

Liebknecht war einer der mutigsten Männer, die Deutschland je hervorgebracht hat. Ein großer Politiker war er nicht. Bis 1914 kannte ihn außerhalb der SPD kaum jemand; und innerhalb der Partei galt er wenig – der unbedeutende Sohn eines großen Vaters, Wilhelm Liebknecht, des Parteigründers: ein «hitziger, eigensinniger Rechtsanwalt mit einem guten Herzen und einem Hang zum Dramatischen».

Er hatte sich mit Jugendarbeit beschäftigt und ein Buch gegen den Militarismus geschrieben, das ihm anderthalb Jahre Festungshaft eintrug; erst daraufhin machte ihn die Partei, halb als Trotzgeste, halb als Trostpflaster, zum Wahlkandidaten; seit 1908 saß er im Preußischen Landtag, seit 1912 im Reichstag. Den Abgeordneten Liebknecht hat

Karl Liebknecht. Der Spartakusführer galt in den Tagen der Revolution zwar als Symbolfigur, eine politische Macht war er aber nicht. Die Gefahr einer bolschewistischen Revolution in Deutschland hat zu keinem Zeitpunkt bestanden. Am 30. Dezember trennte sich Liebknecht mit der Spartakusgruppe von der USPD und gründete die KPD. Während der Januarunruhen, die zu Unrecht als Spartakusaufstand in die Geschichte eingegangen sind, wurde er auf höheren Befehl ermordet.

Rosa Luxemburg. Fast die ganze Kriegszeit hatte sie im Gefängnis verbracht. Als sie am 9. November 1918 entlassen wurde, blieben ihr noch zwei Monate zu leben. Gemeinsam mit Liebknecht gründete sie die Kommunistische Partei, entwarf das Parteiprogramm und schrieb Leitartikel in der *Roten Fahne*. Am 15. Januar 1919 wurde sie mit Liebknecht in ihrem Versteck aufgespürt und erschossen. Die Leiche warfen die Mörder in den Landwehrkanal.

damals Rosa Luxemburg recht ironisch geschildert: «Nur noch im Parlament, Sitzungen, Kommissionen, Besprechungen, in Hatz und Drang, stets auf dem Sprung, von der Stadtbahn in die Elektrische und von der Elektrischen ins Auto, alle Taschen vollgepfropft mit Notizblocks, alle Arme voll frisch gekaufter Zeitungen, die er doch unmöglich Zeit hatte alle zu lesen, Leib und Seele mit Straßenstaub bedeckt ...» Noch Anfang des Krieges, als sie versuchte, eine Oppositionsgruppe gegen den Krieg in der Partei zusammenzubringen, schrieb sie: «Karl ist kaum zu fassen, weil er wie eine Wolke in der Luft herumkutschiert.»

Rosa Luxemburg dagegen war seit der Jahrhundertwende in Deutschland eine politische Figur ersten Ranges – dreifache Außenseiterin zwar, als Frau, als Jüdin und als halbe Ausländerin (sie war in Russisch-Polen geboren und nur durch eine Scheinheirat Deutsche geworden); außerdem natürlich ein Bürgerschreck, und sogar ein Sozialdemokratenschreck, wegen der Radikalität ihrer Ansichten; und doch auch von Freund und Feind bewundert – oft widerwillig bewundert – für eine Vielfalt von Begabungen, die ans Geniale grenzte: ein Intellekt von höchster Schärfe und Feinheit, glänzende Stilistin, mitreißende Rednerin, Vollblutpolitiker und zugleich origineller Denker; dabei eine warmherzige, faszinierende Frau. Über ihrem Witz und ihrem schönen Ernst, ihrer Leidenschaft, ihrer Güte vergaß man, daß sie nicht hübsch war. Sie ist ebenso geliebt worden wie gefürchtet und gehaßt.

In den großen nationalen und internationalen sozialistischen Kontroversen des Jahrhundertanfangs gehörte sie stets zu den Vorkämpfern. Sie war die ebenbürtige Verbündete oder Gegnerin Bebels und Kautskys, Lenins und Trotzkis, Jaurès' und Piłsudskis. Dazwischen Ausflüge in die russische Revolution von 1905 – und immer wieder einmal ins Gefängnis, wegen Majestätsbeleidigung, Aufforderung zum Ungehorsam, Beleidigung des Offizierskorps. Eine unübersehbare, eine große Frau, wohl immer noch die größte des Jahrhunderts.

Der Krieg änderte dann plötzlich alles, auf eine Art, die an *Faust* denken läßt:

> «... mit tausend Schritten macht's die Frau;
> doch wie sie auch sich eilen kann –
> mit einem Sprunge macht's der Mann.»

Der unbekannte Hinterbänkler Karl Liebknecht überholte im Kriege die große Rosa Luxemburg und wurde zur Weltfigur, nicht durch eine besondere Leistung politischer Brillanz oder intellektueller Originalität, sondern einfach durch zwei Akte des Muts, allerdings ungeheuerlichen, einsamen moralischen Muts: Am 2. Dezember 1914 stimmte er im Reichstag als einziger gegen die Bewilligung einer zweiten Kriegsanleihe – nur wer die Stimmung im damaligen Deutschland und im damaligen deutschen Reichstag kennt, kann ermessen, was das bedeutete. Und am 1. Mai 1916 begann er eine Ansprache auf einer Maidemonstration auf dem Potsdamer Platz in Berlin (keiner großen Demonstration; ein paar hundert Menschen, höchstens tausend, umringt von Polizei) mit den Worten: «Nieder mit dem Krieg! Nieder mit der Regierung!» Weiter kam er nicht. Schutzmänner überwältigten ihn und führten ihn ab, und für die nächsten zweieinhalb Jahre verschwand er im Zuchthaus. Aber die acht Worte hatten mehr bewirkt als die längste und glänzendste Rede. Als Liebknecht am 23. Oktober 1918 aus dem Zuchthaus kam, war er für ganz Deutschland und weit über Deutschland hinaus der verkörperte Protest gegen den Krieg und die verkörperte Revolution.

Rosa Luxemburg kam erst am 9. November 1918 aus dem Gefängnis. Sie hatte fast den ganzen Krieg hinter Gittern verbracht, erst ein Jahr auf Grund eines politischen Vorkriegsurteils, dann zweieinhalb Jahre in «Schutzhaft». Sie war in diesen Jahren, in denen sie die klassischen Kritiken an der deutschen Sozialdemokratie und an der bolschewistischen Revolution verfaßt hatte, grau geworden, aber ihr Geist hatte nichts von seiner funkelnden Souveränität eingebüßt.

Von nun an hatten beide noch gut zwei Monate zu leben, die zwei Monate, in denen die deutsche Revolution ausbrach und scheiterte.

Wenn man fragt, was Liebknecht und Rosa Luxemburg zu dem Drama dieser zwei Monate beigetragen haben, dann heißt die ehrliche Antwort: wenig oder nichts. Es wäre alles genauso verlaufen, wenn es sie gar nicht gegeben hätte. Selbst Eintagsfiguren wie die Matrosen Artelt und Dorrenbach haben, momentweise, das Geschehen stärker beeinflußt als die beiden großen Revolutionäre. Auf die eigentlichen Hauptakteure – Ebert und seine Mannschaft, die Revolutionären Obleute, die Matrosen, die Berliner Truppen, die beiden sozialistischen Parteiorganisationen, die Räteversammlungen, die immer wieder unberechenbar in die Handlung eingreifenden Massen – haben Liebknecht und Luxemburg nie wirklichen Einfluß geübt. Liebknecht hatte ein paar Auftritte; Rosa Luxemburg nicht einmal das.

Was sie in diesen siebenundsechzig Tagen getan haben, ist bis in die Einzelheiten rekonstruierbar. Sie gründeten und redigierten, unter vielen Schwierigkeiten und Hemmnissen, eine Zeitung, *Die Rote Fahne*, und schrieben täglich ihre Leitartikel. Sie nahmen – erfolglos – an Sitzungen und Versammlungen der Revolutionären Obleute und der Berliner USPD teil. Sie entschlossen sich schließlich, angesichts dieses Mißerfolges, zur Gründung einer eigenen Partei, bereiteten den Gründungskongreß der KPD vor, hielten ihn ab, hielten die Hauptreferate; Rosa Luxemburg entwarf das Parteiprogramm. Auch dieser Gründungskongreß war übrigens kein persönlicher Erfolg für Liebknecht und Luxemburg: In wichtigen Fragen wurden sie überstimmt. Das war bereits in den allerletzten Tagen des Jahres 1918. Liebknecht beteiligte sich dann noch, auf eigene Faust, vom 4. Januar 1919 ab an den fruchtlosen Sitzungen des Revolutionsausschusses der dreiundfünfzig im Berliner Polizeipräsidium. Rosa Luxemburg redigierte in dieser Zeit die *Rote Fahne* allein. Und dann war die knappe Ration Leben, die beiden noch zugemessen war, auch schon erschöpft.

Nimmt man die Beteiligung an Demonstrationen dazu, die dabei improvisierten Reden, die ständigen Diskussionen mit Gesinnungsgenossen, dann ergibt sich das Bild einer mehr als ausgefüllten, einer hektischen, schlaflosen Zeit. *Gearbeitet* haben Liebknecht und Rosa Luxemburg in diesen Tagen vom 9. November 1918 bis zum 15. Januar 1919, die ihnen noch gegönnt waren, wie Besessene, bis zum Rand ihrer Kräfte. *Bewirkt* haben sie nichts. Sie waren nicht die Führer einer deutschen bolschewistischen Revolution, nicht die Lenin und Trotzki Deutschlands. Sie wollten es nicht einmal sein: Rosa Luxemburg nicht, weil sie das Gewaltsame der Leninschen und Trotzkischen revolutionären Zangengeburt aus prinzipiellen Gründen verwarf und immer wieder fast feierlich erklärte, daß die Revolution natürlich und demokratisch aus dem Bewußtsein der proletarischen Massen herauswachsen müsse und in Deutschland noch ganz am Anfang stehe. Liebknecht nicht, weil er überzeugt war, daß die Revolution sich selbst mache, ja, sich eigentlich schon gemacht habe und keiner Organisation und keiner Manipulation mehr bedürfe. Lenin hatte, kaum daß er im April 1917 nach Rußland zurückgekehrt war, die Parole ausgegeben: «Organisation, Organisation und nochmals Organisation!» Liebknecht und Luxemburg organisierten nichts. Liebknechts Parole war: Agitation; Rosa Luxemburgs: Aufklärung.

Die allerdings hat sie geleistet. Niemand hat die Wirklichkeit der deutschen Revolution und die Gründe ihres Scheiterns – die Unaufrichtigkeit der SPD, die Zerfahrenheit der USPD, die Konzeptionslosigkeit der Revolutionären Obleute – vom ersten Augenblick an so hellsichtig und so rückhaltlos öffentlich analysiert wie Rosa Luxemburg Tag für Tag in der *Roten Fahne*. Aber das war eine – in ihrer Art gloriose – journalistische Leistung, keine revolutionäre. Die einzige Wirkung, die Rosa Luxemburg damit erzielte, war, den tödlichen Haß der Durchschauten und Bloßgestellten auf sich zu ziehen.

Tödlich war dieser Haß im wörtlichen Sinne, und von Anfang an. Es ist beweisbar, daß die Ermordung Liebknechts und Rosa Luxemburgs von spätestens Anfang Dezember an geplant und systematisch betrieben wurde. Bereits in diesen ersten Dezembertagen prangten Plakate an allen Berliner Anschlagsäulen, die folgenden Wortlaut hatten: «Arbeiter, Bürger! Das Vaterland ist dem Untergang nahe. Rettet es! Es wird bedroht nicht von außen, sondern von innen: von der Spartakusgruppe. Schlagt ihre Führer tot! Tötet Liebknecht! Dann werdet ihr Frieden, Arbeit und Brot haben! Die Frontsoldaten.»

Frontsoldaten waren zu dieser Zeit noch nicht in Berlin. Die Mordaufforderung kam aus einer anderen Quelle.

Aus welcher, dafür gibt es Anhaltspunkte. Der damalige Stellvertreter des Stadtkommandanten Wels, ein gewisser Anton Fischer, hat 1920 schriftlich niedergelegt, daß es im November und Dezember 1918 die Politik seines Amtes gewesen sei, Liebknecht und Luxemburg «bei Tag und Nacht aufzustöbern und zu jagen, so daß sie weder zu einer agitatorischen noch organisatorischen Tätigkeit kommen». Bereits in der Nacht vom 9. zum 10. Dezember drangen Soldaten des Zweiten Garderegiments in die Redaktion der *Roten Fahne* ein mit der – später zugegebenen – Absicht, Liebknecht zu ermorden. In dem Prozeß über diesen Vorgang hat dann ein halbes Dutzend Zeugen bekundet, daß damals bereits auf Liebknecht und Rosa Luxemburg ein Kopfpreis von je 50000 Mark ausgesetzt war, und zwar von Scheidemann und Georg Sklarz, einem mit Scheidemann eng befreundeten neureichen Kriegsmillionär.

Am 13. Januar 1919, zwei Tage vor dem Meuchelmord, hieß es im *Mitteilungsblatt der freiwilligen Hilfskorps in Berlin*: «Es ist die Befürchtung laut geworden, daß die Regierung in ihrem Vorgehen gegen die Spartakiden [sic!] nachlassen könnte.

Wie von maßgebender Seite versichert wird, wird man sich mit dem bisher Erreichten keineswegs begnügen, sondern auch gegen die Häupter der Bewegung mit aller Energie vorgehen. Die Berliner Bevölkerung soll nicht glauben, daß die vorläufig Entwichenen sich andernorts eines ruhigen Daseins erfreuen sollen. Schon die nächsten Tage werden zeigen, daß auch mit ihnen Ernst gemacht wird.» Am selben Tage erschien im sozialdemokratischen Zentralorgan *Vorwärts* ein Gedicht mit folgender Schlußstrophe:

«Vielhundert Tote in einer Reih' –
Proletarier!
Karl, Rosa, Radek und Kumpanei –
es ist keiner dabei, es ist keiner dabei!
Proletarier!»

Einige Tage zuvor hatte Eberts Bürgerkriegsoberbefehlshaber Gustav Noske dem damaligen Leutnant Friedrich Wilhelm von Oertzen, wie dieser später schriftlich bekundet hat, persönlich im Dahlemer Luisenstift den Befehl gegeben, den Telefonanschluß Liebknechts ständig zu überwachen und alle Bewegungen Liebknechts, von Tag zu Tag und von Stunde zu Stunde, dem Hauptmann Pabst von der Garde-Kavallerie-Schützendivision zu melden. Es war dieser Befehl, der zur Ergreifung Liebknechts und Rosa Luxemburgs führte, und Pabst war der Leiter der Mordkommandos.

Es kann Liebknecht und Rosa Luxemburg auf die Dauer nicht entgangen sein, daß sie gejagt wurden. Merkwürdig und in einem ehrenvollen Sinne kennzeichnend ist, daß sie trotzdem keinen Augenblick daran dachten, Berlin zu verlassen; auch eine Leibwache, die ihnen von Anhängern mehrfach angetragen wurde, lehnten sie ab. Sie waren zu konzentriert auf ihre politische und journalistische Arbeit, um viel Gedanken an ihre persönliche Sicherheit zu wenden; vielleicht auch zu vertrauensselig – beide waren gewöhnt an Verhaftung und Gefängnis und fürchteten sich nicht davor. Gerade wegen dieser Erfahrung konnten sie sich wahrscheinlich lange Zeit einfach nicht vorstellen, daß man es diesmal auf ihr Leben abgesehen haben könnte; Rosa Luxemburg packte bei ihrer «Verhaftung» rührenderweise ein Köfferchen mit kleinen Habseligkeiten und Lieblingsbüchern, die sie schon öfter ins Gefängnis begleitet hatten.

Und doch kommt in ihr Leben in diesen letzten Tagen ein Zug von Todesahnung. Ein gehetztes Leben war es von Anfang an gewesen; nach Hause waren sie in den siebenundsechzig Tagen fast nie gekommen; immer nächtigten sie, mit den Schlafstunden geizend, unstet in der Redaktion, in Hotelzimmern oder in Wohungen von Freunden. Aber in der letzten Woche ihres Lebens nimmt dieser ständige Adressenwechsel eine neue Bedeutung an – etwas von Flucht und Hasten von einer unsicheren Deckung zur anderen, das aufs unheimlichste das Schicksal zu Tode gehetzter Juden im Dritten Reich vorwegnimmt.

Die Redaktion der *Roten Fahne*, in der unteren Wilhelmstraße, war ein unsicherer Ort geworden. Regierungstruppen drangen dort jetzt fast täglich ein; eine Redakteurin, die sie für Rosa Luxemburg gehalten hatten, war mit knapper Not dem Tode entgangen. Rosa Luxemburg verrichtete ihre Redaktionsarbeit einige Tage in einer Arztwohnung am Halleschen Tor, dann, als ihre Anwesenheit den Obdachgebern lästig wurde, in einer Arbeiterwohnung in Neukölln. Dort stieß am Sonntag, dem 12. Januar, Karl Liebknecht zu ihr, aber nach zwei Tagen – am 14. Januar – scheuchte beide eine telefonische Warnung weg (vielleicht schon ein fingierter Anruf aus der Mörderzentrale, die ja seit Tagen jede ihrer Bewegungen überwachte und möglicherweise dirigierte). Sie siedelten zu ihrem letzten Unterschlupf über, nach Wilmersdorf, nahe dem Fehrbelliner Platz: Mannheimer Straße 53, bei Markussohn. Dort schrieben sie am 15. Januar vormittags ihre letzten Artikel für die *Rote Fahne*, die sich wohl doch nicht nur zufällig wie Abschiedsworte lesen.

Rosa Luxemburgs Artikel war überschrieben: «Die Ordnung herrscht in Berlin.» Er schloß: «Ihr stumpfen Schergen! Eure ‹Ordnung› ist auf Sand gebaut. Die Revolution wird sich morgen schon ‹rasselnd wieder in die Höh' richten› und zu eurem Schrecken mit Posaunenklang verkünden: Ich war, ich bin, ich werde sein!»

Liebknechts Artikel («Trotz alledem!») endete so: «Die Geschlagenen von heute werden die Sieger von morgen sein ... Und ob wir dann noch leben werden, wenn es erreicht wird – leben wird unser Programm: es wird die Welt der erlösten Menschheit beherrschen. Trotz alledem!»

Gegen Abend – Rosa Luxemburg hatte sich mit Kopfschmerzen niedergelegt, und Wilhelm Pieck hatte sich gerade mit den Korrekturfahnen der *Roten Fahne* eingefunden – klingelte es. An der Tür stand ein Gastwirt Mehring, der nach Herrn Liebknecht und Frau Luxemburg fragte. Beide ließen sich zunächst verleugnen, aber Mehring ließ nicht locker. Er rief einen Trupp Soldaten unter Führung eines Leutnants Lindner herein. Man durchsuchte die Wohnung, fand die Gesuchten und forderte sie auf mitzukommen. Sie packten ein paar Sachen. Dann wurden sie zum Eden-Hotel gebracht, seit dem Morgen dieses Tages Hauptquartier der Garde-Kavallerie-Schützendivision. Dort wurden sie bereits erwartet. Was folgte, war schnell getan und ist schnell erzählt.

Im Eden-Hotel empfing man sie mit Beschimpfungen und Mißhandlungen. Liebknecht, der durch Kolbenschläge zwei blutende Platzwunden am Kopf erlitt, bat um Verbandszeug, das ihm verweigert wurde. Er bat auch, die Toilette aufsuchen zu dürfen; auch das wurde ihm verweigert. Beide wurden dann dem Hauptmann Pabst, der die Aktion leitete, in seinem Zimmer im ersten Stock vorgeführt. Was in Pabsts Zimmer gesprochen wurde, ist nicht bekannt. Wir haben nur die – in anderen Punkten als lügenhaft erwiesene – Prozeßbekundung Pabsts, der sein Gespräch mit Rosa Luxemburg wie folgt wiedergibt: «Sind Sie Frau Rosa Luxemburg?» – «Entscheiden Sie bitte selber.» – «Nach dem Bilde müßten Sie es sein.» – «Wenn Sie es sagen.»

Liebknecht und etwas später Rosa Luxemburg wurden dann unter erneuten Mißhandlungen die Treppe hinuntergeführt oder -geschleift und den vorher bereitgestellten Mordkommandos übergeben. Pabst saß währenddessen in seinem Arbeitszimmer und verfaßte einen ausführlichen Bericht, der am nächsten Tage in allen Zeitungen erschien: Liebknecht sei auf dem Transport ins Moabiter Untersuchungsgefängnis bei einem Fluchtversuch erschossen worden, während Rosa Luxemburg ihren Begleitern von einer wütenden Menschenmenge entrissen und mit unbekanntem Ziel verschleppt worden sei.

In Wirklichkeit war die Straße vor dem Seitenausgang, durch den Karl Liebknecht und Rosa Luxemburg auf ihren letzten Gang geführt wurden, abgesperrt und menschenleer. An diesem Seitenausgang war der Jäger Runge postiert. Er hatte Befehl, dem jeweils Herauseskortierten – erst Liebknecht, dann Rosa Luxemburg – mit dem Gewehrkolben den Schädel einzuschlagen. Er schlug denn auch wuchtig zu, beide Male indessen ohne tödliche Wirkung. Liebknecht, und einige Minuten später Rosa Luxemburg, wurden, betäubt oder halbbetäubt von dem furchtbaren Schlag, in bereitstehende Autos gezerrt. Die Mordeskorte Liebknechts wurde von einem Kapitänleutnant von Pflugk-Harttung, die Rosa Luxemburgs von einem Leutnant Vogel kommandiert.

Beide Wagen fuhren im Abstand von einigen Minuten in den Tiergarten. Liebknecht wurde am Neuen See aufgefordert auszusteigen, mit der Pistole in den Hinterkopf geschossen, dann wieder ins Auto geworfen und im Leichenschauhaus als «Leiche eines unbekannten Mannes» abgeliefert.

Rosa Luxemburg wurde gleich nach der Abfahrt vom Eden-Hotel in die Schläfe geschossen und an der Lichtensteinbrücke in den Landwehrkanal geworfen. Ob sie durch Erschlagen, Erschießen oder Ertränken umgebracht worden ist, steht nicht fest. Die Obduktion der Monate später angeschwemmten Leiche ergab, daß der Schädel nicht gespalten, die Schußwunde nicht unbedingt tödlich gewesen war.

Warum wurden Karl Liebknecht und Rosa Luxemburg verfolgt und ermordet? Die Legende – von den Sozialdemokraten eifrig gepflegt, von den Kommunisten durch Übertreibung des spartakistischen Anteils an der Revolution unfreiwillig gestützt – behauptet hartnäckig, sie seien einem von ihnen selbst entfesselten Bürgerkrieg zum Opfer gefallen. Daran ist, soweit es Rosa Luxemburg betrifft, kein wahres Wort. Und wenn man Liebknechts Teilnahme am Revolutionsausschuß der Januarwoche schon als Bürgerkriegshandlung gelten lassen will: Wie erklärt man, daß keinem der zweiundfünfzig anderen Beteiligten etwas geschehen, daß der in genau gleicher Weise beteiligte und am 10. Januar verhaftete Georg Ledebour im nachfolgenden Prozeß freigesprochen worden ist, daß aber Liebknechts Verfolgung schon Anfang Dezember eingesetzt hatte, als noch kein Mensch von den Januarereignissen etwas ahnte? Nein, die Verfolgung und Ermordung Karl Liebknechts und Rosa Luxemburgs war keine Kampfhandlung im Bürgerkrieg. Sie hatte andere Gründe.

Der eine Grund war, daß Liebknecht und Rosa Luxemburg wie niemand sonst in den Augen von Freund und Feind die deutsche Revolution *verkörperten*. Sie waren ihre Symbole, und mit ihnen erschlug man die Revolution. Dies gilt für Karl Liebknecht noch mehr als für Rosa Luxemburg.

Der andere Grund war, daß sie wie niemand sonst das falsche Spiel, das von Anfang an mit der deutschen Revolution von ihren angeblichen Führern getrieben wurde, erkannten und ihre Erkenntnis täglich laut herausschrien. Sie waren sachverständige Zeugen, die man erschlug, weil man ihrem Zeugnis nichts entgegenzusetzen hatte. Dies gilt für Rosa Luxemburg noch mehr als für Karl Liebknecht.

Der Mord an Karl Liebknecht und Rosa Luxemburg war der Mord an überlegenem Mut und an überlegenem Geist, und er war der Mord an der unwiderlegbaren Wahrheit.

Wer war dieses Mordes schuldig? Direkttäter waren gewiß der damalige Hauptmann Pabst, der sich Jahrzehnte später, im Jahre 1962, im Schutze der Verjährung seiner Tat offen gerühmt hat, und seine Mordkommandos. Sie alle waren gewiß nicht bloße Werkzeuge, die stumpf und gleichgültig Befehle ausführten; sie waren willige, ja eifrige Täter. Aber waren sie die einzigen Täter, auch nur die Haupttäter?

Nicht zu übersehen ist, daß die Verfolgung, die öffentlichen Mordaufforderungen und die Mordvorbereitungen spätestens Anfang Dezember 1918 begonnen hatten, lange ehe die Mörder von der Garde-Kavallerie-Schützendivision die Szene betraten. Nicht zu übersehen der Kopfpreis, der damals ausgesetzt wurde, die Bekundung des stellvertretenden Berliner Stadtkommandanten, die eindeutige Mordhetze nicht nur der bürgerlichen, sondern auch und gerade der sozialdemokratischen Presse; und nach der Tat die heuchlerische Verteidigung, mit der Scheidemann, die kalte Genugtuung, mit der Noske sie registrierte; Ebert hat, soviel man feststellen kann, immer wie das Grab dazu geschwiegen.

Nicht zu übersehen auch die unverhüllte, ja schamlose Begünstigung der Direktmörder durch Justiz- und Regierungsbehörden (sie wurden von einem Militärgericht ihrer eigenen Division in einem possenhaften Verfahren zum größten Teil freigesprochen; soweit man sie zu leichten Strafen wegen «Wachvergehens» und «Beiseiteschaffung einer Leiche» verurteilen mußte, verhalf man ihnen unmittelbar danach zur Flucht). Und nicht zu übersehen schließlich die Reaktion der gesamten bürgerlichen und sozialdemokratischen öffentlichen Meinung auf die Mordtat, die von beschönigender Vertuschung bis zu offenem Jubel reichte; eine Hehlerreaktion, an der sich bis zum heutigen Tag nichts geändert hat.

Noch 1954 schrieb der liberale Jurist und Historiker Erich Eyck: «Man entschuldigt den Mord nicht, wenn man an das alte Wort erinnert, daß, wer das Schwert erhebt, durch das Schwert zugrunde gehen soll, und man hat zu viele Bluttaten gerade der Gesinnungsgenossen Liebknechts und der Luxemburg erlebt, um gerade über ihr Geschick eine besonders starke Empörung empfinden zu können.» Und noch 1962 bezeichnete das *Bulletin des Presse- und Informationsamtes der Bundesregierung (Nr. 27)* die Morde als «standrechtliche Erschießungen».

Der Mord vom 15. Januar 1919 war ein Auftakt – der Auftakt zu den tausendfachen Morden in den folgenden Monaten der Noske-Zeit, zu den millionenfachen Morden in den folgenden Jahrzehnten der Hitler-Zeit. Er war das Startzeichen für alle anderen. Und gerade er ist immer noch uneingestanden, immer noch ungesühnt und immer noch unbereut. Deswegen schreit er immer noch zum deutschen Himmel. Deswegen schickt er immer noch sein sengendes Licht in die deutsche Gegenwart wie ein tödlicher Laserstrahl.

12
Der Bürgerkrieg

Von Januar bis Mai 1919, mit Ausläufern bis in den Hochsommer hinein, tobte in Deutschland ein blutiger Bürgerkrieg, der Tausende von Todesopfern und unsägliche Bitterkeit hinterließ.

Dieser Bürgerkrieg stellte die Weichen für die unselige Geschichte der Weimarer Republik, die aus ihm geboren, und die Entstehung des Dritten Reichs, das in ihm gezeugt wurde. Denn er machte die Spaltung der alten Sozialdemokratie unheilbar, beraubte die übriggebliebene Rumpf-SPD aller künftigen Bündnismöglichkeiten auf der Linken und zwang sie in die Position einer ewigen Minderheit; und er erzeugte in den Freikorps, die ihn für die SPD-Regierung führten und gewannen, die Gesinnungen und Gewohnheiten der späteren SA und SS, die vielfach aus ihnen hervorgegangen sind. Der Bürgerkrieg von 1919 ist daher ein zentrales Ereignis der deutschen Geschichte dieses Jahrhunderts. Aber merkwürdigerweise ist er aus dem deutschen Geschichtsbild fast vollständig verschwunden, getilgt, verdrängt. Das hat seine Gründe.

Einer der Gründe ist ganz einfach Scham. Alle Beteiligten schämen sich der Rolle, die sie in diesem Bürgerkrieg gespielt haben. Die besiegten Revolutionäre schämen sich, daß sie so gar nichts Glorioses vorzuweisen haben, keinen Teilsieg, nicht einmal einen großartigen Untergang, sondern nur planloses Durcheinander, Entschlußlosigkeit, Versagen und Niederlage – und tausendfaches anonymes Leiden und Sterben. Aber auch die Sieger schämen sich. Sie bildeten eine seltsame Koalition: eine Koalition von Sozialdemokraten und – Nazis. Und beide Partner dieser unnatürlichen Koalition haben später keine Lust gehabt zuzugeben, was sie getan hatten: die Sozialdemokraten, daß sie die Vorgänger und Vorbilder der späteren SA und SS rekrutierten und die künftigen Nazis auf ihre eigenen Leute losließen; die Nazis, daß sie sich von den Sozialdemokraten anwerben ließen und unter sozialdemokratischem Patronat Blut lecken lernten. Wessen alle Beteiligten sich schämen, das wird von der Geschichte gern totgeschwiegen.

Aber es gibt noch einen anderen Grund für das Verschwinden des Bürgerkriegs von 1919 aus der deutschen Erinnerung und dem deutschen Geschichtsbild: Es gibt keine gute «Geschichte» ab, nichts, das sich gut erzählt – kein Drama mit Spannung und einprägsamen Höhepunkten, keine zusammenhängende Handlung, keinen aufregenden Kampf zwischen ebenbürtigen Gegnern. Das blutige Geschehen wälzte sich träge durch Deutschland, ohne je das ganze Land auf einmal zu erfassen. Das qualmende Feuer flammte immer dann irgendwo wieder auf, wenn es anderswo gerade ausgetreten worden war. Es begann Anfang Februar an der Nordseeküste, mit Bremen im Mittelpunkt, dann, Mitte Februar, lag der Hauptkriegsschauplatz plötzlich im Ruhrgebiet, Ende Februar in Thüringen und Mitteldeutschland, Anfang und Mitte März in Berlin, im April in Bayern, im Mai in Sachsen; dazwischen gab es größere örtliche Episoden wie den Kampf um Braunschweig und Magdeburg und unzählige kleinere, von denen nur die Lokalchronik noch weiß: eine verwirrende, strukturlose Folge von unzusammenhängenden großen und kleinen Gefechten, Schlachten und Schlächtereien.

Der Ausgang stand dabei jedesmal von Anfang an fest, und alles verlief nach demselben Schema, in ewiger, eintöniger Wiederholung. Die fünf, sechs Monate des Bürgerkriegs von 1919 lassen sich im einzelnen sowenig darstellen wie die fünf, sechs Tage der Revolution vom November 1918, deren Gegenbild sie waren. So wie sich damals überall in Deutschland, mit geringen örtlichen Abweichungen, immer wieder das gleiche abgespielt hatte, so auch jetzt: damals der widerstandslose Sieg der Revolution, jetzt der nicht widerstandslose, aber unwiderstehliche Siegeszug der Gegenrevolution. Nur daß, was sich damals mit rasender Schnelligkeit vollzogen hatte, jetzt mit quälender, methodischer Langsamkeit vor sich ging; daß damals wenig Blut vergossen worden war, während jetzt Blut in Strömen floß; und daß damals die Revolution ein führungsloser, spontaner Akt der Massen selbst gewesen war, von dem sich die sozialdemokratischen Führer nur höchst widerwillig hatten an die Macht tragen lassen, während jetzt die Gegenrevolution eine systematische, befohlene militärische Aktion eben dieser sozialdemokratischen Führer war.

Denn daran ist kein Zweifel: Die Initiative zum Bürgerkrieg, der Entschluß dazu und daher auch – wenn man in diesen Begriffen denken will – die «Schuld» am Bürgerkrieg lagen eindeutig bei der sozialdemokratischen Führung, insbesondere bei Ebert und Noske. Die andere Seite bot ihnen allenfalls manchmal Vorwände zum Angriff, manchmal nicht einmal das. Eine «zweite Welle» der Revolution gab es nach dem Berliner Januar nur noch einmal, im April in München. Im übrigen waren Ebert und Noske von Anfang bis Ende in der Offensive. Wenn man verstehen will, was geschah, muß man sich vor allem in ihre Gedankengänge hineinversetzen.

Dabei braucht man sich mit Noske nicht lange aufzuhalten. Noske war ein primitiver Gewaltmensch, der Politik nach einem simplen Freund-Feind-Schema betrieb und mit der ebenso simplen Methode, auf jeden Feind jederzeit mit allen zur Verfügung stehenden Mitteln einzudreschen. Seine späteren Schriften ebenso wie seine Taten weisen ihn als einen differenzierungsunfähigen, in Gewalttätigkeit verliebten Mann aus, der seiner ganzen Mentalität nach besser in die NSDAP als in die SPD gepaßt hätte. Doch Noske war nicht der Kopf des Bürgerkriegs. Er war nur Eberts rechte Hand – oder rechte Faust. Es ist Ebert, an den man sich halten muß.

Ebert war kein Nazi, auch kein unbewußter, und er war nicht differenzierungsunfähig. Er fühlte sich durchaus als Sozialdemokrat und auf seine Art als Arbeiterfreund. Seine Ziele waren die Ziele der Vorkriegs-SPD, so wie er sie vorgefunden hatte: Parlamentarisierung und Sozialreform. Aber er war kein Revolutionär. Die Revolution war für ihn sowohl «überflüssig» (sein Lieblingswort) wie illegitim. Er haßte sie «wie die Sünde». Alles, was er wirklich wollte und immer gewollt hatte, war im Oktober 1918 mit der vom Kaiser gewährten Parlamentarisierung und dem Eintritt der Sozialdemokraten in die Regierung erreicht gewesen. Alles, was der November 1918 dem hinzugefügt hatte, war in seinen Augen Torheit, Mißverständnis und Unfug. Daß er der Revolution selbst notgedrungen hatte Lippenbekenntnisse leisten müssen, machte sie ihm nur noch unsympathischer.

Ebert hat der Revolution gegenüber nie ein schlechtes Gewissen gehabt, weil er sie verriet, eher grollte er ihr, daß sie ihn vorübergehend zum Doppelspiel gezwungen hatte, und ein schlechtes Gewissen hatte er höchstens der alten Ordnung gegenüber, weil er eine Weile den Revolutionär hatte spielen müssen. Die Verhältnisse waren eben stärker gewesen als er und hatten ihn zur Verstellung gezwungen. Er hatte sich mit den Unabhängigen verbinden, sich von den Räten legitimieren lassen, den «Volksbeauftragten» spielen müssen; schlimm genug, aber in seinen Augen alles ungültig. Im Herzen war er die ganze Zeit der Statthalter des alten Staats und der alten Reichstagsmehrheit geblieben.

Nachdem am 19. Januar 1919 die Wahlen zur Nationalversammlung diese alte Reichstagsmehrheit (SPD 38 Prozent, Zentrum 19 Prozent, Deutsche Demokratische Partei 18 Prozent) wiederhergestellt hatten, fühlte Ebert von neuem festen Boden unter den Füßen. Alles, was sich zwischen dem 9. November und dem 19. Januar ereignet hatte, war mit dieser Wahl für ihn wieder ungeschehen gemacht. Alle die revolutionären Institutionen, die sich in dieser Zeit gebildet hatten, insbesondere also die Arbeiter- und Soldatenräte, hatten jetzt für ihn ihre Existenzberechtigung verloren, und er konnte gar nicht begreifen, daß sie das nicht selber einsahen. Aber sie sahen es natürlich nicht ein, und daher mußten sie eben, so leid es ihm tat, mit Gewalt beseitigt werden. Diese vollkommen gutgläubige, freilich außerordentlich subjektive Einstellung Eberts war die Wurzel des deutschen Bürgerkriegs.

Wie fest diese Überzeugung in Ebert saß, dafür gibt es eine beinah groteske Illustration. Das nominell höchste revolutionäre Staatsorgan, von dem auch die Regierung der «Volksbeauftragten» ihre Legitimation ableitete, war der Zentralrat der Arbeiter- und Soldatenräte, den der Reichsrätekongreß in Berlin gewählt hatte. Dieser Zentralrat war das Zahmste und Lahmste, was sich denken läßt. Er war ausschließlich aus SPD-Mitgliedern zusammengesetzt, er hatte Ebert nie die geringsten Schwierigkeiten gemacht, hatte ihm bei der Ausschaltung der USPD aus der Regierung sogar aktive Hilfestellung gegeben, und er war auch bereit, nunmehr seine Machtbefugnisse der Nationalversammlung zu übertragen. Aber selbst das verweigerte ihm Ebert: Er habe gar nichts mehr zu übertragen, erklärte er; nachdem jetzt die Nationalversammlung da sei, habe der Zentralrat einfach den Mund zu halten, seine Sachen zu packen und zu verschwinden. Darüber kam es zum ersten und einzigen ernstlichen Krach zwischen Ebert und dem Zentralrat, der noch eine Weile eine machtlose Schattenexistenz führte. Eine groteske Episode ohne politische Bedeutung; aber sie beleuchtet Eberts politischen Standpunkt: Mit der Wahl der Nationalversammlung – die ihrerseits alsbald ihn, Ebert, zum provisorischen Reichspräsidenten wählte – war nach seiner Auffassung eine neue Legitimität geschaffen, die an die alte vom Oktober 1918 anknüpfte. Alles, was dazwischen lag, war spätestens jetzt illegitim geworden, und zwar rückwirkend. Die Revolution war rechtlich annulliert. Jetzt hatte sie sich gefälligst auch faktisch zu annullieren. Die Arbeiter- und Soldatenräte mußten weg. Das fand Ebert im besten Glauben ganz selbstverständlich.

Aber sie waren ja nun einmal da, und sie sahen die Sache natürlich ganz anders an. Für sie war die Revolution weder rechtlich noch faktisch annulliert, für sie war sie immer noch die einzige Quelle jeder neuen Legitimität. «Wir können die Volksbeauftragten wegschicken, aber nicht sie uns», räsonierte selbst der zahme Zentralrat, und die örtlichen Räte, die überall noch die örtliche Macht ausübten, fühlten sich zunächst geneigt, Eberts Zumutungen mit bitterem Gelächter zu quittieren. Sie wußten noch die Arbeitermassen hinter sich. Diese Arbeitermassen bestanden größtenteils aus demobilisierten Soldaten mit frischer Kriegserfahrung, und fast jeder hatte noch ein Gewehr im Haus. Waffen und Munition gab es so kurz nach dem Krieg überall in Deutschland noch im Überfluß. Wer wollte sich anmaßen, das siegreiche, bewaffnete Volk nach Hause zu schicken wie eine Bande von Schuljungen nach einem dummen Streich? Wie der Vorsitzende des Leipziger Arbeiterrats, Kurt Geyer, später traurig und selbstkritisch schrieb, «der Besitz der lokalen Gewalt verdunkelte den radikalen Massen vollständig die wahre Machtverteilung in der Gesamtheit».

Es waren aber nicht nur die «radikalen Massen», es waren die Räte selbst, einschließlich ihrer gemäßigten SPD-Mitglieder, die es schlechterdings nicht verstanden, daß die Revolution plötzlich als ungeschehen behandelt werden sollte. Natürlich, es gab jetzt eine Nationalversammlung; deren Wahl hatte der Reichsrätekongreß ja selbst beschlossen. Aber es war ihm dabei nie in den Sinn gekommen, damit die Revolution aus der Welt zu schaffen. In den Augen der Räte leitete vielmehr die Nationalversammlung ihre eigene Existenz und Legitimation nur aus dem Wahlbeschluß des Rätekongresses her. Sie hatte ganz bestimmte Aufgaben: eine Verfassung und Gesetze zu machen, den Haushalt zu beschließen, die Regierung zu kontrollieren. Allmächtig sein sollte sie nicht, und die Revolution annullieren schon gar nicht. Neben ihr fühlten sich die Räte weiterhin als von der Revolution geschaffene legitime Staatsorgane, wie vorher die Länder- und Gemeindebehörden neben dem kaiserlichen Reichstag. So wie es bis November 1918 ein aus allgemeinen Wahlen hervorgegangenes Parlament in einem Staat gegeben hatte, der im übrigen ein Klassenstaat war, so sollte es auch jetzt bleiben: nur daß die Revolution an Stelle der Adligen und Reichen die Arbeiter und den Mannschaftsstand zur herrschenden Klasse gemacht hatte. Das war die Auffassung der Räte. Die Soldatenräte beanspruchten immer noch die Disziplinargewalt in der Truppe, die Arbeiterräte fühlten sich immer noch als maßgebende Behördenspitze – kraft revolutionären Rechts. Wenn man ihnen das streitig machte, war die Machtfrage gestellt.

Am deutlichsten sprach das Noske aus. Am 21. Januar erklärte er in einer Kabinettssitzung: «Der Regierung muß Autorität verschafft werden durch Gestaltung eines Machtfaktors. Im Lauf einer Woche wurde eine Truppe von zweiundzwanzigtausend Mann geschaffen. Der Verkehr mit den Soldatenräten hat sich infolgedessen im Ton etwas verschoben. Früher waren die Soldatenräte der Machtfaktor; dieser Machtfaktor sind *wir* nun geworden.» Und am selben Tag drohte Noske den Abgesandten des Soldatenrats des Siebenten Armeekorps in Münster, die gegen die Wiederherstellung von Rangabzeichen im Heer und gegen die Anwerbung der Freikorps protestierten: «Ihr seid euch über eure Befugnisse als Soldatenrat durchaus nicht im klaren, wir werden euch das in den nächsten Tagen schon zeigen. Dann wird alles anders werden! Die Regierung läßt sich eure Maßnahmen nicht gefallen und wird einschreiten, wie sie anderswo auch schon eingeschritten ist.» – Das letzte ist wohl eine Anspielung auf die Berliner Januarereignisse und die Ermordung Liebknechts und Rosa Luxemburgs.

Tatsächlich «schritt» die Regierung alsbald «ein» – zuerst in Bremen, dann im Ruhrgebiet, dann in Thüringen und so immer weiter. Anfang Februar kam der Bürgerkrieg langsam im ganzen Reich in Gang. Die Anlässe zum Einschreiten wechselten. Meist waren sie unmittelbar militärischer Art: Sabotage der Freikorpswerbung, Weigerung der Soldatenräte, wieder Rangabzeichen und Grußpflicht einzuführen (wobei sie sich auf den Beschluß des Reichsrätekongresses beriefen, den Ebert und Noske bereits am 19. Januar praktisch außer Kraft gesetzt hatten); mitunter auch Streiks oder örtliche Unruhen.

In Wirklichkeit ging es überall nur um eins: um die Existenz der Arbeiter- und Soldatenräte und damit um die Legitimität der Revolution. Noskes «Städteeroberer», der General Maercker, Kommandierender des Landesjägerkorps, hat das ganz offen ausgesprochen: «Im Kampf der Reichsregierung gegen die Linksradikalen handelte es sich ausschließlich um die Erhaltung der politischen Macht. Zu diesem rein politischen Zweck wurde die Truppe eingesetzt: als Machtmittel zur Festigung der inneren Politik. Die Schwäche der Regierung gestattete es aber nicht, das offen zu sagen. Sie fürchtete sich, Farbe zu bekennen und zu erklären, daß die Freiwilligentruppe dazu diene, die Räteherrschaft zu beseitigen, wo sie noch bestand. Denn darauf kam es letzten Endes an. Sie umging es, indem sie militärische Angelegenheiten zum Anlaß des Eingreifens machte. Mir lag dies unaufrichtige Verhalten keineswegs. Ich hätte den Arbeiterführern gegenüber sicherer dagestanden, wenn ich offen hätte erklären können: ‹Meine Anwesenheit bedeutet den Kampf gegen die von euch erstrebte Räteherrschaft und gegen die Gewaltherrschaft des bewaffneten Proletariats.›»

Maercker war zwar ein stockkonservativer, ja reaktionärer Offizier, aber ein Offizier alter Schule, an Disziplin und Gehorsam gewöhnt, und sein Landesjägerkorps war, wenigstens im Bürgerkrieg des Jahres

1919, eine einigermaßen korrekte und zuverlässige Regierungstruppe. Von den meisten anderen Freikorps, die in diesen Bürgerkriegsmonaten mit hektischer Eile angeworben wurden, läßt sich das nicht sagen. Es gab zum Schluß achtundsechzig anerkannte Freikorps mit insgesamt, nach Noskes Angaben, fast vierhunderttausend Mann, jedes einzelne auf seinen Führer eingeschworen, «wie es zur Zeit Wallensteins nicht viel anders gewesen sein kann» (Noske). Das Merkwürdigste ist, daß Ebert und Noske daran keinen Anstoß nahmen oder jedenfalls keinen Anlaß zur Sorge darin sahen. Erstaunlicher noch als die erbarmungslose Rücksichtslosigkeit, mit der sie gegen die Revolutionäre von links vorgingen, denen sie doch ihre eigene Macht verdankten, ist die Arglosigkeit und Sorglosigkeit, mit der sie ihre eigenen Todfeinde von rechts bewaffneten und ans Blutlecken gewöhnten.

An der politischen Einstellung der weitaus meisten dieser Freikorpsführer und ihrer Leute konnte nämlich vom ersten Augenblick an kein Zweifel bestehen. «Es wäre eine freundliche Übertreibung», schreibt der damalige Leutnant in der Garde-Kavallerie-Schützendivision von Oertzen, «wollte man behaupten, die Männer der damaligen Regierung wären den Offizieren des Eden-Hotels sympathisch gewesen.» Das wäre es allerdings. Der Oberst Reinhard zum Beispiel, späterer Kommandeur dieser Division und je nachdem als der «Befreier» oder «Schlächter» von Berlin bekannt, sprach bereits Weihnachten 1918 vom «sozialdemokratischen Hexenkessel» und bezeichnete später in einer Ansprache an seine Truppe die Regierung, der sie diente, als «Lumpengesindel». Der Führer der «Eisernen Schar», ein Hauptmann Gengler, schrieb am 21. Januar 1919 in sein Tagebuch über die Regierung Ebert: «Der Tag wird kommen, wo ich mit dieser Regierung abrechne und dem ganzen erbärmlichen, jämmerlichen Pack die Maske herunterreiße.» Oberstleutnant Heinz, ein anderer bekannter Freikorpsführer, äußerte ein paar Monate später: «Dieser Staat, aus dem Aufruhr geboren, wird immer unser Feind sein, ganz gleich, was für eine Verfassung er sich gibt und wer an seiner Spitze steht ... Für das Reich! Für das Volk! Kampf der Regierung! Tod der demokratischen Republik!» Und Herr von Heydebreck, damals Führer des Freikorps «Werwolf», später hoher SA-Führer und schließlich am 30. Juni 1934 zusammen mit seinem Chef Röhm von Hitler erschossen: «Krieg dem Staat von Weimar und Versailles! Krieg jeden Tag und mit jedem Mittel! So wie ich Deutschland liebe, so hasse ich die Republik des 9. November!»

So dachten die Führer jener vierhunderttausend Mann, die Ebert und Noske jetzt bewaffneten und auf die Arbeiter losließen und denen sie den Schutz der bürgerlichen Republik ebenso wie ihr eigenes Schicksal anvertrauten. Bei Noske, der im Grunde manches mit ihnen gemein hatte und im Laufe des folgenden Jahres manchmal mit dem Gedanken liebäugelte, sich von ihnen zum Diktator machen zu lassen, ist das noch zu verstehen. Bei Ebert offenbart es einen merkwürdigen Zug von Beschränktheit und Begriffsstutzigkeit. Was Ebert vorschwebte, war ja kein SS-Staat, sondern die bürgerlich-parlamentarische Demokratie, gemeinsame Regierung der Sozialdemokraten und der bürgerlichen Mitte, Ruhe, Ordnung und Wohlanständigkeit, ein Mittelstandsstaat, in dem es auch die Arbeiter gut haben sollten. Und um das zu schaffen, ließ er jetzt eine reißende Meute auf sie los, die bereits fast alle Züge der künftigen SA und SS aufwies, Männer, von denen manche später noch eine persönliche Rolle bei Hitlers Machtergreifung zu spielen hatten; außer Heydebreck finden sich zum Beispiel im deutschen Bürgerkrieg von 1919 schon die Namen Seldte und von Epp – der eine später Minister in Hitlers Regierung, der andere Hitlers Reichsstatthalter in Bayern.

Ganz offensichtlich lag das Wesen dieser avantgardistischen Frühnazis außerhalb von Eberts Begriffsvermögen. Er sah rechts von sich nur freundliche, kultivierte, hochmögende Leute, und er hatte nie ein anderes Ziel gehabt, als sich und seine SPD von ihnen als gleichberechtigt und mitregierungsfähig anerkannt zu sehen. Und war dieses Ziel nicht seit Oktober 1918 erreicht? Hatte nicht selbst Ludendorff die Parlamentarisierung und die Regierungsbeteiligung der Sozialdemokraten, die Ebert den ganzen Krieg über angestrebt hatte, schließlich zugelassen, ja angeordnet, wenn auch leider erst in der Stunde der Niederlage? Daß das eine Falle sein könnte, auf diesen Gedanken kam Ebert nie und ebensowenig auf den Gedanken, daß die Revolution, die der Oktoberregierung im November den Rücken stärkte, seine einzige Chance gewesen war, dieser Falle zu entkommen. Er sah nur den ehrenvollen Auftrag, dem bürgerlichen Staat Retter in der Not zu sein; diesem Auftrag war er innerlich immer treu geblieben, und er erwartete von rechts nichts als Dankbarkeit. Die einzigen Feinde von rechts, die er sich allenfalls vorstellen konnte, wären Monarchisten gewesen (die Monarchie hatte er ja leider nicht retten können), und Monarchisten waren die Männer der Freikorps freilich nicht mehr. Was sie wollten und ersehnten, wofür sie kämpften und auch mordeten, das war etwas anderes als die Monarchie – etwas, das erst ein Mann in Worte fassen sollte, der sich damals noch als obskurer V-Mann der bayerischen Reichswehr in München betätigte.

Sein Geist, der Geist der späteren Konzentrationslager und Ausrottungskommandos, beherrschte, noch unartikuliert, schon 1919 die Truppen der von Ebert herbeigerufenen, von Noske kommandierten Gegenrevolution. Die Revolution von 1918 war gutmütig gewesen; die Gegenrevolution war grausam. Man mag ihr zugute halten, daß sie zu kämpfen hatte, was die Revolution nicht nötig gehabt hatte, und daß auch von der andern Seite gelegentlich Grausamkeiten und Roheitsakte verübt wurden, wie sie in jedem Bürgerkrieg vorkommen. Aber zweierlei ist nicht zu übersehen: Fast ausnahmslos waren die straff geführten und gutbewaffneten Regierungstruppen den hastig zusammengestellten, nur mit Handfeuerwaffen kämpfenden Arbeitertrupps der örtlichen Rätemacht von Anfang an weit überlegen, so daß schon im Kampf die blutigen Verluste sehr ungleich verteilt waren. Und fast immer begann der wirkliche Schrecken, die Standgerichte, die willkürlichen Massenerschießungen, die Prügel- und Folterszenen, erst nach dem Sieg der Regierungstruppen, wenn sie nichts mehr zu fürchten hatten und sich ungehindert austoben konnten. Es hat sich damals in vielen deutschen Städten Furchtbares abgespielt, wovon kein Geschichtsbuch berichtet.

Freilich, nicht für alle war die Gegenrevolution furchtbar; viele empfanden sie auch als Befreiung und Erlösung. Während in den Arbeitervierteln der eroberten Städte bleicher Schrecken oder verbissene Wut herrschte, während die freigekämpften Straßen leer lagen und einzelne Offiziere, die sich im besetzten Gebiet zu weit vorwagten, riskierten, überfallen und gelyncht zu werden, warteten in den bürgerlichen Wohngegenden Dankbarkeit und Jubel auf die Befreier: Bier, Schokolade und Zigarettenpäckchen, Kußhände werfende Mädchen und Kinder, die Fähnchen schwenkten – schwarzweißrote Fähnchen. Der Bürgerkrieg war ein Krieg der Klassen wie jeder Bürgerkrieg. Merkwürdig nur, daß es eine sozialdemokratische Regierung war, die den Krieg gegen die Arbeiterklasse führte.

Wie jeder Bürgerkrieg brachte auch dieser in seinem Fortgang eine Eskalation des Schreckens. Anfangs, in Bremen und Mitteldeutschland, war es noch verhältnismäßig glimpflich zugegangen; im Ruhrgebiet, wo sporadische Kämpfe sich auch nach dem Höhepunkt im Februar noch wochenlang hinzogen, gab es bereits viele gräßliche Episoden. Furchtbares aber geschah in Berlin, wo im März Noskes Truppen unter Oberst Reinhard mit einem doppelten Ziel zum Angriff antraten: der Besetzung der im Januar noch ausgesparten östlichen und nördlichen Arbeiterviertel und der Entwaffnung der unzuverlässigen Berliner Standorttruppen, die im November die Revolution mitgemacht hatten, insbesondere der immer noch bestehenden Volksmarinedivision. Eine schauderhafte Einzelheit aus diesem speziellen Kapitel ist durch alle Geschichtsbücher gegangen: Als Matrosen der Volksmarinedivision sich, bestellt und unbewaffnet, in einem Bürohaus in der Französischen Straße einfanden, um ihre Entlassungspapiere und ihre Abschlußlöhnung entgegenzunehmen (immer ging es bei der Volksmarinedivision irgendwie um die Löhnung), wurden dreißig von ihnen ohne Grund und ohne Warnung herausgegriffen, in den Hof geführt, an die Mauer gestellt und erschossen.

Diese dreißig Matrosen waren aber nur ein ganz kleiner Bruchteil der in Berlin Massakrierten. Noske schätzt ihre Zahl, gewiß nicht übertreibend, auf «rund zwölfhundert». Er hatte selbst den furchtbaren Befehl gegeben: «Jede Person, die mit Waffen in der Hand gegen Regierungstruppen kämpfend angetroffen wird, ist sofort zu erschießen.» Der Oberst Reinhard erweiterte diesen Schießbefehl noch: «Ferner sind aus Häusern, aus welchen auf die Truppen geschossen wurde, sämtliche Bewohner, ganz gleich, ob sie ihre Unschuld beteuern oder nicht, auf die Straße zu stellen und in ihrer Abwesenheit die Häuser nach Waffen zu durchsuchen; verdächtige Persönlichkeiten, bei denen tatsächlich Waffen gefunden werden, zu erschießen.» Man muß sich dabei die überfüllten Mietskasernen des Berliner Ostens vorstellen. Von dem, was sich auf Grund dieses Befehls am 11., 12. und 13. März 1919 in den Straßen um den Alexanderplatz und in Berlin-Lichtenberg abgespielt hat, gibt es Berichte, vor die man am besten einen Vorhang zieht.

Verzweiflung führte bereits in diesen Märzkämpfen in Berlin stellenweise zu hoffnungslosem Widerstand von einer Erbitterung, wie man sie vorher im deutschen Bürgerkrieg nicht gekannt hatte. Aber die Märzkämpfe in Berlin waren noch nicht der Höhepunkt dieses blutigen Bürgerkriegs. Den erreichte er erst einen Monat später in München.

13
Die Münchner Räterepublik

Die Revolution in Bayern verlief anders als im übrigen Deutschland.

Anders als in Berlin fiel die Revolution in München nicht von Anfang an in die Hände ihrer Feinde; anders als im übrigen Reich war sie nicht das Werk führerloser Massen. Sie hatte eine Führung und einen Führer: Kurt Eisner – einen Mann, der, mit keiner Organisation hinter sich, drei Monate lang die Situation in seinem Lande souverän beherrschte, dank einer einzigartigen Mischung von Einfallsreichtum und Tatkraft, Idealismus und listenreicher Wendigkeit, witterndem Feingefühl und Härte im Nehmen.

Solange Kurt Eisner lebte, war die Revolution in Bayern sowohl erfolgreich wie unblutig. Seiner Ermordung folgte das Chaos – aber zunächst ein Massenaufschrei wilder Klage und wütenden Rachedursts, wie man ihn damals nirgends sonst gehört hat, auch nicht nach der Ermordung Liebknechts und Rosa Luxemburgs. Bei seinem Tode zeigte sich, daß Eisner das Herz der kleinen Leute in München gewonnen hatte.

Und das ist vielleicht seine erstaunlichste Leistung, denn er brachte zum bayerischen Volkshelden eigentlich nichts, aber auch gar nichts mit: Er war kein Bayer, sondern ein Urberliner; noch dazu Jude; noch dazu Literat – ein Bilderbuch-Intellektueller mit Bart und Brille und Bohème-Allüren. Zwischen Opernplatz und Kastanienwäldchen in Berlin war Eisner aufgewachsen; sein Vater hatte Unter den Linden ein Geschäft für Militäreffekten und Orden und durfte sich Hoflieferant nennen. Der verlorene Sohn wurde ein Schöngeist und Sozialdemokrat; auch als Sozialdemokrat mehr Journalist als Politiker, erfolgreich hauptsächlich als Theaterkritiker. 1907, vierzigjährig, verschlug es ihn nach München. In der SPD gehörte er, ohne eine besondere Rolle zu spielen, eher zum rechten, liberalen, halbbürgerlichen Flügel. Erst der Krieg trieb ihn nach links und zur USPD, die in Bayern als organisierte Partei kaum Bedeutung hatte. Auch Eisner tat nichts, um sie aufzubauen. Er war kein Parteipolitiker oder Parteiführer. Aber im Januar 1918 betätigte er sich als Streikorganisator – sein erstes politisches Hervortreten. Er wurde verhaftet und blieb neun Monate ohne Prozeß in Untersuchungshaft. Im Oktober wurde er entlassen. Im November machte er die Münchner Revolution.

Tatsächlich, er machte sie. Die Novemberrevolution in München war eine Ein-Mann-Schau. Alles das, was in Berlin am Wochenende des 9. und 10. November die Revolution ausgemacht hatte – die Umstimmung der Truppen, der Massenaufmarsch, die Ausrufung der Republik, das Revolutionsparlament, die Regierungsbildung, die Rätewahl –, hatte in München in etwas anderer Reihenfolge schon zwei Tage zuvor stattgefunden, in der Nacht vom 7. zum 8. November, und zwar unter der Regie von Kurt Eisner und mit dem Regisseur Eisner in allen Hauptrollen: Er war zugleich der Otto Wels und der Liebknecht, der Emil Barth und der Scheidemann, in gewissem Sinne auch der Ebert der Münchner Revolution – insofern nämlich, als er der einzige war, der genau wußte, was er wollte, und es auch durchzusetzen verstand.

Die Münchner Revolution begann mit einer Massenversammlung auf der Theresienwiese am Donnerstagnachmittag, dem 7. November. Die königlich-bayerische Regierung hatte die von der SPD organisierte Kundgebung genehmigt, um der Revolutionsstimmung ein Ventil zum Dampfablassen zu öffnen. Der SPD-Führer Erhard Auer hatte beruhigende Versicherungen abgegeben: Er habe seine Leute fest in der Hand; nichts werde passieren. Dieser Eisner werde «an die Wand gedrückt werden». Tatsächlich zog Auer mit einem Teil der Demonstranten nach Beendigung der Reden, in denen die Abschaffung der Monarchie und der Sturz der Regierung gefordert wurde, in ordentlichem Zuge durch die Innenstadt zum Friedensengel, wo sich alles auflöste. Aber Eisner hatte inzwischen mit einem ebenso großen Zug die umgekehrte Richtung eingeschlagen – in den Münchner Norden, zu den Kasernen.

Dort spielte sich am frühen Abend der entscheidende Akt jedes Staatsstreichs ab, das «Umdrehen» der bewaffneten Macht. Es folgte, immer unter der persönlichen Leitung Eisners, im Matthäserbräu die improvisierte Konstituierung der ersten Arbeiter- und Soldatenräte; dann wurden tief in der Nacht – der König hatte München schon verlassen, und bewaffnete Soldaten fuhren in Lastautos durch die Innenstadt und bezogen Wache an den öffentlichen Gebäuden – im Landtagsgebäude in der Prannerstraße auf der ersten Sitzung dieser Räte (dem «Revolutionsparlament») die Republik ausgerufen und Eisner zum Ministerpräsidenten ernannt.

Am nächsten Vormittag führte Eisner entscheidende politische Be-

Der bayerische Ministerpräsident Kurt Eisner (links) im Dezember 1918 auf der Reichskonferenz der bundesstaatlichen Regierungsvertreter in Berlin. Neben ihm Dr. Friedrich Muckle, der provisorische Gesandte Bayerns in Berlin. Solange Eisner lebte, verlief die Revolution in Bayern unblutig. Anders als Ebert erkannte Eisner klar die Notwendigkeit, nach dem Krieg radikal mit dem Alten zu brechen.

sprechungen: mit dem königlichen Ministerpräsidenten, der unter Protest seine Amtsräume aufgab, und mit Auer, dem SPD-Führer, der sich zähneknirschend bereit fand, unter Eisner das Innenministerium zu übernehmen. Am Nachmittag stellte Eisner auf der ersten Vollsitzung des «Provisorischen Nationalrats» sein Kabinett vor. Die Münchner Revolution war komplett, durchgeführt in einem rasanten Alleingang und innerhalb von vierundzwanzig Stunden. Kein Schuß war gefallen, kein Tropfen Blut vergossen. Und der Mann, der dieses Kunststück fertiggebracht hatte, gestern noch ein Niemand, hatte alle Fäden in der Hand.

Eisner hielt an diesem Abend vor dem Provisorischen Nationalrat «für einen Mann, der um einen guten Teil seines Nachtschlafs gekommen war, eine erstaunlich fließende Rede» – so der amerikanische Historiker der Revolution in Bayern, Allan Mitchell, der eine äußerst kritische, vielleicht sogar ein wenig scheeläugige Einstellung zu Eisner hat.

Eisners Rede vom 8. November war aber nicht nur fließend, sie war staatsmännisch. «In Zeiten ruhigerer Entwicklung» werde eine Nationalversammlung einberufen werden, um die endgültige Form der Republik zu entwerfen, inzwischen aber müsse das Volk direkt durch «die elementaren Triebkräfte» der revolutionären Räte herrschen. Entscheidend sei jetzt ein sichtbarer Neubeginn, ein völliges Abstoßen vom alten Staat und insbesondere die rücksichtslose Preisgabe seiner Kriegspolitik, wenn man einen erträglichen Frieden gewinnen wolle. «Einer Regierung, die alle Verantwortlichkeiten der Vergangenheit mit übernommen hat», sagte Eisner mit deutlichem Seitenblick auf Berlin, drohe ein furchtbarer Friede.

Eisner hatte, im Gegensatz zu Ebert, vom ersten Tage an einen klaren Blick für die internationale Lage des besiegten Deutschland und eine klare außenpolitische Konzeption: Er sah die Gefahr des Diktatfriedens und suchte ihr zuvorzukommen durch eindrucksvolle Beweise des Bruchs mit dem Alten im Innern und durch direkte Kontakte nach außen, und zwar mit den Westmächten, besonders mit Amerika; mit Rußland hatte er nichts im Sinn. Mit dieser Politik stieß Eisner später in Berlin auf taube Ohren; dort hielt man gerade außenpolitisch auf völlige Kontinuität mit dem Kaiserreich, fand Eisners rücksichtsloses Abrücken von der Kriegspolitik von 1914 «nestbeschmutzend» und fiel später aus allen Wolken, als die Sieger in Versailles das «neue» Deutsche Reich Eberts eben als das besiegte Kaiserreich behandelten.

Aber hier interessiert nicht so sehr Eisners Außenpolitik wie sein Revolutionsmanagement in Bayern, das man meisterhaft nennen muß – auch wenn zweifelhaft bleibt, ob eine erfolgreiche Revolution in

Sonderblatt.

№ 53. München, 15. Mai 1919.

Bayerisches Polizeiblatt.

Herausgegeben von der Polizeidirektion München.

3040.

10000 Mark Belohnung.

Wegen Hochverrats

nach § 81 Ziff. 2 des RStGB. ist Haftbefehl erlassen gegen den hier abgebildeten Studenten der Rechte und der Philosophie

Ernst Toller.

Er ist geboren am 1. Dezember 1893 in Samotschin in Posen, Reg.-Bez. Bromberg, Kreis Kolmar, Amtsger. Margonin, als Sohn der Kaufmannseheleute Max u. Ida Toller, geb. Kohn.

Toller ist von schmächtiger Statur und lungenkrank; er ist etwa 1,65–1,68 m groß, hat mageres, blasses Gesicht, trägt keinen Bart, hat große braune Augen, scharfen Blick, schließt beim Nachdenken die Augen, hat dunkle, beinahe schwarze wellige Haare, spricht schriftdeutsch.

Für seine Ergreifung und für Mitteilungen, die zu seiner Ergreifung führen, ist eine Belohnung von

zehntausend Mark

ausgesetzt.

Steckbrief des Dichters Ernst Toller, der als Mitglied der Arbeiter- und Soldatenräte und als Kommandeur der revolutionären Truppen nach der Niederschlagung der Münchner Räterepublik von den reaktionären Kräften verfolgt wurde.

Bayern sich gegenüber einer siegreichen Gegenrevolution im übrigen Deutschland auf die Dauer hätte halten können. Eisner war der einzige Mann in Deutschland, der mit scharfem Spürsinn erfaßte, worauf die deutsche Revolution hinzielte, und ihr geschickte Geburtshilfe gab; im Gegensatz zu Ebert, der nie etwas anderes im Sinn hatte, als die Revolution abzuwürgen; im Gegensatz auch zu Liebknecht, der etwas von ihr verlangte, was sie gar nicht wollte. Der wahre Gegenspieler Eberts war nicht Liebknecht, es war Eisner. Arthur Rosenberg hat ihn nicht ohne Grund den einzigen schöpferischen Staatsmann der deutschen Revolution genannt.

Was wollten die revolutionären Massen in Deutschland? Nicht – jedenfalls nicht sofort – den Sozialismus. Nirgendwo wurden im November Fabriken besetzt; Sozialisierungsforderungen spielten erst viel später, und eigentlich nur bei den Bergarbeitern, eine Rolle. Was man wollte, das war zunächst und vor allem das Ende des Krieges und der Sturz der Militärherrschaft; daneben der Sturz der Monarchie. Aber mit dem Sturz der Militärherrschaft und der Monarchie war mehr gemeint: nämlich der Sturz der bisher herrschenden Klassen. Die Arbeiter- und Soldatenräte, die die Revolution schuf und in deren Schaffung sie bestand, wollten die Nachfolger des alten Offizierskorps und der alten Bürokratie werden. Die herrschenden Klassen, aus denen der Staat sein Führungspersonal rekrutierte, sollten fortan nicht mehr Adel und Großbürgertum sein, sondern Mannschaftsstand und Arbeiterschaft. Der neue Staat sollte ein Arbeiterstaat sein; Eisner fügte hinzu: auch ein Bauernstaat. Bayern unter Eisner war das einzige deutsche Land, in dem auch Bauernräte von Anfang an eine wichtige Rolle spielten.

Also Rätediktatur? Keineswegs. Die Räte selbst waren es ja, die die Wahl einer Nationalversammlung dekretierten. Und auch Eisner in Bayern stimmte der Wahl eines Landtags zu, wenn er sie auch gern hinausgezögert hätte und es nicht eilig hatte, den Landtag nach seiner Wahl zusammenzurufen. Die Räte wollten gar keine Rätediktatur. Was sie wollten, war weder eine Räte- noch eine Parlamentsdiktatur, sondern eine konstitutionelle Rätedemokratie; im Grunde eine ähnliche Verfassungskonstruktion wie die gewohnte Bismarcksche, nur auf den Kopf – oder vom Kopf auf die Füße gestellt. Die Arbeiter- und Soldatenräte als staatstragende Macht wie vorher Adel und Großbürgertum; eine wiedervereinigte sozialdemokratische Partei als Staatspartei und parlamentsunabhängige Dauerregierung wie vorher die Konservativen; und daneben, wie vorher, ein vom ganzen Volke, auch den nicht – nicht mehr – herrschenden Klassen, frei gewähltes Parlament als

Volksvertretung, Gesetzgebungs- und Kontrollorgan, mit vielleicht sogar gegenüber dem alten Reichstag erweiterten Rechten, aber ohne Allmacht: Das war die Verfassung, die die deutsche Revolution von 1918 überall anstrebte. Und wer – wie Eisner – Ohren hatte zu hören, konnte es aus allen ihren Kundgebungen, den Worten wie den Taten, deutlich heraushören.

Weder Ebert noch Liebknecht hatten Ohren zu hören. Beide sahen nur – mit umgekehrtem Wertakzent – die Alternative: Rätediktatur oder bürgerlich-parlamentarische Demokratie. Eisner war der einzige, der sah, daß diese Alternative von der Revolution gar nicht gestellt war. Dieser Literat und Bohemien war 1918 der einzige revolutionäre Realpolitiker in Deutschland. Er sah, daß die wirkliche Alternative nicht Räteherrschaft oder Parlamentsherrschaft hieß, sondern Revolution oder Gegenrevolution; und daß Revolution weder Rätediktatur noch Parlamentsdiktatur bedeutete, sondern ein ausgewogenes System von «checks and balances» zwischen Rätemacht und Parlament. Er sah auch, daß die Räte neu und unerfahren waren und Zeit brauchten, sich einzuspielen. Deswegen hätte er die Landtagswahlen gern hinausgeschoben und zögerte, als das nicht gelang, jedenfalls den Zusammentritt des Landtags so lange wie möglich hinaus.

Die Wahlen hatten, wie im katholischen Bayern nicht anders zu erwarten, eine bürgerlich-katholische Mehrheit ergeben. Die zahlenmäßig stärkste Partei (sechsundsechzig von hundertachtzig Abgeordneten) war die Bayerische Volkspartei – dieselbe Partei, die sich jetzt CSU nennt. Die SPD war mit einundsechzig Abgeordneten die zweitstärkste Partei. Die USPD, der Eisner angehörte, um die er sich freilich nie ernsthaft gekümmert hatte, blieb verschwindend klein: sie erhielt ganze drei der hundertachtzig Landtagssitze.

Eisner focht das wenig an. Er dachte nicht in parlamentarischen, sondern in revolutionären Begriffen. Zwar stellte das Bürgertum immer noch die Wählermehrheit, aber es war durch den Krieg und seinen Ausgang diskreditiert, eingeschüchtert und passiv – während die Arbeiter- und Soldatenmassen, mochten sie nun SPD oder USPD wählen, in einem Zustand hoher revolutionärer Erregung, Aktivität und Potenz waren. Ihr revolutionäres Organ waren nicht die Parteien, sondern die Räte. Und Eisner wußte diese Massen hinter sich, wenn er darauf bestand, die Parlamentsmacht zu relativieren und an den Räten festzuhalten. Darüber kam es zum Konflikt zwischen Eisner und seinem Innenminister, dem SPD-Führer Auer, und zur Krise zwischen Räten und Landtag.

Ganz sinnfällig wurde diese Krise in der Woche vor dem Zusammentritt des Landtags, der auf den 21. Februar anberaumt worden war: In dem einen Flügel des Landtagsgebäudes tagten die Fraktionen, im andern die Räte. Die Fraktionen bastelten unter der Regie Auers an einer parlamentarischen Koalitionsregierung zwischen Sozialdemokraten und Liberalen, von der die stärkste parlamentarische Partei, die BVP, immer noch in die Opposition verbannt worden wäre. Die Räte bereiteten sich auf eine «zweite Revolution» vor für den Fall, daß eine Parlamentsregierung wie im übrigen Reich versuchen sollte, die Räte abzuschaffen. Eisner war bereit, als Ministerpräsident zurückzutreten und Auer das parlamentarische Feld zunächst zu überlassen; aber er wollte auf jeden Fall an der Spitze der Räte bleiben und notfalls die «zweite Revolution» führen. Seine Forderung hieß: «Verankerung» der Räte in der neuen Verfassung.

Ein Machtkampf schien bevorzustehen. Sein Ausgang war offen. Freikorps gab es in Bayern nicht, und die noch nicht demobilisierten Truppenteile waren überwiegend in der Hand ihrer Soldatenräte. Immerhin, ein Kompromiß war auch noch möglich; Bayern war bisher das Musterland der deutschen Revolution gewesen, in dem es trotz gelegentlicher kritischer Augenblicke ganz ohne Blutvergießen abgegangen war; Eisner hatte, oft mit erheblichem persönlichem Mut und stets mit großer Geschicklichkeit, in gefährlichen Lagen immer auszugleichen gewußt. Vielleicht wäre es ihm auch diesmal schließlich gelungen, den Ausgleich zwischen Rätemacht und Parlamentskontrolle, den er anstrebte, zustande zu bringen.

Aber als er am 21. Februar 1919 morgens, ein paar Minuten vor zehn Uhr, vom Promenadenplatz um die Ecke zur Prannerstraße bog, um sich, seine Rücktrittsrede in der Aktentasche, zur Eröffnungssitzung des Landtags zu begeben, wurde er ermordet.

Der Mörder – ein junger Mann im Regenmantel, der aus einem Hauseingang auf Eisner zutrat und ihm aus nächster Nähe zwei Revolverkugeln in den Kopf jagte – war ein halbjüdischer Nazi. Graf Arco-Valley war aus der Thule-Gesellschaft, einer Vereinigung, die sich mit Grund später rühmte, die eigentliche Urzelle der Nazibewegung gewesen zu sein, ausgeschlossen worden, weil er seine jüdische Mutter verschwiegen hatte. Deswegen wollte er, wie der Begründer der Thule-Gesellschaft, Rudolf von Sebottendorff, später schrieb, «beweisen, daß auch ein Halbjude einer heldischen Tat fähig sei».

Eisner war sofort tot. Sein Mörder wurde von einem Leibwächter Eisners angeschossen und schwer verletzt, aber später geheilt, verurteilt und begnadigt. Er lebte bis 1945.

Der Bluttat, die sofort in ganz München, Schrecken und Zorn auslösend, bekannt wurde, folgte noch in derselben Stunde eine zweite. Ein Metzgergeselle namens Lindner, kaum daß er von der Ermordung Eisners hörte, ergriff in rasender Wut seine Pistole, rannte zum Landtagsgebäude, erzwang sich Einlaß, legte auf den SPD-Führer Auer an, der gerade mit konventioneller Entrüstung eine Gedenkrede auf seinen ermordeten Gegenspieler hielt, und schoß ihn nieder. Interessant ist, daß Lindner offenbar mit Selbstverständlichkeit annahm, hinter dem Mord an einem Revolutionsführer müsse natürlich der jeweilige SPD-Führer stecken. So weit war man damals schon in Deutschland. Tatsächlich war Auer an Eisners Ermordung ganz unschuldig. Er überlebte seine Verletzungen, war aber für Jahre außer Gefecht gesetzt.

Die Folgen dieser Stunde waren ungeheuerlich. Die beiden beherrschenden Intelligenzen der bayerischen Politik waren plötzlich weg. Statt dessen herrschte überall ein wilder Aufruhr der Gefühle. Die ganze Stadt, ja das ganze Land, bot mit einem Schlage ein Bild der Anarchie – überall Bewaffnete, die zu Fuß oder in Autos und Lastwagen die Straßen durchtobten, Schießereien, wilde Verhaftungen, Prügeleien und Plünderungen, Panik, Wut und Rachedurst.

Der Landtag war in Panik auseinandergestoben. Eine Regierung gab es nicht mehr: Von den acht Ministern, aus denen sie bestanden hatte, war einer tot, einer auf den Tod verwundet, einer hielt sich versteckt, zwei waren aus dem tobenden München geflohen; nur drei versuchten, ohne Kabinettssitzungen und ohne Verbindung, in ihren Ministerien Routinearbeiten zu erledigen. Generalstreik war ausgerufen, Belagerungszustand verhängt. Zu der Mordstelle am Promenadenplatz, wo man rings um den riesigen Blutfleck auf Bajonetten eine Art Altar mit dem Bilde Eisners errichtet hatte, pilgerten Tausende, und Eisners Begräbnis, das ein paar Tage später mit königlichem Pomp stattfand, wurde zu einer Riesendemonstration zorniger Trauer. Auch Landbevölkerung war dazu in Massen in die Stadt geströmt, und die bayerischen Gebirgler mit ihren Gamsbärten und Lederhosen marschierten todernst und feierlich hinter dem Sarg dieses ermordeten Berliner Juden, von dem sie sich so gut verstanden gefühlt hatten. Wie es jetzt weitergehen sollte, wußte niemand.

Die einzige einigermaßen intakte Autorität, die in dem Chaos übriggeblieben war, waren die Räte. Ihr Zentralrat, unter Vorsitz des jungen Volksschullehrers Ernst Niekisch, der später als Publizist einen großen Ruf und als Märtyrer des Dritten Reichs Ruhm erlangen sollte, versuchte, «das Vermächtnis Eisners» zu erfüllen – also einen Kompromiß zwischen Räten, sozialistischen Parteien und Landtag herbeizuführen. Von einer bürgerlich-sozialistischen Koalitionsregierung sprach niemand mehr. Nach wochenlangen wirren Verhandlungen kam denn auch schließlich eine neue all-sozialistische Regierung unter dem SPD-Mann Johannes Hoffmann zustande, die am 17. März auf einer kurzen Landtagssitzung eine umfassende Ermächtigung erhielt. Formal war sie eine Diktaturregierung, tatsächlich stand sie auf schwachen Füßen. Als Räteregierung wollte sie sich nicht verstanden wissen, aber außer den Räten stand nichts hinter ihr. Eine Mehrheit im Landtag hatte sie nicht, und die Räte trauten ihr im Grunde auch nicht. Die Regierung Hoffmann war auf die Dauer existenzunfähig. Seit der Ermordung Eisners und dem Ausfall Auers drängte die Macht der Verhältnisse in Bayern auf die Räterepublik hin – einfach weil die Räte nunmehr die einzige einigermaßen solide Machtquelle, die einzige Alternative zu Anarchie und Bürgerkrieg geworden waren.

Zweierlei freilich blieb zweifelhaft: erstens, ob sich in Bayern eine Räterepublik bilden und halten konnte, während im ganzen übrigen Deutschland die Räte durch Noskes Freikorps beseitigt wurden; zweitens, ob die Räte überhaupt regieren konnten – besonders jetzt, ohne Eisner.

Außer der gemäßigten Richtung Niekischs, die Eisners Vermächtnis erfüllen wollte, gab es in den Räten neuerdings zwei andere Kräfte, die sich bekämpften: auf der einen Seite eine Intellektuellengruppe, die eine Mischung von Hochsinn, Ehrgeiz und politischer Unbedarftheit aufwies – expressionistische Dichter wie Erich Mühsam und Ernst Toller, akademische Theoretiker wie der Literaturhistoriker Gustav Landauer und die Nationalökonomen Otto Neurath und Silvio Gesell –; auf der anderen, zum erstenmal in der deutschen Revolutionsgeschichte, die Kommunisten; genauer gesagt, *ein* Kommunist, Eugen Leviné, ein junger Mann von jäher und wilder Energie, der, ganz anders als Liebknecht und Rosa Luxemburg, möglicherweise das Zeug zu einem deutschen Lenin oder Trotzki hatte.

Leviné – in Petersburg als Sohn deutsch-jüdischer Eltern geboren, in Deutschland aufgewachsen – war erst Anfang März von der Berliner Parteizentrale nach München geschickt worden, um eine bayerische KP aufzubauen. Er hatte zunächst von den sieben Mann, die er als Münchner KPD vorfand, fünf hinausgeworfen, dann in einem Monat eine straffe, wenn auch kleine Parteiorganisation auf die Beine gestellt und begann sich jetzt auch in den Räten bemerkbar zu machen, als harter, herrischer, illusionsloser Revolutionär. In dieser Phase war er der schärfste Gegner einer bayerischen Räterepublik: Die Räte seien

Oben: Eine revolutionäre Ehrenwache in der Münchner Prannerstraße, wo Eisner am 21. Februar 1919 niedergeschossen worden war.
Unten: Eugen Leviné, der die bayerische KPD aufbaute, bei einer Kundgebung auf dem Oberwiesenfeld.

noch nicht reif zur Regierung, war seine These. Erst müßten sie sich straff durchorganisieren, disziplinieren, bewaffnen; dann erst durften sie die Macht ergreifen – dann aber ganz und gar, ohne Koalitionspartner und ohne Kompromisse. Alles oder nichts; keine konstitutionelle Rätedemokratie, sondern Diktatur des Proletariats. Als am 5. April die Räterepublik tatsächlich ausgerufen wurde, waren Leviné und seine Kommunisten die einzigen, die dagegen stimmten und ihre Teilnahme verweigerten. Eine Woche später, am 13. April, übernahmen sie die Räterepublik aber doch, mit einem Staatsstreich innerhalb des Staatsstreichs.

Was war inzwischen geschehen? Vor allem dies: Der Bürgerkrieg war ausgebrochen.

Den letzten Anstoß zur Ausrufung der Räterepublik am 5. April hatte merkwürdigerweise der Militärminister der sozialdemokratischen Hoffmann-Regierung gegeben, ein Mann namens Schneppenhorst. Über seine Motive ist viel herumgerätselt worden, aber im Grunde liegen sie ziemlich offen zutage: Er wollte den Räten ihre eigene Regierungsunfähigkeit drastisch vor Augen führen, um sie dann, mit einem Militärputsch der Münchner Garnison, die er wenigstens zum Teil in der Hand hatte, schnell und möglichst schmerzlos zu beseitigen. Ihm wie der nach Bamberg ausgewichenen Hoffmann-Regierung kam es nicht nur darauf an, die Räte loszuwerden, sondern vor allem auch darauf, dies unter eigener Regie zu schaffen. Die von Noske angebotenen preußischen Freikorps wollten sie nicht im Lande haben.

Der Militärputsch fand denn auch am Palmsonntag, dem 13. April, programmgemäß statt, aber er scheiterte. In einer fünfstündigen blutigen Straßenschlacht, die auf dem Marienplatz begann und mit der Erstürmung des Hauptbahnhofs endete, wurden Schneppenhorsts Truppen von einer improvisierten roten Streitmacht unter Führung eines Matrosen namens Rudolf Eglhofer geschlagen. Sie flohen per Eisenbahn aus München. Auch ein zweiter Versuch regierungstreuer bayerischer Truppen, München zu nehmen – diesmal von außen –, endete drei Tage später mit einer Niederlage: In einem Gefecht bei Dachau schlug die «Rote Armee» am 16. April ihre «weißen» Widersacher und besetzte Dachau. Der rote Kommandeur in diesem Gefecht war der Dichter Ernst Toller.

Damit aber waren die Würfel gefallen: Die Regierung Hoffmann in Bamberg rief nunmehr zähneknirschend Noske zu Hilfe, und zwanzigtausend Mann preußischer und württembergischer Freikorps, un-

Gustav Landauer

Erich Mühsam

Ernst Toller

Ernst Niekisch

Der Arbeiter- und Soldatenrat unter Leitung von Niekisch. Die Räte waren nach Eisners Ermordung in Bayern die einzig intakte Autorität.

ter dem Kommando des preußischen Generals von Oven, rückten von Norden und Westen in Bayern ein.

In München aber hatte inzwischen Leviné die Rätemacht übernommen. Es hielt ihn nicht, und er warf all seinen politischen Realismus über Bord; denn nun wurde es Ernst, nun mußte gekämpft werden, und den Kampf wollte er weder den immer noch auf Verhandlung und Kompromiß sinnenden Gemäßigten um Niekisch noch den Schwärmern vom Schlage Tollers und Landauers überlassen.

Was Leviné nicht sah oder in heroischer Selbsttäuschung nicht sehen wollte, war, daß es jetzt nicht nur zu Verhandlungen, sondern auch zum Kampf zu spät war. Zwar gelang es ihm noch, unter dem Kommando des energischen Eglhofer, eine «Rote Armee» von ungefähr zehntausend Mann auf die Beine zu stellen und ihr eine rudimentäre Organisation und Ausbildung zu geben. Aber zum Sieg gegen die unaufhaltsam anrückende Übermacht genügte das nicht, nicht einmal zu spürbarem Widerstand.

Das Gebiet der Münchner Räterepublik reichte praktisch nur bis Dachau im Norden, bis Garmisch und Rosenheim im Süden. Alle Lebensmittelzufuhren waren abgeschnitten; München hungerte. Zugleich herrschte eine groteske Zahlungsmittelnot: Die Münchner Reichsbankfiliale hatte alle Bargeldvorräte und Notenprägestöcke entfernt. Leviné ließ Banknoten und Banksafes beschlagnahmen und die Nahrungsmittelvorräte bürgerlicher Haushalte requirieren: Verzweiflungsmaßnahmen, aus Wut geboren und Wut erzeugend. Er ließ auch, als erster deutscher Revolutionär, politische Gegner verhaften. Am Ende, als draußen schon die Kanonen donnerten, wurden acht von ihnen, Mitglieder der Thule-Gesellschaft, zusammen mit zwei kriegsgefangenen Offizieren erschossen. Für diesen Akt war Leviné nicht verantwortlich; wer es war, ist nie zweifelsfrei festgestellt worden. Es war der einzige Akt wirklichen Terrors, der der deutschen Revolution nachzuweisen ist – und er sollte furchtbar gerächt werden.

Darüber platzte übrigens in letzter Minute die Räteregierung: Eine Mehrheit, geführt von Toller, zwang am 29. April Leviné wegen des «Geiselmordes», den sie als Folge seiner Gewaltpolitik ansah, zum Rücktritt und versuchte vergeblich noch einmal, Verhandlungen mit Bamberg aufzunehmen. Übrig blieb die Rote Armee, die selbständig weiterkämpfte. Retten konnte auch sie nichts mehr. Am 29. April fiel Dachau, am 30. April drangen Noskes Truppen von drei Seiten ins Münchner Stadtgebiet ein. Am 2. Mai nachmittags brach der letzte Widerstand zusammen.

Und nun folgte ein «weißer Schrecken», wie ihn noch keine deut-

Oben: Das Werdenfelsener Freikorps. Gemeinsam mit preußischen und württembergischen Freiwilligenverbänden unterdrückte diese Truppe die Münchner Räterepublik. Kommandant der gegnerischen revolutionären Armee war der Dichter Ernst Toller.

Unten: Revolutionäre Arbeiter werden abgeführt. Am 2. Mai brach der letzte Widerstand zusammen. Danach war München einem weißen Terror ausgesetzt, wie ihn keine Stadt zuvor erlebte: Eine Woche lang hatten die Eroberer Schießfreiheit.

sche Stadt, auch Berlin im März nicht, erlebt hatte. Eine Woche lang hatten die Eroberer Schießfreiheit, und alles, was «spartakusverdächtig» war – im Grunde die ganze Münchner Arbeiterbevölkerung –, war vogelfrei. Josef Hofmiller, ein deutschnationaler Studienrat und Literaturkritiker, der ein Revolutionstagebuch führte, notierte noch am 10. Mai die Mitteilung des Verlegers Bruckmann, «die Dienstmädchen des ganzen Hauses seien schon ganz aufgeregt, weil täglich dort Leute erschossen würden». Er erzählt auch, wenig gerührt, von «Spartakisten», die unter seinen Augen einfach aus Weinschenken oder Eisenbahnzügen herausgeholt und auf der Stelle erschossen werden. «Wir sind an das ständige Schießen schon ganz gewöhnt.»

In diesem weißen Terror in München fällt ein unverkennbarer Zug von Sadismus auf. Gustav Landauer etwa, der hochgebildete Unterrichtsminister der ersten Räteregierung, dessen jüdischer Gelehrtenhabitus irgend etwas in seinen Quälern dazu angereizt haben muß, wurde im Hof des Stadelheimer Gefängnisses buchstäblich zu Tode getrampelt – nicht etwa in einer Stimmung der Wut, sondern in einer Art johlender Siegesfeier. Andere, ausgesprochen sexuell gefärbte Greuelszenen, deren Opfer vielfach Frauen – «Spartakistenweiber» – waren, berichtet mit nachschmeckender Genüßlichkeit der damalige Freikorpsführer Manfred von Killinger, der später unter Hitler eine große Karriere machte, in seinem Erinnerungsbuch *Ernstes und Heiteres aus dem Putschleben*.

Eine weitere Besonderheit der Münchner Maitage von 1919 ist, daß ihnen etwas vom Charakter einer fremden Invasion und Besetzung anhaftete. Die preußischen Freikorps fühlten und benahmen sich wie Sieger in einem eroberten Land; sie fanden die Münchner Proletarier unsympathisch, schlampig und schmutzig, sie blickten auf sie herab, und sie verstanden ihren Dialekt nicht. Wahrscheinlich war das die Ursache des Mißverständnisses, das schließlich dazu führte, den wahllosen Erschießungen Einhalt zu gebieten: Am 6. Mai wurden einundzwanzig Mitglieder eines katholischen Gesellenvereins, die im Schutze der Befreier wieder eine Vereinszusammenkunft gewagt hatten, von eben diesen Befreiern ausgehoben und, wie das jetzt so üblich war, kurzerhand erschossen. Eine Versammlung von sichtlich dem Arbeiterstande angehörigen jungen Männern war eben offensichtlich ein «Spartakistentreffen», und die aufgeregten münchnerischen Aufklärungsversuche der zu Tode Erschrockenen hatte man wohl einfach nicht verstanden.

Nach dieser peinlichen Panne flauten die wilden Erschießungen immerhin ab. Das weitere «Aufräumen» fiel den Gerichten und Standgerichten zu. Auch sie verfuhren nicht zart mit den Besiegten. Es hagelte Todesurteile.

Leviné nutzte seine Gerichtsverhandlung zu einem guten Abgang. «Wir Kommunisten», sagte er in seinem Schlußwort, «sind alle Tote auf Urlaub. Sie mögen jetzt entscheiden, ob mein Urlaubsschein noch einmal verlängert wird oder ob ich eingezogen werde zu Karl Liebknecht und Rosa Luxemburg.» Zwei Stunden später wurde er erschossen. Er starb mit dem Ruf: «Es lebe die Weltrevolution!»

14 Nemesis

Nun wird sich gleich ein Greulichstes ereignen.
Hartnäckig wird es Welt und Nachwelt leugnen:
Du schreib es treulich in dein Protokoll.
GOETHE

Mitte 1919 war der deutschen Revolution das Genick gebrochen. Die SPD regierte jetzt einen bürgerlichen Staat, hinter dem als wirklicher Machtträger die von ihr herbeigerufene Gegenrevolution stand. Äußerlich war die Stellung der SPD glänzend wie nie zuvor – und wie nie nachher. Im Reich, in Preußen, in Bayern besetzte sie alle Spitzenpositionen. Aber ihre Macht war hohl. In dem bürgerlichen Staat, den sie wiederhergestellt hatte, blieb sie ein Fremdkörper. Für die gegenrevolutionären Freikorps, mit deren Hilfe sie ihn wiederhergestellt hatte, blieb sie ein Feind. Und ihre eigene Machtgrundlage hatte diese Arbeiterpartei zerstört, als sie die Revolution der Arbeitermassen niedergeschlagen hatte.

Die ganze Zeit hatte die SPD im Grunde zurückgestrebt zum Oktober 1918. Damals hatte sie sich, mit der Parlamentarisierung des Kaiserreichs, am Ziel ihrer bescheidenen Wünsche gesehen. Sie war endlich «hineingewachsen» in Staat und Staatsführung, ja, sie hatte sich vom staatlichen und gesellschaftlichen Establishment hofiert und umworben gefunden. Die leidige Novemberrevolution hatte dieses Idyll vorübergehend gestört, aber nun, nachdem sie glücklich überwunden war, schien es den sozialdemokratischen Führern wiederhergestellt – wenn man einmal davon absah, daß kein Kaiser mehr darüber thronte. Die SPD regierte wieder, wie im Oktober 1918, im Bunde mit Fortschritt und Zentrum einen parlamentarischen Staat. Die «Weimarer Koalition» war nichts anderes als die alte Reichstagsmehrheit – dieselbe Koalition, die im Oktober 1918 die Regierung Max von Baden getragen hatte.

Und doch war alles anders. Im Oktober 1918 hatte die Revolution bevorgestanden; jetzt war sie vorbei und geschlagen. Damals hatten die bürgerlichen und feudalen Klassen Angst gehabt; jetzt hatten sie ihre Selbstsicherheit zurückgewonnen. Damals hatten sie die SPD gebraucht – um ihnen die Kapitulation abzunehmen und die Revolution zu ersticken. Jetzt, da beides geleistet war, brauchten sie die SPD nicht mehr; oder höchstens noch als Sündenbock und Prügelknaben für Niederlage und Nachkriegselend. Von Mitte 1919 an rollte in Deutschland, in den Worten des scharfblickendsten unter den zeitgenössischen Beobachtern, Ernst Troeltschs, eine «Welle von rechts». Die Sozialdemokraten wurden die «Novemberverbrecher» und «Verzichtpolitiker», die «die deutsche Armee von hinten erdolcht» hatten.

Selbst das Verhältnis mit ihren Regierungspartnern, den bürgerlichen Mittelparteien, war nicht mehr das alte. Vor dem Oktober 1918, im Kampf um die Parlamentarisierung, hatten die drei Parteien am selben Strang gezogen. Jetzt waren Demokraten und Zentrum nicht mehr die Kampfgefährten der SPD, sondern ihre Aufpasser. Sie sorgten dafür, daß die Sozialdemokraten weder der kapitalistischen Wirtschaft noch der katholischen Kirche zu nahe traten. Die Sozialdemokraten, ohne absolute Mehrheit im Parlament und ohne mögliche Koalitionspartner auf der Linken, waren auf die Parteien der bürgerlichen Mitte angewiesen. Die Mittelparteien aber konnten, wenn sie wollten, ebensogut im Bunde mit den Parteien der bürgerlichen Rechten regieren – die ihrerseits die Wahl hatten, ob sie lieber einen parlamentarischen Bürgerblock bilden oder mit der offenen Gegenrevolution paktieren wollten. Die Gegenrevolution war jetzt eine Macht – in den Augen vieler bereits die wirkliche Macht. Sie organisierte sich seit August 1919 in der «Nationalen Vereinigung», einer Verschwörergruppe, die planmäßig den Staatsstreich vorbereitete. Ihre führenden Köpfe waren der Ostpreuße Wolfgang Kapp und der Organisator des Liebknecht- und Luxemburg-Mordes, Hauptmann Pabst; im Hintergrund stand, inzwischen aus Schweden zurück, Ludendorff.

Vom November 1918 bis zum Sommer 1919 war es in Deutschland um die Frage gegangen: Revolution oder Gegenrevolution? Jetzt hieß die Frage nur noch: Bürgerliche Restauration oder Gegenrevolution? (Zehn Jahre später sollte sie heißen: Welche Art von Gegenrevolution?)

Die Antwort auf die Frage hing ebensosehr von den Soldaten ab wie von den Politikern. Die 400000-Mann-«Reichswehr», im März 1919 aus den Freikorps gebildet, war eine durch und durch politische Truppe, und zwar eine Truppe der Rechten. Wie auf der politischen Rechten gab es auch auf der militärischen vorsichtig taktierende Konservative und ungeduldige Putschisten. Die einen waren bereit, dem bürgerlich-parlamentarischen Staat unter einer Bürgerblockregierung eine Chance zu geben; die anderen wünschten den militärischen Staatsstreich und die Diktatur. Für die Sozialdemokraten hatten beide Gruppen keine Verwendung mehr. Höchstens mit der Person Noskes machten einige von ihnen eine Ausnahme.

Im Juli 1919, nach der Unterzeichnung des Versailler Vertrages, hatten Hindenburg und Groener, die Chefs der alten Obersten Heeresleitung, ihren Abschied genommen. Seither wurde in der Reichswehr kaum weniger Politik getrieben als in der Nationalversammlung. Fast jeder Truppenteil hatte seinen eigenen politischen Charakter, fast jeder General seine eigenen politischen Ideen. Zwei von ihnen traten allmählich als Führungsfiguren der beiden politischen Reichswehrflügel hervor: Hans von Seeckt, der Generalstabschef, der die Reichswehr – fürs erste wenigstens – «entpolitisieren» wollte; und Walther von Lüttwitz, Oberbefehlshaber des Gruppenkommandos I, der «Vater der Freikorps», der bereits 1919 ständig politische Forderungen stellte (z. B. Streikverbot und Abschaffung der Arbeitslosenunterstützung). Diktaturpläne der Reichswehr waren seit dem Sommer 1919 ein ständiges Gesprächsthema. Auch Noske wurde mehrfach in solche Gespräche hineingezogen, und die Rolle, die er dabei spielte, war einigermaßen zwielichtig: Zwar lehnte er es ab, sich durch einen Militärputsch zum Diktator machen zu lassen, doch unternahm er nichts gegen die Offiziere, die ihm derartige Anträge machten, und es ist auch nicht bekannt, daß er seine Ministerkollegen von seinen wiederholten Flirts mit Hochverrätern unterrichtet hätte. Was alle diese militärischen Putsch- und Diktaturpläne der zweiten Jahreshälfte 1919 immer wieder versanden ließ, war hauptsächlich die Unschlüssigkeit der putschfreudigen Offiziere darüber, wen sie zum Diktator machen wollten: Einen aus ihren eigenen Reihen? Noske? Kapp? Ludendorff? Es fehlte ein überzeugender Kandidat; es gab noch keinen Hitler. Als das Jahr 1920 anbrach, hatte man sich an das ewige Putschgerede gewöhnt und nahm es nicht mehr ganz ernst.

Und gerade da wurde es Ernst. Am 10. Januar 1920 trat der Versailler Friedensvertrag in Kraft, der das deutsche Heer auf 100000 Mann, die Marine auf 15000 Mann begrenzte. Das bedeutete einen massiven Personalabbau der 400000-Mann-Reichswehr von 1919. Die meisten Freikorps mußten wohl oder übel aufgelöst werden. Sie wurden ja auch nicht mehr gebraucht: Sie waren nicht zur Landesverteidigung rekrutiert worden, sondern zur Niederwerfung der Revolution, und diese Aufgabe hatten sie erfüllt. Jetzt waren sie ein Unruhefaktor und eine Gefahr für Staat und Regierung geworden.

Hans von Seeckt

Walther von Lüttwitz

Diese beiden Generale verkörperten die beiden politischen Hauptflügel der Reichswehr, die im März 1919 aus Freikorps gebildet worden war. Hans von Seeckt, der Generalstabschef, wollte die Reichswehr fürs erste entpolitisieren. Walther von Lüttwitz, der «Vater der Freikorps», wollte sie für einen Militärputsch von rechts bereithalten. Am 13. März 1920 wurde er zum Initiator des Kapp-Putsches.

Sie waren aber nicht gewillt, sich nach Hause schicken zu lassen; und ebensowenig waren die politischen Generale gewillt, auf das Instrument ihrer politischen Macht zu verzichten. Ehe sie es sich wegnehmen ließen, wollten sie es gebrauchen. So kam es zu dem militärischen Staatsstreich vom 13. März 1920, der in die Geschichtsbücher unter dem Namen Kapp-Putsch eingegangen ist.

Der Name ist irreführend – ebenso irreführend wie der Name «Spartakuswoche», den man der Berliner Revolutionswoche des Januar 1919 angehängt hat. Kapp und seine «Nationale Vereinigung» spielten in dem Drama dieser Märztage eine ebenso klägliche Nebenrolle wie der Revolutionsausschuß der dreiundfünfzig in der Januartragödie des vorangegangenen Jahres. Damals hatte es sich um eine spontane Massenaktion gehandelt, diesmal handelte es sich um eine Militärrevolte. Ihr Führer war nicht Kapp, sondern General von Lüttwitz. Anlaß und auslösendes Moment war die Auflösung der Marinebrigade Ehrhardt, die Noske am 29. Februar 1920 verfügte.

Die Brigade Ehrhardt, fünftausend Mann stark, war ein Freikorps, ursprünglich aus Offizieren und Unteroffizieren der Marine gebildet, später durch «Baltikumer» verstärkt, deutsche Truppen, die noch 1919 in Lettland gegen bolschewistische Einheiten gekämpft hatten. Im Bürgerkrieg war die Brigade in Berlin und München eingesetzt worden. Militärisch war sie eine Eliteformation, politisch extrem regierungsfeindlich. Sie führte schwarzweißrote Fahnen und gab gewohnheitsmäßig Tagesparolen aus, mit denen die Minister zum Gespött gemacht wurden. Seit dem Januar 1920, als General von Lüttwitz sie auf den Truppenübungsplatz Döberitz bei Berlin verlegt hatte, trug sie das Hakenkreuz am Stahlhelm. Der Geist dieser Truppe war schon 1920 unverkennbar Geist vom Geiste der künftigen Waffen-SS.

Auf die Auflösungsverfügung vom 29. Februar reagierte die Brigade am folgenden Tage mit einer großen Parade, zu der der Reichswehrminister nicht eingeladen wurde. General von Lüttwitz erklärte auf dieser Parade: «Ich werde nicht dulden, daß mir eine solche Kerntruppe in einer so gewitterschwülen Zeit zerschlagen wird.» Damit kündigte er der Regierung öffentlich den Gehorsam auf; und er meinte, was er sagte.

Einige Offiziere seines Stabes waren erschrocken und versuchten in den nächsten Tagen, Lüttwitz zu bremsen und abzulenken. Zunächst vermittelten sie eine Unterredung zwischen ihm und den Führern der beiden parlamentarischen Rechtsparteien. Diese hatten gerade eine eigene politische Aktion eingeleitet: Sie forderten die Auflösung der Nationalversammlung und Neuwahlen zum Reichstag, ein Kabinett von

«Fachministern» und sofortige Volkswahl des Reichspräsidenten – vollkommen verfassungsmäßige Forderungen, von denen sie sich aber jetzt, seit die «Welle von rechts» rollte, die Ausschaltung der SPD aus der Reichsführung versprechen durften. Sie hofften, diese Forderungen, die die Regierungsparteien verständlicherweise ablehnten, in den kommenden Wochen oder Monaten mit einer großangelegten Propagandakampagne durchzusetzen. Einen Putsch konnten sie daher im Augenblick nicht gebrauchen. Lüttwitz merkte sich ihre Forderungen, ließ sich aber von seinen Staatsstreichplänen nicht abbringen: Im Gegensatz zu den Führern der Rechtsparteien glaubte er keine Zeit zu haben. Er wollte es nicht darauf ankommen lassen, seine beste Truppe zu verlieren. Er fühlte sich im Zugzwang.

In den nächsten Tagen geriet er noch stärker in Zugzwang, denn Noske entzog nunmehr die Brigade Ehrhardt seinem Oberbefehl und unterstellte sie der Marineführung, von der er hoffte, daß sie seinen Auflösungsbefehl durchführen werde. Lüttwitz ignorierte diese Anordnung, ließ sich aber von seinen Stabsoffizieren bestimmen, ehe er es zum Äußersten trieb, um eine direkte Unterredung mit Ebert nachzusuchen. Ebert ging gutmütig darauf ein, den meuternden General zu empfangen («der alte Herr ist nun einmal wunderlich», sagte er). Am 10. März um 18 Uhr erschien Lüttwitz mit großem Gefolge bei Ebert, der seinerseits Noske zugezogen hatte. Die Unterredung verlief katastrophal. «Mit größter Heftigkeit und scharf» forderte Lüttwitz Neuwahlen und Fachminister, wie er es von den Führern der Rechtsparteien gelernt hatte, darüber hinaus aber seine eigene Ernennung zum Oberbefehlshaber der gesamten Reichswehr und die Zurücknahme der Auflösungsbefehle. Ebert und Noske wiesen diese Forderungen zurück, Ebert in väterlichem Ton und mit ausführlicher sachlicher Begründung, Noske gereizt und schroff: Er erwarte am nächsten Morgen das Abschiedsgesuch des Generals. Man trennte sich im Zorn.

Am nächsten Tage kein Abschiedsgesuch. Statt dessen begab sich Lüttwitz zu Hermann Ehrhardt nach Döberitz und fragte ihn, ob er mit seiner Brigade noch am gleichen Abend Berlin besetzen könne. Diese Frage mußte Ehrhardt verneinen; er brauche einen Tag zur Vorbereitung. Aber am Sonnabendmorgen, dem 13. März, könne seine Brigade am Brandenburger Tor stehen. Dies wurde daraufhin beschlossen. Lüttwitz gab den Befehl zum Marsch auf Berlin. Ehrhardt traf seine Vorbereitungen.

Erst jetzt zog Lüttwitz die Verschwörergruppe der «Nationalen Vereinigung» ins Komplott – Kapp, Pabst, Ludendorff und ihre Mannschaft. Sie sollten am Sonnabend früh bereit sein, in Berlin die Regierung zu übernehmen. Die kurzfristige Aufforderung kam ihnen ziemlich ungelegen. Ihre eigenen Putschpläne waren noch nicht reif, in weiten Teilen des Reichs die organisatorischen Vorarbeiten noch nicht abgeschlossen, keine Kabinettsliste aufgestellt. Aber da der Putschtermin nun einmal von Lüttwitz und Ehrhardt festgelegt war, fügten sich Kapp und die Seinen. Auch wurden sie selbst jetzt unter Zeitdruck gesetzt, denn an diesem Tag gingen Haftbefehle gegen sie heraus, die allerdings nicht ausgeführt wurden: Statt die Verschwörer zu verhaften, ließ ihnen die Berliner Sicherheitspolizei Vorwarnungen zukommen. Sie war ebenso «stramm national» eingestellt wie die Reichswehr.

Am folgenden Tag, Freitag, den 12. März, summte Berlin von Gerüchten. Sogar die Berliner Abendzeitungen brachten Meldungen von einem bevorstehenden Putsch der Brigade Ehrhardt. Nur Noske wollte immer noch nicht an den Ernst der Sache glauben – so hat er es jedenfalls später dargestellt; und zuzugeben ist ja, daß es in den vorangegangenen neun Monaten bereits mehrmals Putschpläne gegeben hatte, die im Sande verlaufen waren, und Putschgerüchte, die sich in nichts aufgelöst hatten. Immerhin traf Noske Vorsichtsmaßnahmen: Er beorderte zwei Regimenter Sicherheitspolizei und ein Regiment Reichswehr ins Regierungsviertel, um es notfalls militärisch zu verteidigen. Damit glaubte er für alle Fälle vorgesorgt zu haben. Ihm stand die Enttäuschung seines Lebens bevor.

Denn noch an diesem Abend einigten sich sämtliche Offiziere der drei Regimenter darauf, den Befehl zur Verteidigung des Regierungsviertels nicht zu befolgen. Sie verständigten sich mit den Führern der übrigen in und um Berlin stationierten Truppenteile, daß keiner von ihnen einem entsprechenden Befehl gehorchen würde, und holten zur Sicherheit noch die Billigung Seeckts ein, der zwar keine direkte Kommandogewalt hatte, aber in seiner Eigenschaft als Generalstabschef natürlich hohe militärische Autorität genoß. Er gab seine Zustimmung mit den Worten, natürlich gehe es nicht an, «zwischen Berlin und Potsdam eine Felddienstübung mit scharfen Patronen abzuhalten». Die Legende hat diesem burschikosen Ausspruch (man hört förmlich den näselnden Kasinoton, in dem er vorgebracht wurde) später die markige Fassung gegeben: «Reichswehr schießt nicht auf Reichswehr.»

In Wirklichkeit war aber Reichswehr durchaus bereit, auf Reichswehr zu schießen. Kapitän Ehrhardt nämlich gab seiner Brigade an diesem Abend um 22 Uhr den Befehl, «kriegsmäßig nach Berlin zu marschieren, *jeden Widerstand rücksichtslos zu brechen* und das Zentrum der Stadt mit den Ministerien zu besetzen». Vor der Ankunft in Berlin schärfte er seiner Truppe nochmals ein: «Kommt es zum Kampf mit den Truppen im Regierungsviertel, so soll mit äußerster Energie durchgegriffen werden.» Der putschende Teil der Reichswehr war also durchaus bereit, auf Reichswehr zu schießen; nur diejenigen Reichswehreinheiten, die sich dem Putsch entgegenstellen sollten, waren es nicht. Der eine Teil der Reichswehr war entschlossen, die Regierung gewaltsam zu stürzen; der andere, sie nicht zu verteidigen. Beides war Meuterei. In dieser Nacht vom 12. zum 13. März 1920 fanden sich Ebert und Noske von ihrer bewaffneten Macht im Stich gelassen – nicht anders als Kaiser Wilhelm II. von der seinen am 9. November 1918.

Es wurde eine ereignisreiche Nacht. Seit abends 22 Uhr befand sich die Brigade Ehrhardt auf dem Marsch nach Berlin, in kriegsmäßiger Formation mit Sicherungen wie beim Vormarsch in Feindesland, Sturmgepäck geschultert, Handgranaten im Koppel. Eine Stunde später war der Anmarsch der Brigade im Gruppenkommando in Berlin bekanntgeworden. Noske wurde telefonisch benachrichtigt. Zwei Generale der Kommandos, von Oven und von Oldershausen, fuhren der Brigade entgegen, angeblich (so ihre spätere Bekundung nach dem Scheitern des Putsches), um Ehrhardt in letzter Minute von seinem Vorhaben abzubringen; in Wahrheit wohl, um zwischen ihm und Noske einen letzten Vermittlungsversuch zu machen. Sie drangen unter Schwierigkeiten zu Ehrhardt durch und überredeten ihn, der Regierung, ehe er sie verhaftete, eine Gelegenheit zur Kapitulation zu geben: Annahme der Forderungen Lüttwitz' bis sieben Uhr früh; bis dahin würde er mit seinen Truppen vor der Siegessäule stehen. Darauf erneutes Telefonat der beiden Generale mit Noske, der seinerseits kurz nach Mitternacht Ebert aufsuchte und von dem Ultimatum Ehrhardts informierte. Ebert rief auf vier Uhr morgens in der Reichskanzlei das Kabinett zusammen, Noske auf ein Uhr morgens im Reichswehrministerium in der Bendlerstraße seine Kommandeure.

In der Kommandeursbesprechung verlangte Noske die Verteidigung der Ministerien; vergebens. Alle anwesenden Generale und Stabsoffiziere bis auf zwei weigerten sich, einen Schießbefehl der Regierung auszuführen. Von Oven und von Oldershausen empfahlen Verhandlungen mit Ehrhardt. Andere machten Ausflüchte: Die Mannschaften würden einen Kampfbefehl nicht verstehen, oder: sie seien der Brigade Ehrhardt im Kampf nicht gewachsen. Seeckt dozierte über Kameradschaft und argumentierte, es sei immerhin besser, wenn Ehrhardt auf eine gleichgültige Reichswehr treffe, als wenn er «als Sieger einer gewonnenen Schlacht am Brandenburger Tor» in Berlin einziehe. Noske faßte bitter zusammen: «Sie wollen offenbar nicht kämpfen.» Als keiner widersprach, rief er aus: «Bin ich denn ganz verlassen?» Die Offiziere blieben stumm. Ein gebrochener Noske begab sich um vier Uhr morgens von der Bendlerstraße zur Reichskanzlei, um dem Kabinett mitzuteilen, daß es schutzlos war. Zu seinem Adjutanten sprach er von Selbstmord.

Die Kabinettsitzung der übernächtigten Minister verlief chaotisch. Alles redete durcheinander und schrie einander an; Ebert, der den Vorsitz führte, versuchte vergeblich, eine einigermaßen geordnete Beratung zustande zu bringen. Und doch zeitigte diese Paniksitzung zwei wichtige Ergebnisse: das eine war der Entschluß zur Flucht aus Berlin; das andere der Aufruf zum Generalstreik.

Beide Beschlüsse wurden nicht einstimmig gefaßt. Zunächst noch verhüllt durch die Aufregung und das Durcheinander des Augenblicks, öffnete sich in dieser Nacht der Riß zwischen den Sozialdemokraten und ihren bürgerlichen Koalitionspartnern, der sich schon lange angekündigt hatte. Der demokratische Vizekanzler Schiffer mit einigen bürgerlichen Ministern schloß sich der Flucht Eberts und der Regierung nicht an. Er wollte die Brücken zu den Meuterern nicht ganz abbrechen. Vor allem aber: Der Aufruf zum Generalstreik trug nur die Unterschriften Eberts und der sozialdemokratischen Minister. Die bürgerlichen Minister machten ihn nicht mit.

Dieser Aufruf war allerdings starker Tobak; auch für die Sozialdemokraten bedeutete er eine Kehrtwendung ohnegleichen. In ihrer Verzweiflung sprachen sie jetzt plötzlich wieder die Sprache der Revolution, die sie mit eben den Truppen, die jetzt ihre eigene Sicherheit bedrohten, ein Jahr zuvor blutig liquidiert hatten:

«Arbeiter! Genossen! Wir haben die Revolution nicht gemacht, um uns heute wieder einem blutigen Landsknechtsregime zu unterwerfen. Wir paktieren nicht mit den Baltikum-Verbrechern ... Es geht um alles! Darum sind die schärfsten Abwehrmittel geboten ... Legt die Arbeit nieder! Streikt! Schneidet dieser reaktionären Clique die Luft ab! Kämpft mit jedem Mittel um die Erhaltung der Republik! Laßt allen Zwist beiseite! Es gibt nur ein Mittel gegen die Diktatur Wilhelms II.: Lahmlegung jedes Wirtschaftslebens! Keine Hand darf sich mehr rühren! Kein Proletarier darf der Militärdiktatur helfen! Generalstreik auf der ganzen Linie! Proletarier, vereinigt euch! Nieder mit der Gegenrevolution!»

Der Aufruf, von den sozialdemokratischen Ministern ohne Zustimmung ihrer bürgerlichen Kollegen beschlossen, wurde während der

Sitzung vom Pressechef der Reichsregierung abgefaßt, der die Namen Eberts und der sozialdemokratischen Minister mit Bleistift daruntersetzte. Nur der Reichskanzler Bauer zeichnete das Papier noch eigenhändig ab, die anderen kamen nicht mehr dazu: Um 6.15 Uhr morgens wurde die Sitzung abgebrochen, und die Minister stürzten sich in die bereitgestellten Autos – nur zehn Minuten bevor die Kolonnen Ehrhardts mit rauhkehligem Gesang durchs Brandenburger Tor marschierten, wo eine Gruppe von Uniformierten und Zivilisten in Cutaway und Zylinder auf sie wartete: Lüttwitz, Ludendorff und Kapp mit ihrem Gefolge. Als Kapp und seine Leute die Reichskanzlei übernahmen, um die Bildung einer neuen Regierung «der Ordnung, der Freiheit und der Tat» zu proklamieren, fanden sie die Stühle noch warm.

Einen Tag lang, Sonnabend, den 13. März 1920, schien der Staatsstreich erfolgreich. Militärischer Widerstand zeigte sich nirgends. Die Berliner Truppen und ebenso die Sicherheitspolizei, die gesamte Marine, die Heereskommandos in Ostpreußen, Pommern, Brandenburg und Schlesien unterstellten sich in aller Form dem neuen, selbsternannten Oberbefehlshaber Lüttwitz und seinem Reichskanzler Kapp. Die bayerische Reichswehr benutzte die Gelegenheit, um auf eigene Faust die sozialdemokratische Landesregierung in München zu stürzen und eine neue Landesregierung einzusetzen – die berüchtigte Regierung von Kahr, unter der Hitler groß wurde und die sich bis zu dem zweiten Putsch vom November 1923 im Amt hielt, der bereits Hitlers Werk war. Im übrigen Reich erklärten sich die Wehrkreiskommandeure offiziell weder für noch gegen Kapp und Lüttwitz; aber ihre Neutralität war nicht echt: Sie warteten nur den Erfolg des Unternehmens ab. Innerlich sympathisierten sie alle mit der «neuen Regierung», und viele örtliche Kommandeure zeigten ihre Sympathie auch offen. Ähnlich war die Haltung der höheren Beamtenschaft: äußerlich abwartend und neutral, innerlich überwiegend sympathisierend. Es ist später behauptet worden, an der Zurückhaltung der Ministerialbürokratie seien Kapp und Lüttwitz gescheitert. Darüber kann man nur die Achseln zucken. Der zivile wie der militärische Staatsapparat (außerhalb der «stramm nationalen» Ostprovinzen, die wie ein Mann Kapp und Lüttwitz folgten) zeigte bestenfalls hie und da ein gewisses vorsichtiges Zögern, aber er war durchweg vollkommen bereit, unter der «neuen Regierung» wie eh und je «seine Pflicht zu tun», wenn sich die Lage zu ihren Gunsten klären sollte.

Die «alte Regierung» führte inzwischen eine prekäre Flüchtlingsexistenz. Regieren konnte sie nicht mehr: Die flüchtigen Minister hatten

Hermann Ehrhardt, Führer des nach ihm benannten Freikorps, das als militärische Eliteeinheit galt und entscheidenden Anteil an der Niederschlagung der Revolution gehabt hatte, wurde neben Lüttwitz zur entscheidenden Figur der Ereignisse vom März 1920. Seine Brigade besetzte am 13. März Berlin.

Einmarsch der Brigade Ehrhardt in Berlin. Die am 29. Februar von Reichswehrminister Noske verfügte Auflösung dieser politisch extrem rechten Truppe – ihr Emblem war das Hakenkreuz am Stahlhelm – war Anlaß und auslösendes Moment des Kapp-Putsches.

Wolfgang Kapp, ostpreußischer Generallandschaftsdirektor, spielte in dem Drama dieser Märztage eine Nebenrolle, obwohl der Putsch unter seinem Namen in die Geschichte eingegangen ist. Kapp wurde von Lüttwitz erst informiert, als die Brigade Ehrhardt bereits zum Marsch auf Berlin bereitstand.

Feldlager der Brigade Ehrhardt in Berlin. Am Morgen des 13. März war die Regierung vor dem anrückenden Freikorps aus der Reichshauptstadt geflohen, nachdem General von Seeckt sich geweigert hatte, die Reichswehr gegen die Brigade Ehrhardt einzusetzen.

keinen Apparat mehr, nicht einmal Schreibkräfte, nur noch das nackte Leben. Sie hatten sich zunächst nach Dresden begeben, wo General Maercker, Noskes alter «Städteeroberer», kommandierte. Bei ihm hofften sie Sicherheit zu finden. Maercker hatte jedoch noch am Sonnabendmorgen telegrafisch Befehl aus Berlin bekommen, die Minister bei ihrer Ankunft in «Schutzhaft» zu nehmen, und zeigte sich ganz willig, diesen Befehl auszuführen, wobei er nur höflich genug war, seinen Dienstvorgesetzten zu erklären, daß er sie wirklich nur zu ihrem Schutz verhafte. Nicht den Ministern, sondern dem zufällig in Dresden anwesenden Führer der Deutschen Volkspartei, Heinze, gelang es, ihn zunächst von seinem Vorhaben abzubringen. Später am Tage, nachdem er mit Entrüstung den Aufruf der Sozialdemokraten zum Generalstreik gelesen hatte, erschien er aber aufs neue, um die Regierung nun doch zu verhaften. Die Minister mußten erst hoch und heilig versichern, ihre Namen seien ohne ihre Einwilligung unter «das Elaborat» gesetzt worden, ehe er sich noch einmal umstimmen ließ. Auf ein drittes Mal wollten es Ebert und Noske aber lieber nicht ankommen lassen. Nach ihrem zweiten Abenteuer mit Maercker zog es die «alte Regierung» vor, weiter zu fliehen. Noch am selben Abend setzte sie sich nach Stuttgart ab, wo das Militär bisher ruhig geblieben war. Auch dort dauerte es aber mehrere Tage, bis der örtliche Kommandant offiziell seine Loyalität zur legalen Reichsregierung erklärte. Dies geschah erst, als der Generalstreik sein Werk getan hatte und die Stellung Kapps und Lüttwitz' unhaltbar geworden war.

Der Generalstreik, der in Berlin bereits am Sonntag, dem 14. März, mit voller Wucht einsetzte, am Montag das ganze Reich erfaßte und alsbald die Putschregierung vollkommen lahmlegte, war der gewaltigste, den Deutschland je erlebt hat. Das gesamte Land kam zum Stillstand. Es gab keinen Eisenbahnverkehr, keinen Straßenbahnverkehr in den Städten, keine Postzustellung, keine Zeitungen. Alle Fabriken waren geschlossen. Der Behördenbetrieb erlahmte: Die unteren Beamten streikten, die höheren fanden in ihren Ämtern keine Möglichkeit, wirksame Arbeit zu tun. In Berlin gab es nicht einmal mehr Wasser, Gas und elektrisches Licht. Die Menschen standen in langen Schlangen vor altertümlichen Brunnen und Pumpen nach Trinkwasser an.

Der Generalstreik nahm der Putschregierung in Berlin vom zweiten Tag ihrer Existenz an jede Möglichkeit zu regieren. Alle Verbindungen zwischen Hauptstadt und Provinzen waren abgeschnitten.

Auch in Berlin selbst verloren Militär und Bürokratie die Bevölkerung rapide aus dem Griff. Der «neuen Regierung» waren die Sehnen und die Stimmbänder durchgeschnitten; die Staatsmaschine lief leer.

Selbst mit den örtlichen Truppenteilen gab es Verbindung nur noch durch Kuriere und Meldegänger. Vergeblich verfaßten Kapp und seine Mitarbeiter begütigende Aufrufe zur Wiederaufnahme der Arbeit, vergeblich versprachen sie Neuwahlen, vergeblich dekretierten sie die Todesstrafe für Streikführer, vergeblich nahmen sie das Dekret wieder zurück. Nichts von alledem drang über das Berliner Regierungsviertel hinaus. Die Putschregierung in Berlin war nach drei Tagen Generalstreik ebenso ohnmächtig geworden wie die Exilregierung in Stuttgart. Beide beherrschten nur noch ihre Vorzimmer.

In dieser Generalstreikwoche vom 14. zum 21. März 1920 wiederholte das deutsche Proletariat noch einmal seine Leistung der Revolutionswoche vom 4. zum 10. November 1918. Die Ähnlichkeit der beiden gewaltigen Vorgänge ist überwältigend. Wie damals spielte sich überall in Deutschland das gleiche ab – ohne zentrale Planung und Führung, aus einer spontanen Solidarität des Denkens und Fühlens heraus. Wie damals war der Charakter der Massenaktion nicht sozialistisch, sondern demokratisch und antimilitaristisch: Der Generalstreik jetzt wie die Revolution damals richtete sich gegen eine Militärherrschaft und glaubte, der zivilen Regierung gegen das Militär zu Hilfe zu kommen. Wie damals bestand die große Masse der Streikenden aus Sozialdemokraten. Nur die sozialdemokratischen Minister hatten ja auch zum Streik aufgerufen. Die Unabhängigen weigerten sich zunächst, sich dem Streikaufruf anzuschließen. («Die SPD hat uns wie Hunde behandelt», erklärte einer ihrer Wortführer, Crispien, der Berliner Gewerkschaftsleitung in Berlin am 13. März, «da kann sie nicht von uns verlangen, jetzt alles zu vergessen.») Die Berliner KPD-Zentrale, deren Leiter damals Ernst Reuter war, der spätere Westberliner Bürgermeister der Blockadezeit, gab am selben Tag sogar einen Aufruf *gegen* den Streik heraus: «Keinen Finger rühren für die in Schmach und Schande untergegangene Regierung der Mörder Karl Liebknechts und Rosa Luxemburgs!» Das alles blieb ohne die geringste Wirkung: Auch die USPD- und KPD-Anhänger streikten wie ein Mann, und den Parteiführern blieb schließlich nichts anderes übrig, als sich ihren Mannschaften anzuschließen. Jetzt, da der Augenblick der Wahrheit da war, die Gegenrevolution ohne Maske dastand und auch die SPD wieder die Sprache der Revolution gefunden hatte, schien für die Arbeitermassen alles, was seit dem 9. November 1918 geschehen war, nicht mehr zu zählen. Die Stunde der sozialistischen Einheit schien noch einmal geschlagen zu haben. Auch darin, daß sie die Wiedervereinigung der sozialistischen Parteien als selbstverständlich ansah, glich die Massenerhebung des März 1920 noch einmal der des November 1918.

In Sachsen, Thüringen und vor allem im Ruhrgebiet ging der Streik im Laufe der Woche in bewaffnete Revolution über. Den Anlaß gaben örtliche Reichswehrkommandeure, die «sich auf den Boden der neuen Regierung stellten», auf den Kasernen schwarzweißrote Fahnen hißten und Streikposten verhafteten. Sie trafen auf Widerstand; aus örtlichen Schießereien entwickelten sich Gefechte und Straßenschlachten mit unterschiedlichem Ausgang. Der Bürgerkrieg des Frühjahrs 1919 erneuerte sich noch einmal, und diesmal war das Kräfteverhältnis verändert. Damals hatten die Freikorps die Regierungsgewalt verkörpert, jetzt vertraten sie den Aufruhr; damals waren die kämpfenden Arbeiter oft uneins und unsicher gewesen, jetzt waren es eher ihre militärischen Gegner; damals waren die kämpfenden Arbeiter in dem Landesteil, wo es jeweils zum Kampf kam, allein und auf sich selbst gestellt gewesen, jetzt gab ihnen der Generalstreik im ganzen Lande Rückhalt; vor allem aber kämpften sie jetzt mit viel grimmigerer Entschlossenheit, Erbitterung und Verzweiflung als ein Jahr zuvor. Sie hatten inzwischen den weißen Terror kennengelernt, sie wußten, was ihnen bevorstand, wenn sie geschlagen wurden. Die Revolution, die sich im März 1920 «rasselnd wieder in die Höh' richtete» und den schon verlorenen Kampf noch einmal aufnahm, war nicht mehr so gutmütig, wie sie in der Siegesstimmung des November 1918 gewesen war.

In Sachsen und Thüringen behielt trotzdem das Militär schließlich nach wechselvollen blutigen Kämpfen die Oberhand. Im Ruhrgebiet aber geschah ein militärisches Wunder. Nach den ersten siegreichen Gefechten rollte eine improvisierte Rote Armee wie eine Lawine durch das Revier. Am 17. März eroberte sie Dortmund, am 18. Hamm und Bochum, am 19. Essen. Darauf ordnete das Wehrkreiskommando in Münster den Rückzug der demoralisierten Garnisonen auch aus Düsseldorf, Mülheim, Duisburg, Hamborn und Dinslaken an. Am Ende der Streikwoche stand das ganze Ruhrgebiet unter der Herrschaft der bewaffneten Arbeiter.

Aber gerade diese unerwartete Machtentfaltung der erneuerten Revolution wurde ihr zum Verhängnis. Die Kapp-Regierung war zwar angesichts des Generalstreiks nicht zu halten; das wurde ihren militärischen Hintermännern nach wenigen Tagen klar. Aber die Angst vor der schon endgültig besiegt geglaubten Revolution, die nun plötzlich wieder ihr Haupt erhoben hatte, einte im Laufe weniger Tage wieder die Gegner vom 13. März. Gegen die Revolution fanden bürgerlicher

Staat und militärische Rebellen rasch wieder zusammen. Und es dauerte nicht lange, bis auch die SPD in diese Einheitsfront einschwenkte und die Revolution zum zweiten Male verriet.

Am 13. März hatte Kapp den in Berlin verbliebenen Vizekanzler Schiffer ebenso wie die Minister der preußischen Staatsregierung in Schutzhaft nehmen lassen, aber schon am nächsten Tage – der Generalstreik hatte begonnen – waren sie wieder frei, und einen weiteren Tag später begann man zu verhandeln. In die Verhandlungen schalteten sich die Führer der beiden bürgerlichen Rechtsparteien, Oskar Hergt und Stresemann, ein, und dabei zeigte sich eine instinktive Gemeinsamkeit aller vier bürgerlichen Parteien. Alle vier waren sich darüber einig, daß die Hauptgefahr jetzt «der Bolschewismus» sei und die Hauptaufgabe, das Offizierskorps «zurückzugewinnen». Vizekanzler Schiffer sprach aus, was alle dachten, als er formulierte, es sei nicht wünschenswert, daß Kapp und Lüttwitz durch eine «Meuterei» ihrer Truppen oder durch den Generalstreik gestürzt würden; beides führe zum «Bolschewismus». Vielmehr müßten Kapp und Lüttwitz zum freiwilligen Rücktritt bewogen werden; man müsse ihnen goldene Brücken bauen. In diesen Tagen bildete sich in Berlin bereits eine stillschweigende Koalition der vier bürgerlichen Parteien heraus – die Koalition des Bürgerblocks, die wenige Monate später die Regierung der Weimarer Republik übernehmen und mit kurzen Unterbrechungen bis zu ihrer Auflösung in der Hand behalten sollte. Der Kompromiß mit den militärischen Rebellen, der den Kapp-Putsch schließlich ohne Sieger und Besiegte beilegte, war ihre erste politische Tat.

Für den freiwilligen Rücktritt Kapps und Lüttwitz' boten die vier Parteien, mit Zustimmung auch einiger in Berlin gebliebener sozialdemokratischer Politiker, Neuwahlen, Kabinettsumbildung und eine Amnestie für alle Putschteilnehmer. Die Rebellen pokerten. Zunächst zogen sie nur Kapp zurück, der sich ohnehin in ihren Augen als Versager erwiesen hatte. Lüttwitz versuchte noch einen Tag, als Militärdiktator zu bleiben. Dann aber sah er sich, ähnlich wie einige Tage zuvor Noske, von seinen Kommandeuren verlassen. Auch sie fanden jetzt, daß es Zeit sei, die Einheitsfront gegen den «Bolschewismus» wiederherzustellen. Sie schlugen Vizekanzler Schiffer, der nun in Berlin die Regierungsgeschäfte führte – nominell immer noch im Namen der Weimarer Koalition, in Wirklichkeit bereits mit der Deckung der vier bürgerlichen Parteien –, den General von Seeckt zum Oberbefehlshaber der Reichswehr vor, und Schiffer ernannte ihn im Namen Eberts.

Durchweg waren die Verhandlungen in den freundlichsten Formen verlaufen. Der Hauptunterhändler der Rebellen war der Liebknecht-

und Luxemburg-Mörder Hauptmann Pabst, den Lüttwitz noch am 13. März zum Major ernannt hatte (die Ernennung wurde nie rückgängig gemacht). Als er zur Eröffnung der Verhandlungen am 16. März abends bei Schiffer erschien, war ihm von diesem zunächst ein gutes Abendbrot vorgesetzt worden. «So entstand immerhin eine Stimmung, die dem Ernst der Situation nicht ganz adäquat war, aber sie nicht ungünstig beeinflußte», notierte der Vizekanzler später. Als Pabst ihm zwei Tage später Lüttwitz' Abschiedsgesuch überbrachte – das dieser im Namen des Reichspräsidenten unter Bewilligung der Pensionsansprüche sofort annahm –, empfahl Schiffer, Pabst möge sich bis zur Regelung der Amnestiefrage durch die Nationalversammlung in Sicherheit bringen und dies Lüttwitz ebenfalls anraten. «Schiffer bot sogar für beide falsche Pässe und Geld an, was Pabst dankend ablehnte. Mit falschen Pässen hatten sich die Putschisten bereits von ihren Freunden im Polizeipräsidium versorgen lassen.» Dies berichtet Johannes Erger in seiner neuen detaillierten Studie *Der Kapp-Lüttwitz-Putsch* auf Grund übereinstimmender Bekundungen der beiden Beteiligten.

Noch besser als Pabst und Lüttwitz wurde Ehrhardt behandelt. Der neue Reichswehrchef Seeckt «sprach sich nach einer Unterredung mit Ehrhardt in einem Tagesbefehl vom 18. 3. lobend über die Disziplin der Brigade aus, erkannte an, daß sie in dem Glauben gehandelt habe, ‹vaterländischen Interessen zu dienen›, und sicherte Ehrhardt am 19. 3. schriftlich Schutz vor Verhaftung zu, solange die Brigade ihm unterstehe» (Erger). Erst daraufhin marschierte die Brigade aus Berlin ab – mit Gesang und fliegenden Fahnen, wie sie einmarschiert war. Als am Brandenburger Tor aus einer unfreundlichen Menschenansammlung Buhrufe laut wurden, feuerte sie kurz entschlossen mit Maschinengewehren in die Menge hinein. Es war ihr Abschiedsgruß an das rote Berlin. Zwölf Tote und dreißig Schwerverletzte blieben auf dem Pflaster des Pariser Platzes.

Die Reichsregierung konnte nun aus Stuttgart nach Berlin zurückkehren. Ihre erste Sorge war die Beendigung des Generalstreiks, der noch andauerte, ihre zweite die Entwaffnung der Roten Armee, die immer noch das Ruhrgebiet besetzt hielt. Wie von selbst fanden die sozialdemokratischen Minister, die in der Stunde der Not noch einmal die Revolution zu Hilfe gerufen hatten und tatsächlich von ihr gerettet worden waren, wieder in ihre alte Rolle als Feigenblatt der Gegenrevolution zurück. Den Gewerkschaftsführern, die zögerten, den Generalstreik zu beenden, machten sie noch Versprechungen, deren Unerfüllbarkeit sie bereits kannten, wie strengste Bestrafung der am Putsch

Oben: Gekappte elektrische Leitungen der Straßenbahn am Alexanderplatz. Der von der geflohenen Regierung ausgerufene Generalstreik legte die Putschregierung am zweiten Tag ihrer Existenz lahm.
Unten: Schießerei am Pariser Platz beim Abzug der Brigade Ehrhardt am 18. März. Als aus der Menschenansammlung Buhrufe laut wurden, feuerte die Truppe kurz entschlossen in die Menge hinein.

Beteiligten, oder die sie gar nicht erfüllen wollten, wie Einreihung der Arbeiter in die Sicherheitswehren. Den Rotarmisten an der Ruhr ließen sie ein kurzfristiges Ultimatum zur Waffenniederlegung stellen. Dann überließen sie die Erledigung der «auf den Boden der Verfassung zurückgekehrten» Reichswehr. Die Reichswehr setzte, wohl nicht unabsichtlich, zu diesem Zweck hauptsächlich Verbände ein, die unter Kapp und Lüttwitz gegen die Regierung aufgestanden waren; unter anderen die Freikorps Epp, Pfeffer, Lützow, Lichtschlag und Roßbach sowie die Marinebrigade Löwenfeldt, eine Schwestertruppe der Brigade Ehrhardt. Sie sollten sich nun wieder bewähren dürfen. Wie sie es taten, davon zeugt der Brief eines Angehörigen der Brigade Epp:

«An das Reservelazarett I, Station 9.
Wischerhöfen, den 2. April 20

Liebe Schwestern und Kranke!
Bin nun endlich bei meiner Kompanie. Gestern vormittag kam ich zu meiner Kompanie, und nachmittags ein Uhr machten wir den ersten Sturm. Wenn ich Euch alles schreiben würde, da würdet Ihr sagen, das sind Lügen. Pardon gibt es überhaupt nicht. Selbst die Verwundeten erschießen wir noch. Die Begeisterung ist großartig, fast unglaublich. Unser Bataillon hat zwei Tote. Die Roten 200 bis 300. Alles, was uns in die Hände kommt, wird mit dem Gewehrkolben zuerst abgefertigt und dann noch mit der Kugel. Ich dachte während des ganzen Gefechtes an Station A. Das kommt nämlich daher, daß wir auch zehn Rote-Kreuz-Schwestern sofort erschossen haben, von denen jede eine Pistole bei sich trug. Mit Freuden schossen wir auf diese Schandbilder, und wie sie geweint und gebeten haben, wir sollten ihnen das Leben lassen. Nichts! Wer mit einer Waffe getroffen wird, der ist unser Gegner und muß dran glauben. Gegen die Franzosen waren wir im Felde viel humaner. Wie geht es sonst im Lazarett? – Die Bevölkerung gibt uns alles. In den Wirtschaften werden wir oft 20 bis 30 Mann freigehalten. Meine Adresse ist: Oberjäger Max Ziller, Student, 11. Kompanie, Brigade Epp, Post Rokow in Westfalen.»

So endete der Kapp-Putsch: mit einem mörderischen Strafgericht der immer noch sozialdemokratisch geführten Regierung über ihre Retter, ausgeführt von denen, vor denen sie gerettet worden war.

Aber die SPD mußte sich nun selbst dem Gericht ihrer Anhänger stellen. Die Neuwahlen, die den Putschisten zugestanden worden waren, ließen sich nicht mehr aufschieben. Noch im April wurde die Nationalversammlung aufgelöst, am 6. Juni der neue Reichstag gewählt. Bei dieser Wahl erhielt die SPD die Quittung für ihren großen Verrat an der Revolution, den sie nach dem Kapp-Putsch noch einmal so eindrucksvoll bestätigt hatte. Sie verlor auf einen Schlag mehr als die Hälfte ihrer Anhänger.

Im Januar 1919, bei den Wahlen zur Nationalversammlung, hatten noch zwölfeinhalb Millionen SPD gewählt. Jetzt fanden sich nur noch fünfeinhalb Millionen SPD-Wähler. Der Zusammenbruch der SPD beraubte auch die Weimarer Koalition ihrer parlamentarischen Mehrheit – für immer. Es begann die Epoche der Bürgerblockregierungen, die bis zum Ende der Weimarer Republik andauerte und nach der Gründung der Bonner Bundesrepublik wiederaufgenommen wurde.

Die Sternstunde der SPD, ein halbes Jahrhundert lang erwartet, war gekommen und gegangen. Seitdem ist ein weiteres halbes Jahrhundert vergangen, und sie ist nicht wiedergekommen.

«Was man von der Minute ausgeschlagen,
gibt keine Ewigkeit zurück.»

15
Drei Legenden

Wohl über keinen historischen Vorgang ist so viel gelogen worden wie über die deutsche Revolution von 1918. Drei Legenden insbesondere haben sich als zählebig bis zur Unausrottbarkeit erwiesen.

Die erste ist besonders beim deutschen Bürgertum – auch heute noch – weit verbreitet. Sie besteht ganz einfach in der Leugnung der Revolution. Eine wirkliche Revolution, so kann man immer noch vielfach hören, hat in Deutschland 1918 gar nicht stattgefunden. Alles, was sich wirklich abgespielt hat, war ein Zusammenbruch. Nur die momentane Schwäche der Ordnungsgewalten im Augenblick der Niederlage ließ eine Matrosenmeuterei als Revolution erscheinen.

Wie falsch und blind das ist, das sieht man auf einen Blick, wenn man 1918 mit 1945 vergleicht. Da allerdings gab es wirklich nur einen Zusammenbruch.

Gewiß gab 1918 eine Matrosenmeuterei den Anstoß zur Revolution, aber eben nur den Anstoß. Das Außerordentliche war eben dies: daß eine bloße Matrosenmeuterei in der ersten Novemberwoche 1918 ein Erdbeben auslöste, das ganz Deutschland erschütterte; daß das gesamte Heimatheer, die gesamte städtische Arbeiterschaft, in Bayern überdies noch ein Teil der Landbevölkerung sich erhob. Diese Erhebung aber war keine bloße Meuterei mehr, sie war eine echte Revolution. Es ging dabei nicht mehr, wie noch am 29. und 30. Oktober bei der Hochseeflotte auf Schillig-Reede, nur um Gehorsamsverweigerung. Worum es ging, das war der Sturz einer herrschenden Klasse und die Umgestaltung eines Staats. Und was ist eine Revolution, wenn nicht genau dies?

Wie jede Revolution stürzte auch diese eine alte Ordnung und setzte an ihre Stelle die Anfänge einer neuen. Sie war nicht nur zerstörerisch, sie war auch schöpferisch. Ihre Schöpfung waren die Arbeiter- und Soldatenräte. Daß dabei nicht alles glatt und ordentlich zuging, daß die neue Ordnung nicht sofort so reibungslos funktionierte wie die gestürzte alte, daß auch Unschönes und Lächerliches mit unterlief – in welcher Revolution wäre das anders gewesen? Und daß die Revolution natürlich in einem Augenblick der Schwäche und Blamage der alten Ordnung losbrach und ihren Sieg zum Teil dieser Schwäche verdankte, ist ebenfalls eine Selbstverständlichkeit. Das ist in keiner Revolution der Geschichte anders gewesen.

Dagegen muß man sogar als einen besonderen Ruhmestitel der deutschen Novemberrevolution von 1918 ihre Selbstdisziplin, Gutmütigkeit und Menschlichkeit verbuchen, die um so bemerkenswerter ist, als die Revolution fast überall das spontane Werk führerloser Massen war. Der eigentliche Held dieser Revolution sind die Massen gewesen – der Zeitgeist hat das genau herausgespürt: Nicht zufällig waren die Höhepunkte deutscher Theater- und Filmkunst in jenen Jahren großartige Massenszenen, nicht zufällig hieß Ernst Tollers damals berühmtes Revolutionsdrama *Masse Mensch*. Als revolutionäre Massenleistung steht der deutsche November 1918 weder hinter dem französischen Juli 1789 noch hinter dem russischen März 1917 zurück.

Daß die deutsche Revolution kein Hirngespinst und kein Phantom war, sondern eine lebendige und robuste Wirklichkeit, dafür gibt es schließlich noch ein anderes Zeugnis: die Ströme von Blut, die es im ersten Halbjahr 1919 kostete, sie zurückzurollen und niederzuschlagen.

Wer die Revolution niedergeschlagen hat, daran gibt es keinen Zweifel. Es war die Führung der SPD, es war Ebert mit seiner Mannschaft. Auch daran gibt es keinen Zweifel, daß die SPD-Führer, um die Revolution niederschlagen zu können, sich zunächst an ihre Spitze gestellt hatten, daß sie sie also verrieten. In den Worten des unbestechlichen sachverständigen Zeugen Ernst Troeltsch: Die SPD-Führer «adoptierten um der Wirkung auf die Massen willen die Revolution, die sie nicht gemacht hatten und die von ihrem Standpunkt aus eine Fehlgeburt war, als ihr eigenes, lange verheißenes Kind».

Hier gilt es genau zu sein; hier zählt jedes Wort. Es trifft zu, daß die SPD-Führer die Revolution nicht gemacht und nicht gewollt hatten. Aber es ist ungenau, wenn Troeltsch sagt, daß sie sie nur «adoptierten». Die Revolution wurde von ihnen nicht nur «adoptiert», sie war wirklich ihr eigenes, lange verheißenes Kind. Sie hatten sie wirklich fünfzig Jahre lang gepredigt und versprochen. Auch wenn «ihr eigenes, lange verheißenes Kind» für die SPD jetzt ein unerwünschtes Kind geworden war: Sie war und blieb seine leibliche Mutter; und als sie es tötete, war das Kindestötung.

Wie jede Kindesmörderin sich auf eine Totgeburt oder Fehlgeburt herauszureden versucht, so auch die SPD. Das ist der Ursprung der zweiten großen Legende über die deutsche Revolution: daß sie nicht die von den Sozialdemokraten seit fünfzig Jahren proklamierte Revolution gewesen sei, sondern eine bolschewistische Revolution, ein russischer Importartikel, und daß die SPD Deutschland vor dem «bolschewistischen Chaos» bewahrt und gerettet habe (nebenbei: der Ausdruck «bolschewistisches Chaos» ist in sich selbst eine terminologische Lüge; Bolschewismus, was immer gegen ihn einzuwenden ist, ist das Gegenteil von Chaos, nämlich straffste, diktatorische, wenn man will: tyrannische Ordnung).

Diese Legende, von den Sozialdemokraten erfunden, wird von den Kommunisten, gewollt oder ungewollt, gestützt: Denn sie nehmen das ganze Verdienst an der Revolution für die KPD oder ihre Vorgängerin, die Spartakusgruppe, in Anspruch und bestätigen also ruhmredig, was die Sozialdemokraten als Rechtfertigung für sich selbst und Anklage gegen die Revolution vorbringen: daß die Revolution des November 1918 eine kommunistische (oder «bolschewistische») Revolution gewesen sei.

Aber auch wenn Sozialdemokraten und Kommunisten ausnahmsweise einmal das gleiche sagen, wird es dadurch noch nicht wahr. Die Revolution von 1918 war kein russischer Importartikel, sie war deutsches Eigengewächs; und sie war keine kommunistische, sie war eine sozialdemokratische Revolution – genau die Revolution, die die SPD fünfzig Jahre lang vorausgesagt und gefordert, auf die sie ihre Millionen Anhänger vorbereitet und als deren Organ sie sich ihnen ihr Leben lang angeboten hatte.

Das ist leicht zu beweisen. Nicht die zahlenmäßig und organisatorisch ganz unzulängliche Spartakusgruppe machte die Revolution, sondern Millionen sozialdemokratisch wählende Arbeiter und Soldaten. Die Regierung, die diese Millionen forderten – auch noch im Januar 1919 wie vorher schon im November 1918 –, war nicht eine spartakistische oder kommunistische Regierung, sondern eine Regierung der wiedervereinigten Sozialdemokratischen Partei. Die Verfassung, die sie erstrebten, war keine Diktatur des Proletariats, sondern eine proletarische Demokratie: Das Proletariat, nicht das Bürgertum wollte fortan die herrschende Klasse sein, aber es wollte demokratisch herrschen, nicht diktatorisch. Die entmachteten Klassen und ihre Parteien sollten parlamentarisch mitreden dürfen, ungefähr so, wie im Wilhelminischen Reich die Sozialdemokraten hatten parlamentarisch mitreden dürfen.

Auch die Methoden der Revolution waren – vielleicht zu ihrem Schaden – alles andere als bolschewistisch oder leninistisch. Sie waren, genau betrachtet, nicht einmal marxistisch, sondern lassalleanisch: Der entscheidende Machthebel, nach dem die revolutionären Arbeiter, Matrosen und Soldaten griffen, war nicht, wie es marxistischer Lehre entsprochen hätte, das Eigentum an den Produktionsmitteln, sondern die Staatsgewalt. Damit betraten sie, wie es im sozialdemokratischen Kampflied hieß,

«die Bahn, die uns geführt Lassalle».

Die revolutionären Massen griffen, wie es der Wegbereiter der Sozialdemokratie, Ferdinand Lassalle – nicht Marx – in den achtzehnhundertsechziger Jahren gefordert hatte, nach der Staatsmacht, nicht nach der Wirtschaftsmacht. Sie besetzten nicht die Fabriken, sondern die Ämter und Kasernen. Sie wählten als «Volksbeauftragte» die sozialdemokratischen Führer.

Und diese Führer benutzten, nachdem sie sich von der Revolution die Staatsgewalt hatten übertragen lassen, diese Gewalt, um die Revolution – ihre eigene, lange verheißene, endlich Wirklichkeit gewordene Revolution – blutig niederzuschlagen. Sie richteten die Kanonen und Maschinengewehre auf ihre eigenen Anhänger. Was der Kaiser vergeblich versucht hatte – das zurückkehrende Feldheer auf die revolutionären Arbeiter loszulassen –, das versuchte von Anfang an auch Ebert. Und als dies ihm ebensowenig gelang, zögerte er nicht, noch einen Schritt weiterzugehen und die extremsten Anhänger der militanten Gegenrevolution, die Feinde der bürgerlichen Demokratie, ja seine eigenen Feinde, die Vorläufer des Faschismus in Deutschland, zu bewaffnen und gegen seine arglosen Anhänger zu mobilisieren.

Das ist die Tatsache: Was die SPD blutig niedergeworfen hat und wovor sie also, wenn man so will, Deutschland «bewahrt» oder «gerettet» hat, ist keine kommunistische Revolution, sondern eine sozialdemokratische. Die sozialdemokratische Revolution, die in Deutschland 1918 stattfand, ist, wie es schon Prinz Max von Baden in der Woche vor dem 9. November ahnungsvoll erhofft hatte, «erstickt» worden – in ihrem Blut erstickt; aber nicht von den Prinzen und Monarchen, die sie gestürzt, vielmehr von ihren eigenen Führern, die sie vertrauensvoll an die Macht getragen hatte. Sie ist mit äußerster, rücksichtslosester Gewalt niedergeschlagen worden, nicht von vorn, in ehrlichem Kampf: von hinten, durch Verrat.

Ganz gleich, auf welcher Seite man dabei steht und ob man das Ergebnis bedauert oder begrüßt: Es ist ein Vorgang, der den Namen Ebert und Noske eine unrühmliche Unsterblichkeit sichert. Zwei Urteile, damals ausgesprochen und von denen, die sie aussprachen, mit ihrem Leben besiegelt, hallen immer noch durch die Jahrzehnte. Der sozialdemokratische Parteiveteran und Parteihistoriker Franz Mehring sagte im Januar 1919, kurz ehe er an gebrochenem Herzen starb: «Tiefer ist noch keine Regierung gesunken.» Und Gustav Landauer, nicht lange vor seinem Tode unter den Händen – genauer: unter den Stiefeln – der Freikorpssoldaten Noskes: «In der ganzen Naturgeschichte kenne ich kein ekelhafteres Lebewesen als die Sozialdemokratische Partei.»

Es macht Ebert und Noske nicht sympathischer, daß sie keine Schurken großen Formats waren, sondern Biedermänner. Das Monströse ihrer historischen Tat findet keine Entsprechung in ihrem privaten Charakter. Wenn man nach ihren Motiven sucht, findet man nichts Dämonisches oder Satanisch-Großartiges, nur Banales: Ordnungsliebe und kleinbürgerliches Strebertum. Daß sie die Unordnung, die nun einmal mit jeder Revolution verbunden ist, ehrlich verabscheuten und mit beinahe panischer Angst fürchteten, kann man ihnen ohne weiteres glauben, auch wenn sie merkwürdigerweise keine solche Furcht vor der ebenso großen – und blutigeren – Unordnung der Gegenrevolution hatten. Tiefer aber noch als die Ordnungspanik saß wohl in ihnen der Stolz des Kleinbürgers, der sich plötzlich zur großen Welt zugelassen – mehr noch, von der großen Welt zu Hilfe gerufen sieht. Daß bürgerliche Parlamentskollegen die «vaterlandslosen Gesellen» von einst plötzlich mit Respekt behandelten, daß Männer wie Groener und Prinz Max ihnen eine schmeichelhafte Vertraulichkeit, daß gar der Kaiser und Hindenburg eine gnädige Herablassung bezeigten, daß alle diese einst Gefürchteten und Beneideten in ihrer Not jetzt Ebert und die Seinen als ihren letzten Rettungsanker anerkannten – das erzeugte in den so Geehrten eine warme Woge zutraulicher und stolzer Loyalität, der sie jedes Opfer brachten, auch tausendfache Menschenopfer. Sie opferten diejenigen, die ihnen folgten und vertrauten, freudig denen, von denen sie sich begönnert fanden. Das Scheußliche wurde mit treuherzig aufblickendem Biedersinn getan.

Ebert vertraute den Generalen, Prinzen und Großbürgern, die ihm «das Deutsche Reich ans Herz legten», dabei ebenso arglos, wie die sozialdemokratischen Arbeiter, Matrosen und Soldaten, die die Revolution machten, ihm vertrauten. Und so wie er die Revolution verriet, so verrieten die, die er mit seinem Verrat bediente, nach getaner Arbeit ihn. Das Mittel, mit dem sie das taten, war die dritte der drei großen Legenden über die deutsche Revolution: die Dolchstoßlegende.

Die Behauptung, daß die sozialdemokratische Revolution die deutsche Niederlage verschuldet und «die siegreiche Front von hinten erdolcht» habe, wurde von Hindenburg und Ludendorff öffentlich aufgestellt, sowie Ebert und Noske mit der Niederwerfung der Revolution fertig geworden waren, und sie wurde vom deutschen Bürgertum ein Vierteljahrhundert lang geglaubt.

Diese Behauptung war selber ein Dolchstoß – ein Dolchstoß in den Rücken der sozialdemokratischen Führer, denen das kaiserliche Deutschland im Oktober und November 1918 seine Niederlage angehängt und seine Rettung anvertraut hatte. (Ludendorff: «Sie sollen die Suppe jetzt essen ...»)

Nachdem sie die Niederlage loyal auf sich genommen hatten (Ebert zu den heimkehrenden Truppen: «Kein Feind hat euch überwunden ...») und dem deutschen Bürgertum den Leichnam der Revolution apportierend zu Füßen gelegt hatten, bekamen sie ihren Lohn in Form der Dolchstoßlegende. Ebert selbst wurde in den folgenden Jahren mit dem vollkommen unbegründeten, aber unablässig wiederholten und gerichtlich sanktionierten Vorwurf des Landesverrats buchstäblich zu Tode gehetzt.

Man könnte Mitleid mit ihm empfinden, wenn in der Art, wie sich die Geschichte an ihm rächte, nicht auch eine raffinierte Gerechtigkeit läge. Es gibt eine Ballade der Annette von Droste-Hülshoff, die Eberts Schicksal aufs genaueste vorzeichnet:

Jemand hat bei einem Schiffbruch einen Mitpassagier ermordet, indem er ihn von der rettenden Planke gestoßen hat. Zufällig hat sich ihm dabei das Fabrikationszeichen der Planke eingeprägt: «Batavia 510». Der Mord wird nie ruchbar. Aber als der Mörder landet, wird er irrtümlich für einen lang gesuchten Seeräuber gehalten, unschuldig zum Tode verurteilt und zur Hinrichtung geführt.

«Und als er in des Hohnes Stolze
Will starren nach den Ätherhöhn,
Da liest er an des Galgens Holze:
Batavia 510.»

Das Gedicht heißt: *Die Vergeltung*.

Auf genau dieselbe umwegige, aber präzise Art traf Ebert die Vergeltung für das, was er mit der Revolution gemacht hatte. Er wurde zu Tode gehetzt mit einer Lüge, mit dem Vorwurf eines Verrats, den er nie begangen hatte. Aber dieser Vorwurf hätte ihn nie treffen können, wenn er nicht einen anderen Verrat tatsächlich begangen hätte. Er hatte nicht die siegreiche Front, wohl aber die siegreiche Revolution von hinten erdolcht. Und zwar denen zuliebe, die nunmehr ihn von hinten erdolchten – mit der Dolchstoßlüge.

Eine gewisse Befriedigung über die ästhetische Perfektion dieser komplizierten Symmetrie läßt sich schwer unterdrücken. Man fühlt sich wie auf dem Höhepunkt einer symphonischen Komposition, wenn alle Themen zusammenkommen – und dabei ihre gemeinsame Wurzel enthüllen. Oberflächlich gesehen, geschah Ebert mit der Dolchstoßlüge bitteres Unrecht. Tiefer und genauer betrachtet, geschah ihm recht. Er wurde verraten, wie er verraten hatte; und er konnte nur verraten werden, *weil* er verraten hatte.

Ludendorff hatte am 29. September 1918 seine Niederlage auf die Sozialdemokraten abgeladen, um sie später als die Schuldigen hinstellen zu können. Die Revolution kam ihnen zu Hilfe; sie setzte dazu an, die Falle, die er ihnen gestellt hatte und in der sie ahnungslos saßen, zu zerschlagen. Sie aber verrieten die Revolution – und die Falle schnappte zu. Das ist, in drei Sätzen, die ganze Geschichte. Eine furchtbare Geschichte, aber keine sinnlose. Ihre Überschrift könnte heißen: «Verdiente Strafe».

Leider traf die Strafe für den großen Verrat an der deutschen Revolution von 1918 nicht nur die, die sie verdient hatten.

Der Kollektivheld dieser Revolution, die deutsche Arbeiterschaft, hat sich von dem Nackenschlag, der ihr damals versetzt wurde, nie erholt. Die sozialistische Einigkeit, für die sie so tapfer kämpfte und blutete, ist 1918 für immer verloren worden. Von dem großen Verrat datiert das große Schisma des Sozialismus und der unauslöschliche Haß zwischen Kommunisten und Sozialdemokraten – ein Haß wie zwischen Wölfen und Hunden. (Ein Hund ist bekanntlich ein ehemaliger Wolf, den der Mensch für seine Zwecke gezähmt hat. Die Sozialdemokratie ist eine ehemalige Arbeiterpartei, die der Kapitalismus für seine Zwecke gezähmt hat.) Dieselben Arbeiter, die sich 1918 – und auch noch 1919 und 1920 – so tapfer und glücklos geschlagen hatten, fanden ihren Kampfgeist gebrochen, als sie ihn fünfzehn Jahre später noch einmal gebraucht hätten – gegen Hitler. Und ihre Söhne waren 1945 nicht mehr imstande, die Tat ihrer Väter von 1918 zu wiederholen. Ihre Enkel von heute wissen nicht einmal mehr von ihr. Die revolutionäre Tradition der deutschen Arbeiterschaft ist erloschen.

Und auch das deutsche Volk als Ganzes, einschließlich seiner bürgerlichen Schichten, die damals das Scheitern der Revolution mit begreiflicher Erleichterung und Schadenfreude begrüßten, hat für dieses Scheitern teuer bezahlen müssen: mit dem Dritten Reich, mit der Wiederholung des Weltkrieges, mit der zweiten und schwereren Niederlage und mit dem Verlust seiner nationalen Einheit und Souveränität. Alles das war in der Gegenrevolution, die die sozialdemokratischen

Führer auslösten, schon keimhaft enthalten. Vor alledem hätte ein Sieg der deutschen Revolution Deutschland bewahren können.

Noch heute gibt es viele Ebert-Deutsche, die jede Revolution «hassen wie die Sünde»; noch heute gibt es viele, die die Revolution von 1918 verleugnen wie einen Schandfleck der nationalen Geschichte. Aber die Revolution ist kein Schandfleck. Sie war – besonders nach vier Jahren Hunger und Ausblutung – eine Ruhmestat. Ein Schandfleck ist der Verrat, der an ihr verübt wurde.

Gewiß ist Revolution nichts, das man zum Vergnügen macht; gewiß gehört es zur Staatskunst, Revolution möglichst durch vorbeugende Reform zu vermeiden. Jede Revolution ist ein schmerzhafter, blutiger und schrecklicher Vorgang – wie eine Geburt. Aber wie eine Geburt ist jede gelungene Revolution zugleich auch ein schöpferischer, lebenspendender Vorgang.

Alle Völker, die eine große Revolution durchgestanden haben, blikken mit Stolz auf sie zurück; und jede siegreiche Revolution hat das Volk, das sie zustande brachte, für eine Weile groß gemacht: Holland und England im siebzehnten Jahrhundert ebenso wie Amerika und Frankreich im achtzehnten und neunzehnten und Rußland und China im zwanzigsten. Es sind nicht die siegreichen, es sind die erstickten und unterdrückten, die verratenen und verleugneten Revolutionen, die ein Volk krank machen.

Deutschland krankt an der verratenen Revolution von 1918 noch heute.

Nachwort zur Neuausgabe

Dieses Buch wurde vor gut zehn Jahren geschrieben, und ich würde es heute anders schreiben: ruhiger, skeptischer, kälter. Es ist mir, für meinen heutigen Geschmack, zuviel Entrüstung darin. Beim Wiederlesen hat es mich manchmal in den Fingern gejuckt, umzuformulieren, zu mildern oder zu streichen. Aber ich halte es mit Pilatus: «Was ich geschrieben habe, habe ich geschrieben.» Nachbesserung, scheint mir, hätte etwas Unehrliches.

Warum dann aber das Buch überhaupt noch einmal veröffentlichen? Kurz gesagt, weil ich glaube, daß es, mit allen seinen Mängeln, immer noch etwas Richtiges und Wichtiges mitzuteilen hat. Was mir heute daran nicht mehr gefällt, betrifft nur mich selbst: meine, wie es mir heute vorkommt, manchmal zu aufgeregte Erzählerpositur, mein zu gefühlvolles Für und Wider. Aber deswegen das ganze Buch zu verleugnen oder zu unterdrücken, wäre schiere Eitelkeit. Denn in der Sache, scheint mir, habe ich nichts zurückzunehmen. Die Fakten stimmen. Auch die Analyse stimmt – jedenfalls auch noch nach meinem heutigen Urteil. Der Vorgang, mit dem sich das Buch beschäftigt, bleibt im übrigen einer der wichtigsten und folgenreichsten der neueren deutschen Geschichte. Und an Büchern, die ihn wahrheitsgetreu und allgemeinverständlich darstellen, herrscht immer noch ein auffallender Mangel. Seit dieses vor zehn Jahren, ziemlich unbeachtet, erschien, ist meines Wissens kein weiteres geschrieben worden. Die Revolution von 1918 und ihre Unterdrückung durch diejenigen, die sie vorübergehend an die Macht trug, sind praktisch aus dem deutschen Geschichtsbewußtsein verschwunden; man kann auch sagen: verdrängt. Und wenn mein kleines Buch etwas dazu beitragen kann, diesen Verdrängungsprozeß zu unterbrechen – sei es auch nur dadurch, daß es zu Widerspruch und Gegendarstellung reizt –, dann, scheint mir, hat es immer noch eine nützliche Funktion zu erfüllen.

Mit zwei Einwänden gegen die These dieses Buches möchte ich mich noch kurz auseinandersetzen: einem, den C. P. Snow in einer

Besprechung der englischen Übersetzung gemacht hat, und einem, den ich mir selbst mache.

Lord Snow hat, dem Sinne nach, geschrieben, das Buch kranke daran, daß es die siegreichen Westalliierten außer acht lasse: Sie hätten eine wirkliche deutsche Revolution nie geduldet; hätten die Deutschen nicht selbst ihre Revolution unterdrückt, dann wären die Alliierten einmarschiert und hätten es an ihrer Stelle getan.

Das klingt einleuchtend, aber stimmt es auch? Die Revolution vom November 1918 war ja in erster Linie eine antimonarchistische und antimilitaristische Revolution gewesen; und es ist schwer vorzustellen, daß die Alliierten in Deutschland einmarschiert wären, um den Kaiser wieder auf den Thron zu setzen und die Herrschaft der Generale wiederherzustellen. Mindestens hätten sie einige Mühe gehabt, ihren Völkern eine solche Umkehrung ihrer jahrelang proklamierten Kriegsziele zu erklären. Und selbst davon abgesehen: auch die Alliierten waren kriegsmüde. Es ist nicht so leicht, wie es klingt, einen glücklich beendeten Krieg, mitten aus voller Demobilisierung heraus, wiederaufzunehmen. Und es ist gefährlich, in ein revolutionär erregtes Land hineinzustoßen; Revolutionen sind ansteckend. Ob eine antirevolutionäre Intervention der Alliierten in Deutschland erfolgreicher gewesen wäre, als sie es in Rußland war, wo sie ja tatsächlich versucht wurde, ist eine offene Frage. Mir scheint, auch Lord Snow läßt etwas außer acht: daß nämlich die deutsche Revolution, wäre sie nicht prompt abgewürgt worden, den Deutschen im Kampf um den Frieden eine neue politische Waffe in die Hand gegeben hätte.

Den anderen Einwand mache ich mir selber, damit ihn nicht meine Leser auf eigene Faust machen. An mehreren Stellen des Buches spreche ich davon, daß die SPD 1918/19 eine nie wiederkehrende Chance verspielte – «für immer». Das muß schon, als das Buch zum erstenmal erschien, im Herbst 1969, manchem seiner damaligen Leser wie eine voreilige, prompt widerlegte Prophezeiung geklungen haben. Wurde nicht gerade im Herbst 1969 ein Sozialdemokrat Bundeskanzler? Ist es nicht ein anderer Sozialdemokrat noch heute, und sieht nicht alles danach aus, daß er es noch eine ganze Weile bleibt? Ganz ohne Zweifel: Was immer die SPD 1918/19 falsch gemacht hat, sie hat es überlebt, und heute ist sie in der Bundesrepublik regierende Partei.

Aber eben nur in der Bundesrepublik. Vergessen wir die deutsche Spaltung nicht ganz. 1918/19 gab es noch das Deutsche Reich, in und mit dem die SPD groß geworden war und das sie, wenn ich den Anfang dieses Buches in Erinnerung rufen darf, «eines Tages mit dauerhafter und sinnvoller politischer Substanz auszufüllen hoffte». Die Revolution von 1918 gab ihr die Chance dazu, und diese Chance verspielte sie «für immer», als sie die Revolution, statt sie zu nutzen, unterdrückte – «verriet», wie ich es in meinem Text bitter nenne. Denn diese Chance ist nun wirklich nicht wiedergekommen – niemals. Statt dessen kam Hitler, der Zweite Weltkrieg, die zweite Niederlage, die Teilung. Das ist es ja, was die Geschichte der deutschen Revolution von 1918 und ihrer Niederschlagung durch ihre berufenen Führer immer noch so bitter aktuell macht: daß sie die beste und, im historischen Rückblick, wohl die einzige Möglichkeit bot, das alles zu verhindern. Vergessen wir auch dies nicht: Diese Geschichte hat die Kluft aufgerissen, die heute, von allen äußeren Machtverhältnissen einmal abgesehen, die beiden deutschen Staaten und ihre Regierungen – wenn auch nicht ihre Bevölkerungen – innerlich voneinander trennt.

Berlin, Januar 1979 S. H.

Personenverzeichnis

Quellenverzeichnis der Abbildungen

Seite 18: Links: Bildarchiv Preußischer Kulturbesitz, Berlin; rechts: Bundesarchiv Koblenz.
Seite 19: Links: Bundesarchiv Koblenz; rechts: Keystone, Hamburg.
Seite 26: Interfoto, München.
Seite 29: Bilderdienst Süddeutscher Verlag, München.
Seite 43: dpa.
Seite 56: Ullstein, Berlin.
Seite 57: Oben und Mitte: Ullstein, Berlin; unten: Keystone, Hamburg.
Seite 75: Oben und unten: Bildarchiv Preußischer Kulturbesitz, Berlin; Mitte: Ullstein, Berlin.
Seite 89: Oben: Bilderdienst Süddeutscher Verlag, München; unten: Ullstein, Berlin.
Seite 99 und 115: Bildarchiv Preußischer Kulturbesitz, Berlin.
Seite 123: Oben: Ullstein, Berlin; unten: Bilderdienst Süddeutscher Verlag, München.
Seite 134: Ullstein, Berlin.
Seite 135: Oben: Bilderdienst Süddeutscher Verlag, München; unten: Bildarchiv Preußischer Kulturbesitz, Berlin.
Seite 140: Oben links: Ullstein, Berlin; rechts: Bilderdienst Süddeutscher Verlag, München.
Seite 140/141: Bildarchiv Preußischer Kulturbesitz, Berlin.
Seite 141: Oben: Ullstein, Berlin.
Seite 143: Oben: Bildarchiv Preußischer Kulturbesitz, Berlin; unten: Bilderdienst Süddeutscher Verlag, München.
Seite 148: dpa.
Seite 149: Bildarchiv Preußischer Kulturbesitz, Berlin.
Seite 171: Bilderdienst Süddeutscher Verlag, München.
Seite 179: Bilderdienst Süddeutscher Verlag, München.
Seite 181: Oben: Bildarchiv Preußischer Kulturbesitz, Berlin (Gustav Landauer, Ernst Niekisch); Bilderdienst Süddeutscher Verlag, München (Erich Mühsam); Ullstein, Berlin (Ernst Toller); unten: Bildarchiv Süddeutscher Verlag, München.
Seite 183: Oben: Ullstein, Berlin; unten: Interfoto, München.
Seite 189: Links: Bildarchiv Preußischer Kulturbesitz, Berlin; rechts: Bundesarchiv, Koblenz.
Seite 196: Oben: Bilderdienst Süddeutscher Verlag, München; unten: Ullstein Bilderdienst, Berlin.
Seite 197: Oben: Bildarchiv Preußischer Kulturbesitz, Berlin; unten: dpa.
Seite 203: Oben: Ullstein, Berlin; unten: dpa.

Die Dokumente auf den Seiten 53 und 173 stellte uns Interfoto München zur Verfügung; für die Übermittlung der Titelseite der «Roten Fahne» auf Seite 121 danken wir dem Institut für Zeitungsforschung, Dortmund.

Geschichte griffbereit

Grundkurs und Nachschlagewerk für Studenten, Praktiker, Geschichtsinteressierte zum Verstehen und Behalten welthistorischer Prozesse.
Von Imanuel Geiss.

---

1 Daten
der Weltgeschichte
Die chronologische Dimension der Geschichte
(6235)

2 Personen
der Weltgeschichte
Die biographische Dimension der Geschichte
(6236)

---

3 Schauplätze
Die geographische Dimension der Weltgeschichte
(6237)

4 Begriffe
Die sachsystematische Dimension der Weltgeschichte
(6238)

---

5 Staaten
Die nationale Dimension der Weltgeschichte
(6239)

6 Epochen
der Weltgeschichte
Die universale Dimension der Geschichte
(6240)

---

handbuch rororo

957/1